增订版

杨曾文 著

佛教的起源

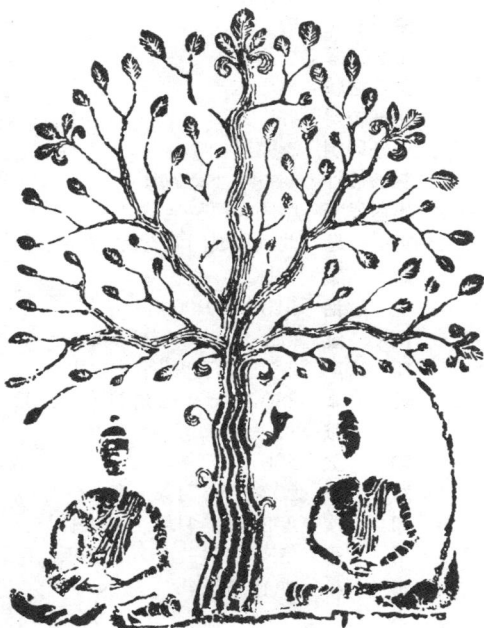

中国大百科全书出版社

图书在版编目（CIP）数据

佛教的起源 / 杨曾文著 . -- 增订版 . -- 北京：中国大百科全书出版社，2024.8

ISBN 978-7-5202-1551-0

Ⅰ . ①佛… Ⅱ . ①杨… Ⅲ . ①佛教史—印度 Ⅳ . ① B949.351

中国国家版本馆 CIP 数据核字（2024）第 095909 号

出 版 人	刘祚臣
策 划 人	曾 辉
出版统筹	程 园
责任编辑	林思达
责任校对	齐 芳
责任印制	李宝丰
封面设计	今亮後聲 HOPESOUND 2580590616@qq.com
出版发行	中国大百科全书出版社
地　　址	北京阜成门北大街 17 号
邮　　编	100037
电　　话	010-88390635
网　　址	http://www.ecph.com.cn
印　　刷	北京天工印刷有限公司
开　　本	880 毫米 ×1230 毫米　1/32
印　　张	11
字　　数	208 千字
版　　次	2024 年 8 月第 1 版
印　　次	2024 年 8 月第 1 次印刷
书　　号	ISBN 978-7-5202-1551-0
定　　价	88.00 元

序

　　"文化大革命"结束之后，在党中央推行"拨乱反正"一系列政策的指导和带动下，哲学社会科学研究业务中断达 10 年之久的中国科学院哲学社会科学部也迎来新生。1977 年 5 月，经党中央批准，在中国科学院哲学社会科学部的基础上正式组建了中国社会科学院。

　　世界宗教研究所作为中国社会科学院研究单位之一，也迅速制定科研规划，全面恢复和开展以世界三大宗教——佛教、基督教、伊斯兰教为重点的宗教历史、理论和现状的考察研究。所长任继愈先生除继续倡导"积累资料，培养人才"方针之外，在各研究室组织专业班子从事各宗教的专题研究，撰写专著。

　　当时，全院上下呈现一片生气勃勃的景象。研究人员按照各研究所的科研规划，各自选定课题投入研究。在这种形势下，我遵照研究所"加强世界宗教现状研究"的部署，开始侧重于考察和研究日本佛教的现状，撰写相关报道性的文章，同时也选读佛教经典和国内外佛教研究的著述。

　　一天，任先生找我谈话，说鉴于中国佛教研究的现状，决定主编一部《中国佛教史》，希望我能参加这个编写组。我表示同意。任先生要求我先阅读《中阿含经》，充实一下佛教基础知识。

《中阿含经》是汉译原始佛教基本经典之一，此外尚有同一系列的佛经《长阿含经》《杂阿含经》《增一阿含经》。我在阅读《中阿含经》的过程中，也经常对照其他三部《阿含经》中的相关经文，及时将经文的要点内容摘录到卡片上。一年以后，我陆续将众多卡片加以分类，然后按专题编写成资料汇编，到 1978 年年底，先后编成以下7 种资料汇编：《从〈阿含经〉看古印度奴隶制社会》《从〈阿含经〉看原始佛教的历史观和社会主张》《原始佛教的哲学思想》《原始佛教的人生观和基本教义》《佛教创立时期婆罗门教和诸外道情况》《部派佛教》《南传部派佛教资料》。

在编写这些资料汇编的过程中，为将各类资料前的解题写好，从图书馆借来中外印度佛教研究著作参考。每编完一种汇编，即复写两份，一份留下自用，一份送任先生审阅。

阅读《阿含经》和编写这些资料汇编，应当说为我以后 40 多年的佛教研究打下了坚实的基础。道理很简单，要从整体上了解佛教，必须对佛教历史有所了解。佛教发源于古印度，从原始佛教发展到部派佛教、大乘佛教；从印度传向国外成为世界性宗教：北传中国形成北传佛教，南传南亚、东南亚诸国形成南传佛教。佛教教理的基础自然是出身于迦毗罗卫的释迦牟尼创立的原始佛教。从事佛教研究，如能对原始佛教有所了解，是有助于对各国不同时期佛教流派的理解和阐释的。至于认真读书、搜集研究所需的原始资料、抄录卡片、编制资料汇编等，也是做学问的基本方法。

1992年初，我参考这些汇编资料撰写了简明扼要的《佛教的起源》，该书由今日中国出版社出版，1994年由我国台湾地区的佛光出版社出版了繁体字版。2002年上半年，我应邀赴台湾地区中华佛学研究所讲学，走前托跟我学习佛学的宋红同志将这些资料汇编录入电脑，做成电子文稿。

此后，我便投入紧张繁忙的编写《中国佛教史》、编撰《日本佛教史》和其他各种社会工作中。便将这些手写的资料汇编放入书柜，只在向初入学的研究生介绍做学问的方法时才找出来展示一下。

时光荏苒，转眼进入耄耋之年，虽已体衰多病，然而总感到仍有很多事情要去做。去年秋天，将经过8年陆陆续续完成的《宋代佛教与儒教士大夫》交出版社出版，接着忙于校编《六祖坛经五本合编》。在这期间又病过几次，身体稍好一些，想起了原写的《佛教的起源》过于简短，未能充分利用那些下了很大功夫编写的资料汇编，决定撰写此书，将题目拟为《佛教的起源及其原始教义》。于是先将那些资料汇编电子文稿找出重新加以校核，然后在《佛教的起源》的基础上重新编写提纲章节，顺次撰写，陆续完稿。为便于读者参考，并为有意考察印度佛教历史的学者提供资料线索，与《佛教的起源》一样也在书后附录了"参考资料摘编"。

承蒙中国大百科全书出版社社科学术分社社长曾辉先生的好意，热情地向我约稿，愿将此书稿交由中国大百科全书出版社出版。

　　此书写得如何？不敢自是，现摆在诸位读者面前，敬请品评和予以不吝指正。

　　　　　　　　　　　2022 年 11 月 3 日于北京华威西里自宅

目录

附 录 参考资料摘编

古印度的社会和文化

第一章

印度地处南亚次大陆，是世界文明古国之一，拥有悠久的历史文化。

印度，在中国古代曾被称为身毒、天竺、贤豆等。唐代赴印求法的玄奘（600—664）在《大唐西域记》卷二说："天竺之称，异议纠纷，旧云身毒，或曰贤豆，今从正音，宜云印度。印度之人，随地称国，殊方异俗，遥举总名，语其所美，谓之印度。"从此以后，一般称之为印度。

古代印度地域包括现在的印度、尼泊尔、不丹、巴基斯坦和孟加拉国。北有高耸的喜马拉雅山，南面是倒立三角形状的伸入印度洋的半岛，东南方隔着保克海峡与斯里兰卡相望，东临孟加拉湾，西临阿拉伯海。中部温迪亚山脉将印度大体分为南、北两大部分：北部从西往东主要是由印度河、恒河和布拉马普特拉河长期冲积而成的宽阔的平原，南部是德干高原。东、西两侧耸立南北走向的高止山脉，临海是狭长的平原。印度在气候上以热带季风气候为主，有的地方属于亚热带草原、沙漠气候。每年三至六月为暑季，七至九月为雨季，十月至次年二月为凉季。各地自然条件存在巨大差异，对古代印度各地的历史文化产生很大影响。

早在旧石器时代已有人类在印度居住，他们先后在印度河流域、恒河流域和其他区域创造了古代灿烂的文化。

第一节　古代灿烂的印度河流域文化

大约在公元前 2000 年以前，有达罗毗荼人在印度河流域居住生活。20 世纪 20 年代以来，在印度河流域今巴基斯坦的西旁遮普的哈拉帕、信德的摩亨佐达罗等地陆续发现大约形成于公元前 2500 年至前 2000 年的古城遗址和古居住地遗址，这些遗址所代表的文明被统称"哈拉帕文化"，或称"古印度河流域文化"。

从哈拉帕文化遗址出土的丰富多彩的文物可以看出或推测，当时印度河流域的社会生产力已取得相当大的进步，已从新石器晚期过渡到青铜时代，社会生活已进入以城市为中心。人们除继续经营传统的畜牧业以外，已经将农耕业生产置于主要的地位，运用石器和铜、青铜制作的器具，种植大麦、小麦、芝麻、豌豆及多种蔬菜和水果等，并且开始种植棉花，穿用布制作的衣服。手工业也有较大提高，有纺棉、织布和冶金、制陶等。商品贸易经济也取得相应的进步。在哈拉帕文化遗址中有用烧制的砖砌成的高厚规整的城墙、城堡，在城市内有不同类型的堂屋、布局齐整的街道及大的浴池，还有比较合理的地下排水系统，甚至还发现统一的度量衡器具。

在哈拉帕文化遗址中还发现很多艺术品，有用石块、泥土及青铜制作的人的雕塑像，甚至有很多用皂石、陶土制作的带有各种图像、象形文字符号的印章，还发现来自美索不达米亚地区的印章。如果能将印章上的象形文字符号解读，可为了解古印度河流域文化提供重要信息。

从出土文物可以推测，古印度河流域文化时期宗教信仰的主要表现是对母神、动植物神和男女生殖器的崇拜。

可以认为，当时在印度河流域的部族已从原始公社制社会进入阶级社会，开始建立早期的奴隶制国家政权机构。

然而，也许是由于气候发生巨变或是河流改道引起洪水泛滥等原因，古印度河流域文化在前 2000 年以后走向衰亡。在此后的几百年间，相继有比较落后的部族侵入印度，最后是半游牧的雅利安人大规模侵入，逐渐占据了整个印度河流域，然后扩展到整个恒河流域[1]。

综上所述，早在雅利安人侵入印度以前，在印度河流域已经有过灿烂的古代文明。

1　以上主要参考：［苏］奥西波夫：《十世纪前印度简史》，生活·读书·新知三联书店，1957 年；北京大学历史系编写组：《简明世界史·古代部分》，人民出版社，1974 年；周一良、吴于廑主编：《世界通史》，人民出版社，1973 年；［印］D.N.恰：《印度古代史纲要》，范铁城译，涂厚善校，中国社会科学院北京大学南亚研究所，1984 年；［德］赫尔曼·库尔克、迪特玛尔·罗特蒙特：《印度史》，王立新、周红江译，中国青年出版社，2008 年；［美］斯坦利·沃尔波特：《印度史》，李建欣、张锦冬译，东方出版公司，2013 年。

第二节　雅利安人侵入印度和吠陀文化

大约在公元前 2000 年中叶，原生活在东欧乌拉尔山西南至中亚锡尔河和阿姆河流域一带的欧亚大草原、操印欧语系、自称"雅利安"（意为"出身高贵的"）部族的一支，越过在今阿富汗境内的兴都库什山口，侵入印度西北印度河上游的以旁遮普（主要在今巴基斯坦境内）为中心的平原地带，他们被认为可能是哈拉帕文化的毁灭者。雅利安部族的另一支进入西亚伊朗高原地区的波斯，还有一支进入小亚细亚地区。

当时的雅利安人由众多父系氏族、部落组成，已开始从原始公社制社会向早期奴隶制社会过渡，过着畜牧业与农业相结合的半游牧生活，畜养牛、马等牲畜，能运用铜、青铜制作的器具和锐利武器，在扩张战斗中善于以马拉带有辐条车轮的战车冲锋陷阵。他们称反抗他们的肤带黑色、鼻子低平的土著族群为黑色的"没有鼻子的人"或"蔑戾车"（意为有恶见者），后还称之为"达萨"（意为敌人），竟蕴有奴隶的含义。

雅利安人侵入印度河流域以后，利用当地优越的自然条件，经过与当地的族群长期接触和结合融会，促使原有农业种植技术得到很大进步，经济生活转变为以农业为主，逐渐学会了冶金，能制作用于农耕和手工艺的铁器，全面提高了社会生产力。在经过约五六百年之后，雅利安人沿着亚穆纳河、恒河的上游，逐渐艰难地开辟和穿过茂密的原始森林，扩张到东部恒河中下游广阔肥沃的平原地带，后又扩张到布拉马普特拉河流域（主要在今孟加拉国境内），从而占领了古印度的整个北部地区。

　　雅利安人虽拥有众多大小不一、实行原始军事民主制的部落和氏族——分别统领于各自公选的"罗阇"（酋长或王），然而长期以来却未能建立统一的政权组织。他们在向印度各地入侵和扩张的过程中，除与土著族群发生战争之外，各个部落、氏族之间也经常为争夺土地、牛马等牲畜而发生战争。在进入公元前1000年以后，雅利安人先后在所占领的包括印度河流域和恒河流域在内的广阔的北印度建立了若干早期奴隶制的君主专制政体或大体沿袭原始部落民主传统的共和政体国家，公元前6世纪到前5世纪形成了以拘萨罗、摩揭陀等为代表的"十六大国"，进入所谓"列国"时期。

　　与以往仅能依据考古遗址和发掘的文物来探究印度河流域远古文明不同，雅利安人侵入及先后在印度河、恒河两大流域等地居住发展的历史和文化，大体可以借助解读雅利安人的吠陀文献而得到了解。

　　吠陀，意为知识，在汉译佛经中曾被音译为韦陀、围陀、毗陀、薜陀等，或意译为明、明论等，是雅利安人进入印度西北至扩张到恒河中下游以后在漫长的时间内陆续积累编撰的以记述雅利安人信仰、祭祀、生活为主要内容的宗教和历史文化文献。吠陀文献反映的历史时期，史称"吠陀时代"。

吠陀文献包括吠陀本集及附属其后的梵书、森林书和奥义书。吠陀本集共有四部。

（一）《梨俱吠陀》，意译赞诵明论，唐玄奘译为"寿，谓养生缮性"[1]，是婆罗门主持祭祀时赞颂天界、空界和地界各种神祇的诗歌或颂词，共有 1 028 首，每首颂诗平均有 10 个诗节（称"梨俱"），共含有 12 552 节诗，编为十卷或八卷，为以后所编三吠陀的主要依据。

（二）《沙摩吠陀》，意译歌咏明论，玄奘译为"祠，谓享祭祈祷"，是祭祀祈祷诸神过程中吟咏的赞神唱词和歌曲，有 1 549 首，其中很多歌词是取自《梨俱吠陀》，编为两卷。

（三）《夜柔吠陀》，意译祭祀明论，玄奘译为"平，谓礼仪、占卜、兵法、军阵"，主要集录祭祀遵循的仪轨和祈祷的诗词、咒语。世传有两种：《黑夜柔吠陀》，将吠陀本颂与注释性的梵书合编在一起；《白夜柔吠陀》，将吠陀本颂与梵书分开编录。

（四）《阿闼婆吠陀》，意译禳灾明论，玄奘译为"术，谓异能伎数、禁咒医方"，汇集巫术、咒语等，收录诗文 731 首，共有 5 987 节（含无韵律的散文），约有七分之一是取自《梨俱吠陀》，编为二十卷。内容多为祈福、禳灾、祛病及针对敌人的诅

1　这里和下面所引玄奘对四吠陀的解释，皆引自《大唐西域记》卷二。

咒等，有的也反映了当时民间的宗教信仰和生活，其中掺杂有当时人们的一些天文、医药知识。

在四吠陀本集中，《梨俱吠陀》形成最早，约成书于公元前1500年至前1000年之间，这一时期史称前吠陀时代。在这个漫长的时期，随着雅利安族群向印度西北的迁徙、扩张和畜牧农耕经济的发展，原始公社制逐渐解体，进入初期奴隶制社会，原来世代沿袭的素朴祭祀在种类、规模方面不断扩展，祭祀程序和仪规也愈益繁杂，祭司从临时推任发展为世袭专职的婆罗门，而用以祭祀赞颂神祇的诗文祷词也在增多，吠陀从世代口头传授到用早期梵语整理并加以集编。

在这个过程中，影响深远的婆罗门教也随之形成。

嗣后的《沙摩吠陀》《夜柔吠陀》和最晚形成的《阿闼婆吠陀》，当成书于雅利安人进入亚穆纳河、恒河上游乃至占领整个北印度之后，大约从公元前1000年至前600年之间，这一时期史称后吠陀时代。

在四吠陀本集中，《梨俱吠陀》和《沙摩吠陀》《夜柔吠陀》影响较大，在汉译原始佛教经典《阿含经》中被称为"三明"，是婆罗门的必修经典[1]。

---

1 金克木：《梵语文学史》，人民文学出版社，1964年；汤用彤：《印度哲学史略》，中华书局，1988年；黄心川：《印度哲学史》上编第二章，大象出版社，2014年；[印]德·恰托巴底亚耶：《印度哲学》之十"吠陀"，黄宝生、郭良鋆译，商务印书馆，1980年；[日]高楠顺次郎、木村泰贤：《印度哲学宗教史》，高观庐译，载南开大学宗教与文化研究中心主编《新编世界佛学名著译丛》，中国书店，2010年。

在吠陀本集之后，尚附有长期陆续多以散文体编述的梵书、森林书和奥义书。梵书，也称"婆罗门书"，是对吠陀本集所述祭祀仪轨及其意义、赞词颂诗等的注释性论述。森林书，也称"阿兰若书"，意为隐遁于森林中的智者对祭祀蕴含奥义的秘密传授，内容已具思辨性深义。奥义书，亦即"亲教书"或"侍坐书"，意为秘传自师的深奥知识；又称"吠檀多"，意为"吠陀的终结"。

奥义书是经历漫长时间由很多作者相继撰述而成的，传世者或谓有 108 种、120 种，或谓不下 200 种，然而真正成书于吠陀时代的奥义书只有 13 种。奥义书作者意在超越吠陀本集所载祭祀、祈祷的诗文及所涉及的众多神祇和森罗万象事物，着力深入探索"形而上"的天地万物终极本体、本原及其与人之间存在的关系，因而蕴有深刻玄远的哲学性思辨内容。

20 世纪 80 年代，徐梵澄先生以接近语体文的文言翻译的《五十奥义书》出版[1]，受到学术界的重视。近年黄宝生教授将"公认属于吠陀时代的奥义书"十三种以现代汉语翻译，题以《奥义书》出版[2]，该书将所译十三种奥义书按年代分为前后三组，表述清晰通畅，易于阅读。

吠陀文献是古印度历史文化宝库，不仅被印度的婆罗门教

---

1 《五十奥义书》，徐梵澄译，中国社会科学出版社，2007 年。

2 《奥义书》，黄宝生译，商务印书馆，2012 年。

和后来的印度教奉为至高无上的神圣经典，而且也对印度的其他宗教及印度的哲学和历史、文学、艺术、民俗等产生了极为深远的影响。

佛教创立时期
古印度社会和
宗教文化

第二章

佛教与基督教、伊斯兰教是世界上历史悠久、传播范围最广和影响最大的宗教，被并称为世界三大宗教。

佛教在公元前后从古印度传入中国以后，通过译经、传教，在与中国传统文化、习俗融通结合的过程中，逐渐实现中国化，不仅成为中国传统文化体系中一个重要组成部分，并且通过国际文化交流相继传入朝鲜、日本和其他亚洲国家，对中国和亚洲国家的历史文化产生深远影响。

第一节　佛教创立时期的社会历史背景

佛教发源于古印度已进入后吠陀时代，进入公元前6世纪初之后的所谓"十六国时期"。社会普遍实行奴隶制的种姓制，在文化领域占统治地位的是形成于前吠陀时代的婆罗门教，各地也有在对抗婆罗门教思潮中成立的诸沙门"外道"的修行和传法活动。

一、古印度十六大国

公元前 6 世纪之后，在印度西从印度河流域，东至亚穆纳河和恒河两大流域的广阔的平原地带及德干高原，相继建立起所谓"十六大国"。

佛经记载，这十六国包括鸯伽国、摩竭陀国、迦尸国、居萨罗国、拔祇国、末罗国、支提国、拔沙国、居楼国、般阇罗国、颇漯波国、阿般提国、婆蹉国、苏罗婆国、乾陀罗国、剑洴沙国[1]。在这十六国之中，多实行君主制，然而也有的将原始部落民主理念运用到政体与施政之中而实行共和制。

十六国中比较强大的有以下四国：

居萨罗国，佛经一般译为拘萨罗国或憍萨罗国，主要在今印度北方邦，最北毗邻喜马拉雅山。都舍卫城（在今拉布蒂河南岸的塞特马赫特地区），故也称舍卫国。释迦牟尼佛诞生地迦毗罗卫国曾附属于此国，后为此国所灭。拘萨罗国在位国王先

---

[1] 《长阿含经》卷五《阇尼沙经》，后秦佛陀耶舍、竺佛念译。在佛经中对十六大国的说法不尽一致：《中阿含经》卷五十五《持斋经》所载十六是鸯迦国、摩竭陀国、迦尸国、拘萨罗国、拘楼国、般阇罗国、阿摄贝国、阿和檀提国、枝提国、跋耆国、跋蹉国、跋罗国、苏摩国、苏罗吒国、喻尼国、剑浮国，唐玄奘译《阿毗达磨大毗婆沙论》卷一二四所载则是决伽国、摩揭陀国、迦尸国、憍萨罗国、佛栗氏国、末罗国、奔哒罗国、苏嗝摩国、频湿缚迦国、频饭底国、叶筏那国、剑跋阇国、俱卢国、般遮罗国、筏蹉国、戌洛西那国。虽多是译名不同，但也有的是指不同地方。

后有波斯匿王及其子毗琉璃王。

摩竭陀国，佛经一般作摩揭陀国，在今印度比哈尔邦的中部，都王舍城。有新、旧两城，新城在今拉杰吉尔，旧城在其南边，后来建都华氏城（今印度比哈尔邦的巴特那）。著名国王有频婆娑罗王及其子阿阇世王，此后有迦罗输伽（黑阿育王）。至公元前3世纪孔雀王朝阿育王在位期间，兼并各国，建立了统一的印度王朝。

拔祇国，即跋耆国，亦译跋祇国、跋阇国、佛栗氏国，唐玄奘译为弗栗恃国，位于恒河的北岸，主要在今印度比哈尔邦，都吠舍离（也称毗舍离，在今穆扎法尔布尔地区），实行共和制。佛陀曾称赞此国实行"七不退法"，即：数相集会，讲议正事；君臣和顺，上下相敬；奉法晓忌，不违礼度；孝事父母，敬顺师长；恭于宗庙，致敬鬼神；闺门真正洁净无秽，至于戏笑，言不及邪；宗事沙门，敬持戒者，瞻视护养，未尝懈惓。谓如此，则"长幼和顺，转更增盛，其国久安，无能侵损"[1]。后来，跋耆国衰微，被灭于摩揭陀国。

拔沙国，一般作跋蹉国，亦作筏蹉国，位于亚穆纳河与恒河之间，在今印度北方邦，都憍赏弥（拘睒弥，在今科萨姆），故也称憍赏弥国。国王优填王，曾请人在都城大精舍雕制旃檀（檀香）佛像。

---

1 《长阿含经》卷二《游行经》。另见西晋白法祖译《佛般泥洹经》卷上。

当时十六大国的都城是各国的政治中心，与其他大的城镇一样，同时也是全印度重要经济贸易中心和文化中心。其中拘萨罗国都舍卫城、迁都后的国都沙祇城，摩揭陀国都王舍城，鸯伽国都瞻婆城（在今比哈尔邦帕格尔布尔），跋耆国都毗舍离城，迦尸国都波罗奈城（在今北方邦瓦拉纳西），被认为是十六大国的"六大城"[1]。印度十六国时期的社会处于奴隶制种姓制之下，婆罗门教在文化思想领域占据统治地位。

然而上述这些国都和大城邑，也是新创立的佛教努力突破婆罗门教控制的氛围，积极开展传法活动，扩大佛教对社会各种姓民众影响的重要场所。同时，倡导各种学说的诸"沙门外道"派别也在这些都城开展活跃的传法活动。

二、种姓制的奴隶制社会

在人类发展的历史长河中，奴隶制作为继原始公社制之后的社会形态，在世界各国的表现形态是不完全相同的。史学界一般将奴隶制分为希腊罗马型的奴隶制和古代东方国家型的奴隶制两大类型。至于何者是发达的奴隶制，何者是不发达的奴

1　北凉昙无谶译《大般涅槃经》卷二十九载，师子吼菩萨对佛说："十六大国，有六大城，所谓舍婆提（舍卫）城、婆枳多（沙祇，在舍卫之南）城、瞻婆城、毗舍离（吠舍离）城、波罗奈城、王舍城，如是六城世中最大。"

隶制，本书不拟涉及。

　　然而笔者认为，既然世界各国的自然环境和社会历史背景不同，那么社会形态因与其适应和受其影响就必然形成各自的特色，即使古代东方各国的奴隶制也是各具特色的。

　　从印度来说，古印度奴隶制显著的特色应当说就是与等级森严的种姓制密切结合，故可称之为"古印度种姓制的奴隶制"，意即奴隶制是通过严格的种姓制体现和实施的。

　　前面提到，古印度的种姓制肇始于前吠陀时代的后期，在此后长期传承和实施过程中不仅与婆罗门教密切结合，而且与深受婆罗门教思想渗透和影响的社会伦理观念、传统习俗结合，形成了严格的拥有世代相袭的血缘关系的社会身份和尊卑上下的等级制度。

　　最早的吠陀本集《梨俱吠陀》第十章所载《普鲁沙赞歌》（或译《原人之歌》），反映了婆罗门在祭祀神灵时曾将人"分割"献牲的事实。此赞歌描述，"诸神"用以祭祀的原人"普鲁沙"（或译"布路沙""布卢沙"）是人类乃至神灵之祖，自然界的日月水火和四季、天地和世界万物、牲畜和植物皆产自他的身体各个部位；祭祀、诸种吠陀也是因他而形成。集社会成员身份、等级和职责于一体的四等级种姓制，最早见于此赞歌之词句中，谓：

当他们（诸神）分割普鲁沙时，

使其成为多少部分？

他们称其口和双臂为何？

其双腿和双脚何名？

其口为婆罗门，

由其双臂造成罗惹尼耶[1]，

其双腿变成吠舍，

从其双脚生出首陀罗[2]。

这种神话的表述，实际反映了当时社会的真实情况：婆罗门已成为世袭专职祭司的群体或阶层，处于社会第一等级；原来部落或氏族的酋长及专职作战的武士成为执掌军政权力的首领及参与政务的贵族和武士阶层，后称刹帝利，处于社会第二等级；从事农耕、手工业的原部落、氏族的成员，属于平民的吠舍阶层，处于社会第三等级；那些在雅利安人侵入印度过程中被征服的土著居民及其后裔成为最下的阶层或等级，从事工艺、艰苦杂务，甚至沦为奴隶，称首陀罗，须受以上三个等级种姓的支配与奴役。

这表明，伴随世袭祭司婆罗门地位的确立，早期的"种姓

---

1 或译"拉阇尼亚"，意为武士、王族，即后来所称的刹帝利种姓。

2 崔连仲等选译：《古印度吠陀时代和列国时代史料选辑》，商务印书馆，1998 年。

制"（瓦尔那，varṇa，原义"颜色"或"品质"）也开始形成。经过后吠陀时代雅利安人向恒河流域的东扩、以城市为中心的诸国成立和社会经济文化的发展，种姓制不断得到巩固和发展，演变成等级森严的奴隶制的种姓制。

随着吠陀文献的扩展，梵书、森林书和奥义书的相继出世和所载内容的丰富，对所探索世界、人生终极问题的日益深化，含有世界万物终极本体、本原等底蕴的"自我""自性""神我""梵"等概念和最高人格化的创世主"梵天"等频繁出现于婆罗门诸种著述，并广泛传播渗透到宗教文化领域，影响广大社会。

于是，原先《梨俱吠陀》所说诸神用以献牲的"原人"变成了世界万物和人。后来陆续出世的奥义书进而主张"自我"或"梵"是世界的本原，便将这个说法加以改变。《爱多雷耶奥义书》第一章记述，先由"唯一"的"自我"生出"原人"，再由"原人"的身体产生世界万物、众神和人。《大森林奥义书》第一章第四梵书则记述，在太初，"作为唯一者"的"梵"先创造出四种姓之"性"——"优秀的形态刹帝利性""吠舍性""首陀罗性"及与其相应"神性"众神，然后"依靠"三者之"性"而"成为"刹帝利、吠舍和首陀罗。至于"梵"，"在众天神中成为火神，在人类中成为婆罗门"。虽借助于神话将众神与四种姓混为一体，然而不忘强调婆罗门居于至高地位，称之为"梵"

在人间的体现者[1]。

奥义书将"梵"加以人格化，奉为创造世界的至上神——"梵天"，在表述中常将它与"生主"等同，也称之为"自在（天）""一切世界之祖"或"主"，说制定"法论"的摩奴也出自梵天。

出自婆罗门之手的《摩奴法论》（旧译《摩奴法典》），约成书于公元前2世纪到公元2世纪，是这样形象地记述梵天生出四种姓的：

> 为了诸界的繁荣，他（梵天）从口、臂、腿和脚生出婆罗门、刹帝利、吠舍和首陀罗。

接着记述以梵天的名义"指派"给四种姓担负的社会职责、义务。

（一）婆罗门，担负"教授吠陀、学习吠陀、祭祀、替他人祭祀、布施和接受布施"。婆罗门主持的祭祀种类繁多，规模也不一，有仙人祭、天神祭、祖先祭、新谷祭、四月祭、火祭、牲祭、苏摩祭等；还要主持国王的即位礼、面向家庭和个人的各种礼仪。

（二）刹帝利，担负"保护众生、布施、学习吠陀和不执着

---

1 《爱多雷耶奥义书》《大森林奥义书》，载黄宝生译《奥义书》，商务印书馆，2010年。

于欲境"。所谓"保护众生",是指国王和臣僚贵族、武士掌握军政权力,行施治国安民之职。

（三）吠舍,担负"畜牧、布施、祭祀、学习吠陀、经商、放债和务农"。吠舍以从事农耕、畜牧、手工业的普通平民居多,有少数通过经商、放债致富的大商人和高利贷者,他们在佛经中往往被称为"长者"。

（四）首陀罗,"只派一种业:心甘情愿地侍候上述诸种姓"。首陀罗虽可有家庭,但仅拥有可供糊口的生活资料,不允许藏有财产。所谓对前三种姓的"侍候",是从事被当时社会看作最低贱的职业和各种杂务。有的首陀罗已是奴隶,受婆罗门、刹帝利或吠舍种姓中富人的驱使和奴役[1]。

公元前 1 世纪以后陆续成书的《毗湿奴往世书》同样宣称四种姓出自梵天,记述四种姓应尽的社会职责。其中提到,婆罗门"应该永远与人为善。这是婆罗门最高的法"[2]。"法",相当于规则、道德规范。刹帝利则应"佩带武器、保护臣民,以此得人心"。

约于公元前 4 世纪以后陆续成书的史诗《摩诃婆罗多》对古印度的种姓制度也有反映:

1　参见《摩奴法论》第一、第二、第八等章有关诸颂。

2　《毗湿奴往世书》第三部分第九章"四种姓的产生及其义务",胡光利译,载崔连仲等选译《古印度吠陀时代和列国时代史料选辑》,商务印书馆,1998 年。

首陀罗的业是侍奉，吠舍的业是务农，刹帝利的业是
作战。净行苦修、念诵咒语、钻研吠陀和宣讲真理，这些
永远是婆罗门要遵守的职责。国王对按照各自种姓一心造
业的生民尽职尽责地加以统治，同时又使背离其业者重操
本业。应当永远畏惧国王，因为他们是生民的主人[1]。

"业"（羯磨，Karma）是指"造作"行为与工作，在这里
是指四种姓应承当的义务、职责。特别强调：作为一国之主的
国王，应"尽职尽责地"治国理民，民众则应拥护和敬畏国王。
这既反映在实行君主制的国家中作为刹帝利种姓的国王地位的
提高，也反映当政者倡导的社会道德理念。

在四种姓中，婆罗门、刹帝利和吠舍三个种姓的人，一生
要经历由婆罗门主持的诞生、起名、剃度、入教和穿戴标志不
同种姓的服装与"圣线"（三种姓的圣线用三种不同质料制成）
等多种礼仪——象征得到"再生"，取得可以听讲、学习吠陀和
参加祭祀仪式的权利，因而被称为"再生族"[2]。首陀罗没有这种
权利，被称为"一生族"，受到歧视。

关于四种姓，7世纪赴印求法的唐僧玄奘在《大唐西域记》

1　《摩诃婆罗多》，薛克翘译，载崔连仲等选译《古印度吠陀时代和列国时代史料
　　选辑》，商务印书馆，1998年。
2　参见《摩奴法论》第二章相关之颂。

卷二也有较全面的介绍：

> 若夫族姓殊者，有四流焉：一曰婆罗门，净行也。守道居贞，洁白其操。二曰刹帝利，王种也（旧曰刹利，略也）。奕世君临，仁恕为志。三曰吠奢（旧曰毗舍，讹也），商贾也。贸迁有无，逐利远近。四曰戍陀罗（旧曰首陀，讹也），农人也。肆力畴垄，勤身稼穑。凡兹四姓，清浊殊流，婚娶通亲，飞伏异路，内外宗枝，姻媾不杂。妇人一嫁，终无再醮。自余杂姓，寔繁种族，各随类聚，难以详载。

他提到，在四种姓之间存在严格的界线，彼此分割封闭，不可通婚。这实际意味着各种姓世代的延续具有血缘世袭性质，从而形成了四大种姓森严差别的等级制度和社会。

首陀罗在四种姓等级中处于最下层。印度龙树著、后秦鸠摩罗什译《大智度论》卷二十五记述："首陀罗，所谓担死人、除粪、养鸡猪、捕猎、屠杀、酤酒、兵伍等卑贱小家。"对首陀罗从事艰苦、污秽和低贱职业做了具体的介绍。

实际上，在四种姓以外尚有更低下的贱民，其中有被称为"旃荼罗"（或译"旃陀罗"）的群体。据《摩奴法论》，他们是首陀罗男人与吠舍、刹帝利或婆罗门种姓女性结合所生之子[1]。只被允许在城市乃至村落之外别自居住，从事被认为犯"杀生"之罪的渔、猎和屠宰等业。东晋高僧法显在《佛国记》中在介绍5世纪初期印度情况时提到：

> 旃荼罗，名为恶人，与人别居。若入城市，则击木以自异，人则识而避之，不相搪突。国中不养猪鸡，不卖生口，市无屠店及沽酒者，货易则用贝齿，唯旃荼罗、渔猎师卖肉耳。

难以想象，旃荼罗进入城市须"击木"以提醒人们躲避，他们所受到的歧视、排斥达到了多么严重的程度。

在种姓之外，还有奴隶。《摩奴法论》第八章记述奴隶有七个来源："旗下俘获的、食奴、家生的、买得的、受赠的、祖传的和服刑役奴"[2]。所谓"旗下俘获的"，意为"在行伍中或战斗中捕获的俘虏"；"食奴"，意为"为了衣食而为人服役的家奴"[3]。

然而奴隶在当时社会生产中没有处于主体地位，在社会生

1　《摩奴法论》第十章。

2　《摩奴法论》第八章之415颂。

3　《摩奴法典》第八卷之415颂，［法］迭朗善译，马香雪转译，商务印书馆，1982年。

产和经济贸易各领域的主要承担者是从事农耕、渔业和手工业、商业的吠舍种姓。可以认为，这是古印度种姓制奴隶制的一个重要特色。

三、婆罗门教及其基本主张

婆罗门教伴随婆罗门世袭祭司地位的确立而形成，与作为社会成员等级制度的种姓制可谓是孪生姊妹，在佛教和诸"外道"成立之前是垄断社会文化思想领域唯一的宗教和知识文化体系。

婆罗门教作为宗教，自然要崇拜超现实的神灵，不外包括对反映自然界力量的各种神灵和人死后不灭灵魂（祖先神灵）的崇拜与神化。

据吠陀文献，婆罗门教崇拜和不断予以神化，并借助祭祀献牲和念诵诗颂、祷词、咒语向之表达祈愿的多种神灵，分属于天界、空界和地界。然而随着历代婆罗门教学者围绕诠释吠陀文献对世界终极统一性的探索，出现将神灵筛选和集约化的倾向，由崇拜多神过渡到崇拜少数主神，最后在众神之上推出至高无上的世界主神"梵天"，借助于吠陀附属梵书、森林书、奥义书和"法经"及作为其"传承"的"法论"等载体加以表述，从而将婆罗门教的神学体系推向新的阶段，对信奉崇拜的神灵和吠陀经典、四种姓的身份定位和职责等做出较为详细的规定和论述。

（一）婆罗门教崇奉的神灵

婆罗门教信奉和崇奉的主要神灵有：创世主梵天，或称大梵天（生主、自在天）；雷电神和战神（因陀罗）；保护神（毗湿奴）；破坏之神（湿婆）；日神（苏里耶）；地神（普善）；月神（旃陀拉摩）；水神与司法神（伐楼那）；火神（阿耆尼）；风神（伐由）；雨神（帕阇尼耶）；黎明之神（乌莎）；酒神（苏摩）；死神；祖先神（阎摩）；等等。

梵天，不仅是创造世界之主，也是诸神之首。《剃发奥义书》第一章宣称："梵天位居众天神之首，宇宙创立者，世界保护者。"[1]此后的《摩奴法论》第一章宣称，梵天创造"十大仙"，然后创造出"具有无限力量"的七摩奴、众天神和梵仙等。

（二）宣称吠陀"天启"，是知识本源、社会规范依据

吠陀是婆罗门教所奉的神圣经典。广义的吠陀，既包括吠陀本集《梨俱吠陀》《夜柔吠陀》《娑摩吠陀》和《阿闼婆吠陀》，也包括吠陀附属部分森林书、梵书和奥义书等。因为前三吠陀形成早，影响较大，故在一些书（包括佛经）中将此三吠陀统称吠陀，称之为"三明"。

---

1 《奥义书》，黄宝生译，商务印书馆，2012 年。

婆罗门教说吠陀"天启"，意为吠陀是创世主梵天开启或创立的。《摩奴法论》第一章记述：

> 他（梵天）从火神和日神挤出以《梨俱》《夜柔》和《娑摩》为特征的永恒的三吠陀。

意为最早《梨俱吠陀》和此后先后出世的《夜柔吠陀》《娑摩吠陀》是梵天"挤"压火神、日神而产生的。虽未提到阐释吠陀本集的附属文献，然而依其思路当谓是由仙智（实为婆罗门学者）受梵天所造诸神的启示而撰述的。《摩奴法论》第二章明确地说："吠陀应该称为天启，法论则为传承。"意为在吠陀附属文献之后问世的"法论"，包括《摩奴法论》等，虽不再称为"天启"，然而也是"继承"根植于吠陀的"法经"之后，表达梵天旨意的。

在《摩奴法论》中，"法"这个概念既指社会职责，又指遵循道德理念的行为规范，是对四种姓分别制定的应遵行的"法"。《摩奴法论》强调，"法"是根据吠陀精神制定的，如第二章所说：

> 法的根是全部吠陀，还有知吠陀者（指婆罗门）的传承和修养，善人的习俗和我（内在自我、自性或灵魂）的满足；

　　吠陀包含一切知识；

　　智者应该以天启（吠陀）为准则，一心奉行自己的法。

　　大意是说，吠陀思想是社会道德规范"法"的总则，包含一切知识；不仅婆罗门须传承和遵照修养，"再生族"中其他种姓者（刹帝利、吠舍）要成为有道德的"善人"、有知识的"智者"，就必须学习吠陀和遵行吠陀之教。

　　再生种姓中的刹帝利、吠舍的人，应尊崇、学习和奉行吠陀之教，在祭祀和各种礼仪中必须尊敬婆罗门，念诵吠陀，否则要遭到坏的报应。《摩奴法论》第三章举例，若再生种姓人结婚时"不诵吠陀"和"不尊敬婆罗门"，高贵家族就会"沦为低贱家族"。

（三）祭祀万能、谓可祈得现实和来世利益

　　婆罗门教主张祭祀"万能"，宣称国王、贵族直至普通民众，只有通过举办祭祀和献祭仪式，向梵天和诸神祈祷，才能得到保佑，国富民安，诸事顺利，求得现实或来世的利益。

　　吠陀文献中所载繁多祭祀仪式，大体可分为"天启祭"和"家族祭"。

　　天启祭，是国王和贵族、富人举行的祭祀。后期吠陀中有不少关于王室举行献祭仪式的记述。在国王加冕时，要举行灌顶大礼，同时伴之以隆重的献祭仪式。每年要连续十七天举行

"力饮祭"仪式，据称这种仪式不仅可增加中年国王的力量，而且可使他成为拥有权势的大王。此外，还举行隆重的"马祭"，虽规定为期三天，但事前各种预备事务须持续一年甚至两年时间。主持马祭的有四位主管婆罗门，出席者中有国王的四位妻子、四百名侍卫及大批观众。每次举行献祭仪式，要宰杀大量牛羊牲畜作为供品（献牲献供），还要向婆罗门祭司奉献（施舍）巨额的酬金和财物。

在原始佛教经典《阿含经》中，可以看到佛陀对婆罗门主持献祭、杀生牲牲，浪费巨额财物的批评。

家族祭祀，主要关涉"再生族"婆罗门、刹帝利和吠舍种姓人的生活的多个方面。《摩奴法论》第二章记述再生族人为庆祝诞生、命名、剃发和入教、系圣线等举行的家常礼、祭。第三章载有"五祭"：梵祭（诵经和教吠陀）、祖先祭（祭供祖先）、天神祭（献祭烧供）、精灵祭（献供鬼灵）、人祭（接待和供养客人）。举行天神祭时所谓"烧供"，是将供品投入火中，认为这样可将供品献给太阳，以祈求太阳及时生雨，使众生有饭吃。第四章还载有新谷祭、季末祭、夏至和冬至祭、苏摩祭等。家族祭一般由家长主持，或外请婆罗门主持、协助。

（四）婆罗门至上

婆罗门（Brāhmaṇa），意译为净行、梵志等，指主持祭祀和念诵吠陀诗颂的祭司，奥义书称之为"梵"在人间的体现者。

前面提到，婆罗门教借吠陀和后来的《摩奴法论》等宣称梵天分别"从口、臂、腿和脚生出"婆罗门、刹帝利、吠舍和首陀罗四个种姓，"派定"四种姓社会职责和义务、行为法则。

婆罗门一生须经"四行期"：1.梵行期，幼年奉师、学习吠陀和祭祀仪式；2.家居期，成年娶妻和经营世俗事务，行善；3.林栖期，老年栖息山林，修苦行；4.遁世期，舍弃财产房舍，离家隐遁，云游四方，以乞讨为生，持戒修行。在四期中皆须祭祀、礼拜神灵[1]。

婆罗门教宣称婆罗门最为优越、婆罗门至上。如《摩奴法论》第一章所说：

> 因自身体的最佳部分（指出自梵天之口），因最为年长，因掌握吠陀，婆罗门是这整个世界的法主；
>
> 婆罗门的出生就是法的不朽的化身；因为，他为法而出生，而这样的出生必将导致与梵合一；
>
> 世界上任何东西全都是婆罗门的财产；由于地位优越和出身高贵，婆罗门的确有资格享有一切；
>
> 婆罗门吃自己的，穿自己的，施舍自己的；其他人则多亏婆罗门的仁慈才得以享受。

---

1 主要参见胡光利译《毗湿奴往世书》第三部分第九章"四住期的义务"。

　　这些语句，将婆罗门至上、优越和享有的特权说得十分清楚、武断，甚至有些霸气，反映了婆罗门企图永远占据社会最高等级的种姓观。然而实际上，随着以国王为首的刹帝利种姓权威和社会地位的提高，婆罗门已落得只在名义上拥有最高地位，这在佛经中多有反映。

　　相对于婆罗门，刹帝利地位较低，吠舍更低，首陀罗最为低下。正是这种种姓观和种姓制，持续引发了广泛的反对婆罗门教的思潮，诸种沙门"外道"和稍后的佛教，以哲学和宗教的形式提出自己的主张。

　　在原始佛教经典《中阿含经》《杂阿含经》等经中，多处提到释迦牟尼佛与其弟子质疑和反对婆罗门（称"梵志"）种姓至上的观点。他们针对当时婆罗门到处标榜婆罗门"清净""第一""最尊"和声称"他人卑劣"等说法而提出批评，并借以提出自己"四姓平等"的种姓主张[1]。

（五）世界本体与人精神主体一致的"梵我一如"论

　　在吠陀本集的附属文献中，继森林书、梵书之后，唯有奥义书所述思想最富于哲理，旨在超越繁杂的祭仪及所涉及的形形色色事物，揭示出世界终极本体、本原及其与人之间的关系，

---

[1]　参见东晋僧伽提婆译《中阿含经》卷三十七、南朝宋求那跋陀罗译《杂阿含经》卷二十及东晋竺昙无兰译《梵志頞罗延问种姓经》等。

提出了世界统一性基础的概念"自我"（阿特曼，Ātman）"梵"（Brahman）等，认为人通过修行达到的理想境界是实现个人之我与宇宙自我（大我）、梵的结合，达到"梵我同一"或"梵我一如"的解脱境界。

实际上，各种奥义书从未形成统一的整体，所述思想也没有系统一致的论证，然而仍可从一些篇章语句中概括出以下重要宗教哲学观点：世界统一的本原、本体是"自我""梵"。

按照奥义书阐述的观点，"自我""我"清净无染，故也称之为"梵"。它是世界万有、动物、人、一切自然的和社会的现象依据的本体，在时间上是永恒的（永生），在空间中是无边际的，故又称为"大梵""大我"。作为人，皆有自己的精神主体、灵魂，这也是"自我"，然而相对于"大我"是"小我"。万有事物和每个人的"自我"与世界的"自我"是相即无间的。世界万物是"梵"的体现，可谓梵即世界，世界即梵，此即"梵我同一"。

"自我"与"梵"，作为同等意蕴的概念，在奥义书中反复提到。如《大森林奥义书》第一章第四梵书所说，"在太初，这个世界唯有自我……他首先说出：这是我。从此，有我这个名称"；又说，"在太初，这个世界唯有梵"，"梵"即"自我"。

"气息"（呼吸）对人至为重要，是人得以生存之本。奥义书也将"自我"称之为"气息""生命气息"，所谓"生命气息是永生者，名称和形态是真实（自我）"；又说"这个不生而伟大的自我，在生命气息中，由意识组成，它躺在心中的空间，控制一切，主宰一切，成为一切之主"，是众生的"支配者"和"统治者"。可见，"自我"也相当于人的精神主宰或灵魂。又说，"自我，它在气息中，而有别于气息，气息不知道它。气息是它的身体。它就是你的自我，内在控制者、永生者"。这是强调"自我"与"气息"不一不异，然而"自我"内在无形，"气息"是它外在表现。

于是，"气息"也即为世界终极本原之"梵"。如《考史多启奥义书》第二章说：

> 生命气息者，大梵也……而此生命气息之为大梵也，意识为其使者，语言为其侍女，眼为其护卫，耳为其传达[1]。

意为生命气息与梵同一，但着重指人的精神主宰、灵魂。

奥义书还说，修行者可通过祭祀、学习并懂得吠陀并修持"调息、制感、沉思、专注、思辨和入定"的瑜伽（禅定），体认"梵""自我"，从而在精神上达到与梵合一，实现"梵我一如"的至高解脱境界。如《大森林奥义书》第四章第四梵书所说："知梵的智者们获得解脱，沿着它，从这里上达天国"；《弥

---

1 《五十奥义书》。《考史多启奥义书》，在黄宝生所译的《奥义书》中译为《侨尸多基奥义书》。

勒奥义书》第六章说："思想进入自我，也就获得解脱"[1]；《摩奴法论》第十二章说："懂得吠陀之真义者甚至在这个世界上就可以与梵合一。"[2]

（六）宣传业报轮回的思想

"业"，指有情众生的造作、行为。婆罗门教也将四种姓应承担的社会职责、义务统称为"业"。

奥义书以各种方式和语句阐释的业报轮回的思想，虽不完整、不系统，但从中大体可以了解婆罗门教的基本观点。

其主要是说，世人的善恶行为必将招致相应的善恶报应。《大森林奥义书》宣称：

> 因善业而成为善人，因恶业而成为恶人；（第六章第二梵书）
>
> 一个人变成什么，按照他的所作所为。行善者变成善人，行恶者变成恶人。因善行变成有德之人，因恶行变成有罪之人……按照欲望，形成意愿。按照意愿，从事行动。按照行动，获得业果。（第三章第二梵书）

1　以上所引《大森林奥义书》《侨尸多基奥义书》《弥勒奥义书》，皆载于黄宝生所译《奥义书》。

2　《摩奴法论》第十二章。

不过，仅从这种表述还看不出是限于现行招致现报，还是兼有现行也会招致后世报应（轮回报应）的意思。

然而在奥义书中确实有关于人死后转世轮回的神话般的记述。《大森林奥义书》第六章第二梵书基于"世界是火"和"人是火"的思想前提，说人死后因生前的行为（业）将招致解脱或不同转世轮回的结果。

第一等：灵魂走"天神之路"达到解脱。谓生前若"在森林中崇拜信仰和真理"，死后经过火葬，灵魂"便进入火焰"，进入"白昼"，辗转经过六个月"进入天神世界"，再进入太阳、闪电，最后进入"梵界"；在"梵界长久居住，不再返回"。意即实现"梵我一如"，达到解脱，不再有生死轮回。

第二等：灵魂走"祖先之路"，循环轮回于生死之中。谓生前"依靠祭祀、布施和苦行赢得世界的人"，死后经过火葬，灵魂进入"烟"，进入"黑夜"，辗转经过六个月，便进入"祖先世界"，再进入"月亮"，变为食物供养天神，然后返回空中，经风、雨而进入"大地"，变成食物，通过火祭被供之于"火"，得以"在女人的火中出生"，从而"不断准备进入人这些世界，循环不已（生死轮回）"。

照此说法，死后灵魂是如何轮回的呢？在《歌者奥义书》第五章之十中有形象的表述：

那些在世上行为可爱的人（指行善者的灵魂）很快进

入可爱的子宫，或婆罗门妇女的子宫，或刹帝利妇女的子宫，或吠舍妇女的子宫。而那些在世上行为卑污的人很快进入卑污的子宫，或狗的子宫，或猪的子宫，或旃陀罗妇女的子宫[1]。

从以上文字可以清楚看到，婆罗门教的业报轮回说教仅面向"再生族"的婆罗门、刹帝利和吠舍三种姓，第四种姓首陀罗是被排斥在外的。因他们属于"一生族"，既没有资格学、听吠陀，也不能通过阅读吠陀文献了解梵我一如和善恶业报的说教。因此，上面引文只说死者灵魂进入前三种姓"妇女的子宫"而没提及首陀罗。然而所说死后轮生为狗、猪者，却不仅包括前三种姓的恶人，实际也将首陀罗包罗了进去。因为按照种姓制，首陀罗从事被视为最低贱的包括捕猎、屠宰在内的职业，属于所称"行为卑污的人"。至于种姓外的"旃陀罗"，因地位最为卑贱，竟被打入狗、猪之列[2]。

1　前引《大森林奥义书》《歌者奥义书》皆载黄宝生译《奥义书》；《摩奴法论》，蒋忠新译。

2　姚卫群将此概括为"五火二道"。所谓"五火"是指人死后到再出生的五个轮回阶段，即人死被火葬后，先进入月亮；再变成雨；雨下到地上变成食物；食物被吃后变成精子；最后进入母胎出生。"二道"是指"神道"和"祖道"。"神道"是人死后进入梵界，不再回到原来生活的那个世界中来的一种道路；"祖道"是人死后根据"五火"的顺序再回到原来生活的那个世界中来的道路。"五火"或"祖道"的说法涉及的是轮回的理论，而"神道"涉及的是解脱的理论。姚卫群：《早期佛教的基本教义与奥义书思想》，《北京大学学报》（哲学社会科学版）2007年第2期。

在《摩奴法论》最后第十二章，对婆罗门教业报轮回有比较集中的说明：

　　由思想、言语和身体产生的行为，其果报有善有恶；由行为产生的人的归趋包括上、中、下三等；

　　一个人的行为过失而成为不动物（指非动物）；由言语的，成为禽兽；由思想的，成为出身低贱的人。

并且宣称，人的"神我"（灵魂）由行为而造就"三德"：由"知识"，即通过学习吠陀、苦行、静虑等行为造就"喜德"；由"爱与恨"，即好动、浮躁、胡作非为、执着于欲境等造就"忧德"；由"无知"，即因贪婪、残忍、皈依异端、人格恶劣等行为造就"暗德"。进而说，具"喜德"者死后转世为天神；具"忧德"者死后转世为人类；具"暗德"者死后转世为畜生类。又说，即使这三种转世，也各有上、中、下三等：

1.具"暗德"者的下等转世是植物、牲畜和虫蛇等；中等的为象、马、"可恶的首陀罗"、虎、猪等；上等的为歌舞伎、龟鸨和骗子等。

2.具"忧德"者死后的下等转世是要棒人、戏子、酒鬼等；中等是国王、刹帝利、皇家祭司等；上等是乾达婆（香神、乐神）、天神侍从等。

3.具"喜德"者的下等转世是苦行者、遁世者、婆罗门等；

中等是祭主、仙人和天神等；上等是梵天、创造宇宙的众仙
人等。

不难看出，以上所述婆罗门教的业报轮回说教贯彻和浸透
着严格的种姓等级思想：婆罗门至上、刹帝利优越、吠舍较低，
首陀罗与四种姓之外的旃陀罗最为低下，受到极端歧视，甚至
被看作与象、马、虎、猪同列。

可想而知，这种业报轮回思想是为维护和巩固种姓制的奴
隶制服务的，自然要招致最下层种姓民众的反感和抵制，也引
起吠舍种姓乃至刹帝利种姓的疑惑和不满。这是引发反对婆罗
门教的社会思潮，促成"沙门"诸"外道"先后成立和嗣后佛
教创立的社会思想文化的环境。

第二节 "沙门"思潮和六师学说

随着社会生产力的提高，在公元前 6 世纪到前 5 世纪，印
度恒河流域的农业和手工业及商业都得到很大发展。从佛经，
特别是原始经典《阿含经》中可以看到有成群结队的商人往来
于城市之间和诸国之间。在四种姓中，吠舍种姓在社会经济中
占有重要地位，从中分化出拥有雄厚财富、资产的工商业主。
除经商之外，他们中有的还放高利贷。在佛经中经常称他们为

"长者"（śreṣthin），如拘萨罗国舍卫城的富商须达多（号"给孤独"）长者、摩揭陀国王舍城的"豪贵"迦兰陀长者，曾用丰厚的财力资助佛陀，护持佛教传播发展。

在诸多城市国家的发展和相互兼并战争中，以国王为首的刹帝利种姓的军政权力急剧增强，经常得到吠陀种姓特别其上层的支持。

在这种形势之下，婆罗门至上的传统观念和与其相应的社会等级制度，不仅招致占社会人口多数的吠舍种姓中下层、首陀罗种姓及贱民、奴隶的反感和抵制，就连刹帝利种姓和吠舍上层的工商业主也越来越表示不满。他们为了维护既有的政治权利和社会经济利益，不仅要持续巩固王权统治，也要借助包括宗教在内的思想文化来安抚和笼络民心，以利于维护安定的社会秩序。

在这种形势下，原来的婆罗门教由于主要存在以下三个问题已与社会发展不适应，处于越来越衰败和分裂的状态，已难以满足他们的需要。

（一）在思想和理论上，婆罗门教主要以成立于公元前10世纪以前的三吠陀（"三明论"），即《黎俱吠陀》《夜柔吠陀》《娑摩吠陀》及其后附森林书、梵书和早期奥义书为基本经典和依据。然而这些文献出世时间和社会背景有很大差异，对所信奉的宗教神学思想尚未形成完整的体系。后附相继传世的多种奥义书，在对世界终极本原及其与人的关系等问题的表述

中，虽已蕴有深奥的哲学思辨成分，但是多借神话描述提出新
的概念、论断，缺乏推演论证，没能形成其宗教神学思想的统
一和严整性。例如，对创世主梵天、生主、诸神及它们之间的
关系，就有不同的说法；在关于宇宙、自我、梵、气息的定义
和彼此的关系、世界万物的形成及人、四种姓产生等问题上，
特别在对善恶因果报应和轮回的问题上，也没做出完整统一、
清晰和自圆其说的阐释。

（二）在组织上，婆罗门教从无统一的组织系统，也没有
制定严格一致的戒律。婆罗门虽专司祭祀并几乎统摄文化知识
各个方面，然而却凭借特权占有大量土地财产和奴隶，并借主
持种类繁多的祭祀不断从王室、富人和普通平民那里攫取财富。
不少婆罗门精神空虚，生活奢侈腐化堕落。他们还参与多种世
俗事务，甚至借巫术、念咒、占星、占卜吉凶等方术欺世盗名，
获取利益。关于婆罗门的贪婪、欺诈、无耻、凶狠的事例，在
原始佛教经典中有不少记载[1]。这样一来，婆罗门自然日益脱离
民众，不仅为广大中下层民众所不满，也招致刹帝利和吠舍上
层的反对。

（三）在宗教实践活动上，婆罗门教主张"祭祀万能"，垄
断了对祭祀礼仪和规模的解释。祭祀的种类繁多，有的跨越时
间很长。在婆罗门主持王室、贵族和富人较大规模的祭祀时，

1　参见《长阿含经》卷十三《阿摩昼经》、卷十四《梵动经》等。

须事前准备巨额的财物，屠宰大量牛羊牲畜，用作包括"火供"在内的各种献祭、献牲。可以想象，举办这种祭祀方式的宗教活动对以农业为主的社会经济有极大破坏作用，而且徒重形式而不重视思想的教化，这对以国王为首的统治者意图借以笼络和安抚民众是不利的。奥义书虽已提倡瑜伽禅观和各种修行，但影响的范围十分有限。

在这种社会形势之下，早在佛教创立之前，在婆罗门教之外已涌现许多称为"沙门"修行者和学派。"沙门"（Śramaṇa），在汉语或译"桑门"，意译"息心"等，为"出家的至诚修道者"，原指佛教创立前婆罗门教以外的出家修行者。他们与婆罗门一生须经"四住期"不同，一出家即出外四处云游，以乞食为生，走进山野或林间从事禁欲主义的种种苦行。

在沙门当中，有些人围绕世界和人生的重大哲学问题和关于因果报应、生死轮回、精神解脱及修行方式等宗教理论问题进行思考、辩论，提出了形形色色的宗教哲学理论和宗教实践方式。在佛教经典中，将婆罗门教和沙门学派统称为"异学"或"外道"。

据佛经记载，在佛教创立时社会上流行的外道有九十五种，或说有九十六种，也有的甚至夸张地说有"四十九千邪命外道，四十九千外道出家"[1]。

1　《杂阿含经》卷七。

一、六师外道

在诸外道之中，有六人的学说影响较大，佛经称他们为
"外道六宗"的祖师、"六师"，各有五百弟子，到处讲学。唐
代天台宗九祖湛然（711—782）在《止观辅行传弘决》卷十之
一说"元祖即是迦毘罗等，支流分异，遂为六宗"。意为"六
宗"之源最早可追溯到后吠陀和奥义书时代的迦毘罗等人，后
为不少著述引述[1]。迦毗罗是印度数论（僧佉，Sāṃkhya）派所奉
初祖，相传为"仙人"，当生活在公元前 4 至前 3 世纪。然而对
这一传说，如果理解为外道的源流可上溯到公元前 3 世纪以前，
还是有道理的。

佛经对"外道六师"的译名记载不一。例如，东晋高僧法
显译《大般涅槃经》卷下作"富兰那迦叶、末伽利拘赊梨子、
删阇夜毘罗视子、阿耆多翅舍钦婆罗、迦罗鸠驮迦旃延、尼犍
陀若提子"；南朝宋求那跋陀罗译《杂阿含经》卷四十三作"富
兰那迦叶、末伽梨瞿舍梨子、散阇耶毘罗胝子、阿耆多枳舍钦
婆罗、伽拘罗迦毡延、尼捷连陀阇提弗多罗"。

后秦佛陀耶舍与竺佛念译《长阿含经》卷十七《沙门果经》
则作"富兰迦叶、末伽梨拘舍梨、阿夷陀翅舍钦婆罗、婆浮陀

1　[唐]道宣撰集，[清]读体续释：《昙无德部四分律删补随机羯磨》卷五；宋法
　　云编：《翻译名义集》卷二"六师篇第二十"等。

伽旃延、散若毗罗梨子、尼乾子”，并有详细记述：释迦牟尼佛在摩揭陀国王舍（罗阅）城祇耆旧童子庵婆园期间，国王阿阇世前来请教：

> 世尊！如今人乘象、马车，习刀、矛、剑、弓矢、兵仗、战斗之法，王子、力士、大力士、僮使、皮师、剃发师、织鬘师、车师、瓦师、竹师、苇师，皆以种种伎术以自存生，自恣娱乐。父母、妻子、奴仆、僮使共相娱乐。如此营生，现有果报。今诸沙门现在所修，现得果报不？

阿阇世王所说的“沙门”是将释迦牟尼佛也包括在内的。他的意思是说，世人职业不同，贫富各异，各以技艺维生，或“自恣娱乐”，或全家成员“共相娱乐”，称这是世人（主要着眼四种姓中的前三种姓）的现前果报。那么，出家修行“现得果报”吗？

佛没有立即回答，而是反问此前他是否向“诸沙门、婆罗门”问过此义。阿阇世王回答，已先后向“六师”富兰迦叶、末伽梨拘舍梨、阿夷多翅舍钦婆罗、婆浮陀伽旃延、散若毗罗梨子、尼乾子问过，然而对他们的回答皆不满意，称之是“有人问瓜，报李；问李，报瓜”。

下面先依据《长阿含经》卷十七《沙门果经》记载，然后参考佛经其他记载，对六师名字稍作调整修订，再对他们的思想做概要介绍。

（一）富兰那·迦叶（Pūrṇa Kassapa）

姓迦叶，从母得名富兰那。

富兰那否认因果报应思想，主张无因无缘论和无道德论。《长阿含经》卷十七《沙门果经》记载，阿阇世王到富兰那住处问道：

> 如人乘象、马车，习于兵法，乃至种种营生，现有果报。今此众现在修道，现得果报不？

富兰那回答说：

> 王若自作，若教人作，研伐残害，煮炙切割，恼乱众生、愁忧啼哭，杀生，偷盗，淫佚，妄语，逾墙劫夺，放火焚烧，断道为恶。大王，行如此事非为恶也。
>
> 大王，若以利剑脔割一切众生以为肉聚，弥满世间，此非为恶，亦无罪报。于恒水（恒河）南脔割众生，亦无有恶报；于恒水北岸为大施（大规模施舍）会，施一切众，利人等利，亦无福报。

他的回答的意思是说无论是自己杀生、偷盗、淫佚、放火焚烧、断道掠财，乃至做其他种种罪恶，还是指使别人去做这种种罪恶，都不算作恶犯罪。即使残杀"一切众生"，将尸体堆积成丘，也不算罪恶，得不到恶的报应；反过来，即使施舍一切众生，利益群生，也得不到任何福报。

他声称："无福无施，无今世后世善恶之报，世无阿罗汉等成就者。"[1]无论是在现实，还是在后世，他皆否认有善恶因果报应，也否认能通过修行断除情欲和烦恼，达到解脱境界（成阿罗汉）。

他进而从根本上否定因缘之说，排斥道德修养，宣称"无因无缘，众生有垢；无因无缘，从生清静"[2]，意为众生人品或好或坏，道德或恶或善（心地垢与净），与任何因缘没有关系。

（二）末伽梨·拘舍梨子（Maskarī Gośālīputra）[3]

末伽梨是字，从母亲得名拘舍梨子，《增一阿含经》称为"瞿耶楼"。

拘舍梨是否定一切的虚无主义者，宣称凡是世人认为是"有"者，皆为"虚妄"，主张无道德论、无因果论。

《长阿含经》卷十七《沙门果经》记载，拘舍梨如此回答阿阇世王之问：

1　《增一阿含经》卷三十九《马血天子品》。

2　《杂阿含经》卷三。

3　另有译名末伽梨·拘舍梨、末伽梨拘舍离子，皆为同一人。

　　大王，无施无与，无祭祀法，亦无善恶，无善恶报，无有今世，亦无后世，无父无母，无天（梵天），无化众生（梵天化现众生）。世无沙门、婆罗门平等行者，亦无今世，后世自身作证，布现他人。诸言有者，皆是虚妄。

　　他不仅否认世人的一切社会活动，宣称无论是施舍、祭祀，还是行善行恶、善恶报应等皆虚妄不实；同时也将前世、后世、天（梵天）、父母、众生，以及沙门、婆罗门等归之为"虚无"。不难看出，这其中也包含对婆罗门教"祭祀万能"、梵天创世造人及业报轮回说等的彻底否定。

　　北凉昙无谶译《大般涅槃经》卷十九还记述，拘舍梨自认为"一切众生于一切法无知见觉，唯是一人独知见觉"，常对门下弟子说：

　　一切众生身有七分。何等为七？地、水、火、风、苦、乐、寿命。如是七法，非化非作，不可毁害。如伊师迦草（外皮软脆，内干坚实的虎鬉草），安住不动，如须弥山；不舍不作，犹如奶酪，各不诤讼。若苦若乐，若善不善，投之利刀，无所伤害。何以故？七分空中无妨碍故。命亦无害，何以故？无有害者及死者故，无作无受，无说无听，无有念者及以教者。常说是法，能令众生灭除一切无量重罪¹。

大意是说，人身由地、水、火、风、苦、乐、寿命七种要素组成，各要素之间既不相属，又"不舍不作，犹如奶酪，各不诤讼"；因彼此之间有空隙，自体既不受"若苦若乐，若善不善"影响，也不会受利刀伤害。世上既无害者，也无死者；无作无受，无说无教。在这里同样是贯彻其一切虚无的思想。

于是，自己保持"独知见觉"，而让其他众生继续处在"于一切法无知见觉"的状态，再经常宣述此意，就能使他们"灭除一切无量重罪"。

不难看出，拘舍梨倡导虚无主义的目的，既有反对婆罗门教的意向，也有劝导众生回避现实，以免"犯罪"的用意。

拘舍梨既主张地、水、火、风四种物质要素是世界的基础，又说苦、乐、寿命三种精神要素也是世界基础，从哲学上讲是属于二元论的观点。

末伽梨·拘舍梨子被认为是古印度"邪命外道"（Ājīvika）之祖。佛教所说的"邪命"，是指为了谋生而从事"非正道"的

1　据唐义净译《根本说一切有部毗奈耶》卷十三"无根谤学处第八"，记述持这种观点的是阿市多鸡舍甘跋罗（阿夷多·翅舍钦婆罗）。说他主张人有七身（地水火风苦乐命），称"有人斩截他首，彼无苦痛，于其身中孔隙之内刀剑随过，不损其命，于此实无能杀、所杀"。

职业[1]，认为拘舍梨是从事"非正道"之业的外道，故称之为"邪命外道"。

这一派别在后世曾与佛教、耆那教相并流行，社会影响较大。

（三）阿夷多·翅舍钦婆罗（Ajita Kesakambalin）[2]

阿夷多是字，翅舍钦婆罗意为粗敝之衣。《增一阿含经》称他为"阿夷喘"。

阿夷多认为，人的身体归根到底是由物质性的地、水、火、风四大要素（四大）构成的，死后这四大要素各回归本处，否认灵魂不灭。《长阿含经》卷十七《沙门果经》记载他回答阿阇世王之问说：

> 受四大取命终者，地大还归地，水还归水，火还归火，风还归风，皆悉坏败，诸根归空。若人死时，床舆举身，置于冢间，火烧其骨如鸽色，或变灰土。若愚若智取命终者，皆悉坏败为断灭法。

---

1 唐慧琳撰《一切经音义》卷三载："邪命。经云：邪命者，事非正道，诡求名利，作四口业，以求自活。谓仰观星象、耕田种植、四方使命、呪伏鬼神是四口业，名为邪命也。"

2 另有译名阿耆多·翅舍钦婆罗、阿夷哆·翅舍钦婆罗，皆为同一人。

所说人身由"四大"构成，当指地大造成肉体，水大造成血液，火大为体温，风大为呼吸之气，借以维持生命。然而在死后，组成身体的四大各自回归于自然界的地、水、火、风，原有身体终归空无；无论生前是愚者还是智者，无不坏败断灭。这种见解在哲学上属于朴素唯物主义思想。

阿夷多也是因果报应的否定论者。据《增一阿含经》卷三十九记载，他（阿夷多）说过："若于江左杀害众生，作罪无量，亦无有罪，亦无有恶果之报。"主张作恶无罪，也无恶果之报，实际也蕴含否定道德的思想。

阿夷多被认为是古印度顺世派的始祖。唐玄奘译印度圣天著、护法释的《大乘广百论释论》卷二"大乘广百论释论破我品第二之一"载有"顺世外道"如下一段话：

> 诸法（一切物质的和精神的现象）及我，大种（地、水、火、风四大要素）为性。四大种外，无别有物，即四大种和合为我及身、心等内外诸法，现世是有，前后世无……

意思与前面引文大体相同，为里不再解释。

可见，阿夷多既是朴素唯物论者，也是因果报应思想和社会道德的否定论者。

（四）婆浮陀·迦旃延（Pakudha Kaccāyana）

迦旃延是姓，婆浮陀是字。

婆浮陀是命定论者，认为人的命运不可改变，心灵的染净和善恶、道德的好坏，皆"无因无缘"，由命运注定。

《长阿含经》卷十七《沙门果经》记载他对阿阇世王之问"现实之报"回答说：

> 无力，无精进人。无力，无方便，无因无缘，众生染著，无因无缘，众生清静。一切众生有命之类，皆悉无力，不得自在，无有冤仇定在数（命运）中，于此六生中受诸苦乐。

他以否定一切的观点断定：世上既无个人的努力和方法（方便）能改变命运，也不存在致力修行精进之人。众生心灵染污（贪欲、妄念及烦恼）与清净，行为之善恶，皆"无因无缘"。因此，从事道德修养和行善是没有意义的，达不到自在解脱。人死后轮回于地狱、饿鬼、畜生、阿修罗、人间、天"六道"，受苦受乐，也与生前是否有"冤仇"没有必然联系。

他既主张命运决定人生一切（"定在数中"），是将命运作为总因，然而又讲"无因无缘"，实际是矛盾的。

（五）删阇耶·毗罗胝子（Sañjaya Veiraṭipura）

从母得名毗罗胝子，删阇耶是字。

删阇耶对有无果报持回避态度，既不从正面肯定回答，也不从反面作否定回答，是怀疑论和诡辩论者。《长阿含经》卷十七《沙门果经》记述他是这样回答阿阇世王之问的：

> 大王，现有沙门果报。问，如是答：此事如是，此事实，此事异[1]，此事非异非不异。
>
> 大王，现无沙门果报。问，如是答：此事如是，此事实，此事异，此事非异非不异。
>
> 大王，现有无沙门果报。问，如是答：此事如是，此事实，此事异，此事非异非不异。
>
> 大王，现非有非无沙门果报。问，如是答：此事如是，此事实，此事异，此事非异非不异。

对"有、无"沙门果报，他是用如下四种语句表达：现"有"沙门果报、现"无"沙门果报、现"有无"沙门果报、现"非有非无"沙门果报，然后再一一做出肯定（如是）、实在（实）、否定（异）及既肯定又否定（非异非不异）的四种回答，即"此事如是，此事实，此事异，此事非异非不异"。

1　据宋、元、明三本，此后有"此事不异"四字。

对于过去、现在和未来三世，删阇耶认为皆空虚不实，说："过去者已灭，更不复生；当来未至，亦复不有；现在不住，不住者即变易。"[1]

作为沙门，他却不主张修行，认为可在自然而然中达到解脱，宣称："道不须修，经八万劫自然而得，如转缕丸于高山，缕尽则止。"[2]

问题是："劫"是不可计算的"大时"，那么"八万劫自然而得"，到底何时能得？实则不可能，终归于其主张的"当来未至，亦复不有"。

（六）尼乾子·若提子（Nigaṇṭha Nātaputta，前540—前468）[3]

若提是姓；尼乾，或作尼犍，是出家之号，意为"离系""脱离系缚"、从肉体和精神的束缚中解脱出来。

尼乾本名筏驮摩那（Vardhamana），出生于吠舍离的一个刹帝利种姓家庭，三十岁出家修行，四十二岁成道，被尊称"大雄"，先后在鸯伽、摩揭陀、跋蹉、拘萨罗等地传教三十余年，

---

1 《增一阿含经》卷三十九。

2 ［隋］吉藏：《百论疏》卷上之余引后秦鸠摩罗什语。

3 尼犍陀·若提子，汉译为"大雄"，是印度耆那教创始人。日本中村元主张他的生卒年是前448年至前376年。若按北传佛教以前565年至前485年为佛生卒年，他生活在佛之后。若按有的国家以前466至386或前463至前383年为佛的生卒年，可说他与佛大体同时代。然而据《中阿含经》卷五十二《周那经》，他死在佛之前，恐不可信。

在世时间与释迦牟尼佛大体相同。

尼乾是古印度耆那教的创始人。然而相传在他之前有过二十三祖，他是第二十四祖。"耆那"，意为"胜者"，耆那教意即"胜者之教"。佛经称尼乾所立之教为尼乾外道，或尼犍外道、离系外道。耆那教在后来发展中分为白衣（身穿白衣）、天衣（裸体）两派，基本教义大同。

尼乾认为，构成世界的要素有灵魂（命，Jitva）和非灵魂（非命，Ajtiva）两种，属于非灵魂的有物质和不定形物质两类。物质由细小的"极微"（有地、水、火、风四种）构成；不定形物质包含运动之因（法，dharma）、静止之因（非法，adharma）、虚空和时间四种要素。物质因为由地水火风"四大"极微构成，带有下降的属性，而灵魂本身则具有上升的属性，是可自由流动的。众生的灵魂由于受到由极微构成的"补特迦罗"转变成"业"的束缚而不能自由，不能从生死轮回中解脱。从他对世界基础的解释中，可以看到他在哲学上是属于多元论存在论者[1]。

关于尼乾的主张，佛经中记载较多。《长阿含经》卷十七《沙门果经》记载他回答阿阇世王的修行"现得报不"之问说：

---

[1]　汤用彤：《印度哲学史略》第四章"耆那教与邪命外道"，中华书局，1988年；黄心川：《印度哲学通史》上册上编第四章"沙门思潮"，大象出版社，2014年。

　　大王，我是一切智，一切见，人尽知无余，若行若住，坐、卧，觉悟无余，智常现前。

　　他没有当即回答阿阇世王果报之问，而自称"一切智"。据隋吉藏《百论疏》卷上之余记载，后秦鸠摩罗什曾将外道分为"诵四韦陀""人称一切智""得五神通"三类的六师外道。隋智颙在其《四教义》卷四对所谓"一切智六师"解释说："邪心见理，发于邪智，辨才无碍也。"虽带有贬义，大体是说他们是具有超常智慧，善于思考，擅长辩论者。尼乾就是属于这一类外道的，自许"我是一切智，一切见"，对世上一切无所不知，即使平日也皆处于智慧、觉悟状态。

　　佛教初创时期，尼乾外道是诸外道中在社会上最活跃、最有影响的教派，与佛教的接触、交往也多，因而在诸本《阿含经》中对尼乾外道记述也最多。

　　归纳起来，尼乾外道的教义主要有如下几项。

　　（1）人生命运由前生"恶业"决定，苦行能灭除恶业之因

　　《中阿含经》卷四《尼乾经》记载：

　　世尊告诸比丘，诸尼乾等如是见如是说，谓人所受皆因本作，若其故业因苦行灭，不造新者，则诸业尽，诸业尽已则得苦尽，得若尽已则得苦边（意谓摆脱生死轮回，达到解脱）……

> 彼诸尼乾便报我言：瞿昙，我有尊师名亲子尼乾，作如是说：诸尼乾，汝等若本作恶业，彼业皆可因此苦行而得灭尽。若今护身、口、意，因此不复更作恶业也……

意谓尼乾主张人生来一切苦难遭遇、烦恼皆源自前生恶的行为（业、业因、本），只有专心修苦行，防护身、口、意不造新的恶业，才能灭尽苦因，得到来世善报，从苦中解脱。《中阿含经》卷二十五《苦阴经》记载，尼乾强调苦行的重要，说"乐不因乐，要因苦得"。

佛陀将尼乾所说招致"今受极重苦"的原因归纳为五点："众生所受苦乐皆因本作（本作恶业，前生作恶业）""众生所受苦乐皆因合会（本恶合会，前生处在恶的环境）""众生所受苦乐皆因为命（本恶为命，前生灵魂恶）""众生所受苦乐皆因见（本有恶见，前生具恶见）""众生所受苦乐皆因尊佑造（本恶尊佑，前生遭遇恶的自在天，为恶的自在天所造）"。佛认为信奉这些主张是有违于"可信，可乐，可闻，可念，可见善观"的要求，属于"虚妄"之言，是"可憎恶"的。

《中阿含经》卷二十五《苦阴经》形象地记述佛住王舍城住鞞哆逻山仙人七叶屋时的见闻：

> 见众多尼揵，行不坐行，常立不坐，受极重苦。我往问曰：诸尼乾，汝等何故行此不坐行，常立不坐，受如是

苦？彼如是说：瞿昙，我有尊师尼犍，名曰亲子，彼则教
我作如是说：诸尼犍等，汝若宿命有不善业，因此苦行故，
必当得尽……

"不坐行"，即不坐常走、常立不坐，是常见苦行之一。此
外裸身、饿腹乃至采取投渊、赴火、自坠等自杀行为也属苦行。

（2）身口意三业持戒修行，尤重身业，特别严禁杀生

尼乾为弟子制定不杀生、不妄语、不偷盗、不邪淫、不蓄
私财五禁戒，要求贯彻到身、口、意三业修行之中。其中的禁
杀生、偷盗、邪淫三戒属于身行，禁妄语属于语行，而五禁戒
的意念自然贯彻在意行之中。

对此，《杂阿含经》卷三十二记述说：

杀生者一切皆堕泥梨（地狱）中，以多行故，则将至
彼。如果盗、邪淫、妄语，皆堕泥梨中，以多行故，则将
至彼。

这里提到五戒中的前四戒，然而特地将属于身业的杀生、
偷盗、邪淫置于前面，将属于语业的妄语置于后面，表明五戒
中以戒身行之罪为重。

尼乾外道在诸戒中最重杀生戒，严禁杀生，既禁杀害牛、
羊等牲畜，也禁伤害蝼蚁等昆虫乃至看不见的微小之生命。因

此他们平日行动、走路小心翼翼，谨防杀生。据南传《长部经·沙门果经》记载，尼乾还制定有"四禁戒"，规定"禁用一切水，制一切恶，离一切恶，达一切恶之制御"[1]。因为水中有微虫，喝了等同杀生，故禁随意饮水。

尼乾外道在修苦行中，身业苦行最为重要。《杂阿含经》卷二十一说：

> 宿命之业，行苦行故，悉能吐之（消除）；身业不作，断截桥梁，于未来世，无复诸漏（诸种情欲、烦恼），诸业家（身语意三业之因）尽；业永尽故，众苦永尽，苦永尽故，究竟苦边。

意谓前世造成的恶业之因（宿命之业），可通过今生的苦行，特别是身业苦行加以灭除，如果没有由身体的行为（身业）造成新的恶业，那就等同截断通往未来新的痛苦之路，从而达到灭尽一切苦痛的解脱境界。

正因为如此，尼乾设"重罚"来制约弟子莫作身之恶业。《中阿含经》卷三十二《优婆离经》载，尼乾弟子苦行告诉佛说，尼乾"施设于三罚"：身罚、口罚及意罚，而"施设身罚为最重，令不行恶业，不作恶业；口罚不然，意罚最下，不及身

罚极大甚重"。可见，尼乾外道对违犯戒规者要进行处罚，而对
犯身业罪者处罚最重，犯意业罪处罚最轻。

对此，佛告诉苦行说，他对弟子不施设"罚"，而是引导
他们主动于身、口、意三个方面"不行恶业，不作恶业"，强调
"意业为最重"，意即修心是最为重要的。

（3）主张现实行为没有现实果报

《增一阿含经》卷三十九记载，阿阇世王到尼犍（尼乾）处
请问是否"现世作福，得受现世报"？尼犍回答：

> 无因无缘，众生结缚（身心受情欲烦恼束缚）；亦无
> 有因，亦无有缘，众生著结缚；无因无缘，众生清净。

这种回答是以现世命运由前世宿业决定为前提。既然如此，
今生身心无论是受到欲望支配和烦恼困扰，还是想借修行从中
摆脱，达到清净解脱的境界，皆是不可能的——"无因无缘"。
自然，"现世作福，得受现世报"也是不可能的。实际上，这种
无因论与尼乾的以苦行灭除苦因的说法是矛盾的，因为他们实
际是将"苦行"作为灭除苦之因的。

二、沙门思潮和苦行

在佛教创立前后，印度思想文化界空前活跃，前述六师外

道所弘传的只是当时最具代表性和影响较大的学说，此外尚有种种学说在社会上传播。佛经记载有"二十二见""六十二见"[1]；耆那教经典记载有三百六十三个哲学派别[2]。在当时的社会背景下，思想文化界对一些宗教哲学问题有不同见解并进行争论是很自然的。

从佛经记载的资料来分析，当时争论的焦点有以下三个问题。

（一）世界和人如何形成？决定人事现象的根本原因是什么？

对此，有的主张是"大梵"自在天（即梵天，佛经也称之为"尊祐"）创造世界和人；有的以地、水、火、风及其他相当物质的或精神的要素来解释世界万物和人的构成、生命的运动；有的主张一切生命人事现象皆由宿命决定；有的主张"无因无缘"论；也有的对于世界永恒还是不永恒（常、无常）、有限还是无限（有边、无边）等问题感兴趣，并提出见解，进行争辩。

（二）人有无不灭的灵魂？有无三世和业报轮回？

这实际是前一问题的引申。除了像阿耆多·翅舍钦婆罗那

1　参见《杂阿含经》卷七所载二十二见及《长阿含经》卷十四《梵动经》所载六十二见。

2　季羡林：《原始佛教的历史起源问题》，载王树英选编《季羡林论佛教》，华艺出版社，2006年。

样的朴素唯物主义者之外，一般学派、普通民众都承认有灵魂（命、想），有前世、今世和来世（后世）。围绕人死后灵魂灭还是不灭（死后"有想""无想""断灭"）、如果灵魂不灭将去往何处等问题，提出了许多猜想或具体见解。

如果承认有灵魂、有来世，那么人死后灵魂去往何处？支配灵魂转生到不同世间的力量是什么？这就是业报轮回问题。在吠陀本集中还没有提出业报轮回的思想，后期的奥义书中才开始接触到这类问题，但直至佛教创立之前，对此讲得还不够清晰和系统，用的多是"转生"一词[1]，似乎连"轮回"（saṃsāra）一词也刚提到。

尽管如此，在社会各界对业报轮回已普遍关注，宗教文化界围绕这一问题的争论也很激烈。

讲业报轮回，就必然要联系道德和行为规范问题。因为轮回须有个主体，它生前的道德行为（业）的"善"与"恶"将决定它灵魂轮回的趋向。六师中的耆那教创始人尼乾对灵魂和业报提出了自己的解释，而那些否认业报轮回者则持无因果论，一般也否定道德善恶评价，否认行善修德的价值，有的甚至也否定过去、现在和未来三世的存在。

1　参见《大森林奥义书》第三章、第六章，《歌者奥义书》第五章及《摩奴法论》第十二章。

（三）如何达到解脱？

婆罗门教讲的最高修行目标是回归"大梵"，实现"梵我同一"或"梵我一如"，其次是通过业报转生为神。

至于活跃于各地的沙门，对如何修行达到解脱也提出各种见解。有的认为修持禅定达到的最佳精神状态就是解脱涅槃，有的认为自由自在地生活就是解脱的表现，然而更多的沙门则认定苦行是重要的修行方式。

苦行，应当说最早是源自婆罗门教，因婆罗门在"四住期"中的"林栖期"须修苦行。后秦鸠摩罗什曾说外道六师"大同小异，皆以苦行为本"[1]。实际上，岂止是六师，苦行也通行于各地沙门之中。

《中阿含经》卷四《师子经》记载，释迦牟尼佛告诉尼乾弟子师子大臣，沙门中确实流行种种苦行：

> 或有沙门、梵志（婆罗门），裸形无衣，或以手为衣，或以叶为衣，或以珠为衣。或不以瓶取水，或不以魁（勺子头，实指勺）取水。不食刀杖劫抄之食，不食欺妄食，不自往，不遣信，不来尊，不善尊，不住尊。若有二人食，不在中食，不怀妊家中食，不畜狗家食，设使家有粪蝇飞来，便不食也。不啖鱼，不食肉，不饮酒，不饮恶水，或

1　［隋］吉藏：《百论疏》卷上之余。

都无所饮，学无饮行。或啖一口，以一口为足，或二口、三、四乃至七口，以七口为足。或食一得，以一得为足，或二、三、四乃至七得，以七得为足。或日一食，以一食为足，或二、三、四、五、六、七日、半月、一月一食，以一食为足。或食菜茹，或食稗子，或食穇米，或食杂或食杂糜，或食头头逻（极细之米）食，或食粗食。或至无事处依于无事，或食根，或食果，或食自落果。或持连合衣，或持毛衣，或持头舍衣，或持毛头舍衣，或持全皮，或持穿皮，或持全穿皮。或持散发，或持编发，或持散编发。或有剃发，或有剃须，或剃须发，或有拔发，或有拔发，或拔须发。或住立断坐，或修蹲行。或有卧刺，以刺为床。或有卧果，以果为床，或有事水，昼夜手抒。或有事火，竟昔然之。或事日、月、尊祐（梵天、自在天）大德，叉手向彼，如此之比受无量苦，学烦热行。

佛为什么对苦行知道得如此详细？因为佛出家后曾入苦行林修行六年苦行，并且此后又看到很多沙门修苦行。在他介绍的苦行中，有的是赤身裸体；有的以手或树叶为衣；有的采取怪异的方式饮水、或节制饮水甚至连水也不喝；有的不食鱼肉，或节制进食，六七天才进食一次；有的饿腹；有的只吃野果树根；有的披头散发，或剃发、拔发；有的只站立而不坐；甚至"或有卧刺，以刺为床"；也有的崇拜日月神灵、梵天（尊祐），叉手礼拜。他们通过苦行"受无量苦，学烦热行"。至于为什么采取不同的苦行做法，自然取决于他们各自所持的见解。修苦行者有沙门，也有林栖期的婆罗门。

佛对苦行虽知道得如此详细，但他并不赞成修持苦行。他告诉师子"有此苦行我不说无"；明确表示："此苦行为下贱业，至苦至困，凡人所行，非是圣道。"[1]

正是在上述社会环境和思想文化的背景之下，释迦牟尼出家修行，创立了佛教。

---

1 关于苦行，亦可参见《中阿含经》卷二十六《优昙婆罗经》及《长阿含经》卷十六《裸形梵志经》等。

佛教的创立及其早期传播

社会意识形态的多样性归根到底是由社会存在决定的，是社会现象在不同领域的反映，不以人的意志为转移。在社会意识形态中，宗教与哲学等虽居于最高的层次，然而毕竟也受到自然环境、民族、社会经济、政治、民间习俗等多方面的制约和影响。

佛教是世界众多宗教形式中的一种，它的起源、传播和发展，自然受到不同时期和传播地域的国家、民族、传统文化等多种条件的影响，反映到它的教义思想、组织形式等各个方面。编撰佛教历史，介绍佛教的起源和发展，自然应当以客观态度联系这些方面进行考察和论述。

这是个十分严肃而又艰难的工作。

第一节 释迦牟尼佛的生平和创立佛教

佛教创始人释迦牟尼是历史上真正存在的宗教人物，生活在古印度特有的社会环境和条件之下，有其真实的生平、创教和传法的历史。佛教的创立和传播发展，是印度乃至世界文化史上的重要事件，考察释迦牟尼传记及其创教事迹是佛教研究重要的一环。

佛教典籍，仅就汉译佛典来说，包括经、律、论三藏及印度与中国的著述、史书、目录等在内，可谓卷帙浩繁、汗牛充栋。在这种情况下，若要从其中找出佛教创始人释迦牟尼的翔实传记，并非信手拈来之事，必须从众多以记述释迦牟尼传法为主的佛经、充满神话色彩的传说"本生"故事、戒条制定缘起及后人的佛典注疏当中仔细地择取与梳理，并且因为印度古代不重历史纪年，还须参照有的信史资料，才能大体理出个头绪。应当感谢国内外佛教界、学术界前辈已在这方面做出了可观的成绩，使后来者再考察佛教起源和发展的历史有所借鉴，避免一切从头开始。

隋代天竺僧阇那崛多译《佛本行集经》卷六十记载，讲述佛与其弟子"本生"因缘的佛经，在不同部派有不同的名称："摩诃僧祇师（大众部）名为大事，萨婆多师（说一切有部）名此经为大庄严，迦叶维师（饮光部）名为佛生因缘，昙无德师（法藏部）名为释迦牟尼佛本行，尼沙塞师（化地部）名为毗尼藏根本。"是说在佛灭一百年至三百年之间成立的小乘佛教二十部派中，大众部称记佛与弟子本生因缘的经名"大事"，说一切有部称"大庄严"，饮光部称"佛生因缘"，法藏部称"释迦牟尼佛本行"，化地部称"毗尼藏根本"。据此，上引《佛本行集经》，应是法藏部所传的佛与弟子的本生因缘的经。

所谓"本行"，属于佛经体裁之一。在佛教广泛传播，特别在佛入灭之后，释迦牟尼越来越被神化和渲染，被认为是经历无数前世以慈悲化度众生的"菩萨"（以人和鸽、兔、鹿、象、猴等动物形象）的转世，称佛的前生"菩萨"行事为"菩萨本缘""本生"，而称记述这类故事的经为"本生经"或"本生谭"。其文体既有散文，也有诗偈。这类经典在南传佛教《小部经》中有集中记载，在北传佛教中翻译较少。

然而在这类经典中有的除讲佛前生"本事"外，尚详略不同地记述佛诞生现实人间、修学、出家修行、成佛创教、传法、入灭等事迹，有的还兼及佛主要弟子的事迹与传说。这类"本行"经是考察佛生平事迹的重要资料。在汉译经典中重要的有：后汉竺大力、康孟详译《修行本起经》，三国吴支谦译《菩萨本缘经》《太子瑞应本起经》，北凉昙无谶译《佛所行赞》（记述佛传记的长篇叙事诗偈，原本有缺），南朝宋宝云译《佛本行经》，南朝宋求那跋陀罗译《过去现在因果经》，隋天竺阇那崛多译《佛本行集经》等。

在原始佛教基本经典《长阿含经》《中阿含经》《杂阿含经》《增一阿含经》及其中单品译本中，也记述佛带领弟子周游各地传法的事迹和说法的内容。律部经典，如说一切有部的《十诵律》、法藏部的《四分律》、大众部的《摩诃僧祇律》、化地部的《五分律》等"广律"中，在"戒经"所载的戒条之前，皆有佛"随机设教"制戒因缘的记述。因此，《阿含经》和律部经典也是考察佛的传记和创教、原始佛教教义的重要依据。

　　此外，南朝梁僧佑编撰《释迦谱》、唐道宣编撰《释迦氏谱》及唐玄奘所述《大唐西域记》等，皆可资考察佛传记的参考。

　　下面参考上述这些资料，并借鉴国内外有关研究著作，对释迦牟尼的生平和创教学说做概要介绍。

一、释迦牟尼佛及其生灭年代

　　释迦牟尼（Śākya-muni），生于古印度喜马拉雅山南麓的城国迦毗罗卫（在今尼泊尔国南部提罗拉特附近），该城当时是依附于拘萨罗国的北印度属国。

　　释迦是族名，相传属远古甘蔗王的苗裔。姓瞿昙（新译乔达摩，Gautama），名悉达多（Siddhārtha）；尊号释迦牟尼。"释迦"意为"能"；"牟尼"意为寂默、仁、文（美德）、贤者。释迦牟尼或释迦文，意为"能仁""能文"，即释迦族的圣人。佛或佛陀（Buddha），意为觉悟者、达到觉悟的人。

　　关于释迦牟尼的诞生、入灭年代，迄今没有一致的说法。因为佛典上多载释迦牟尼于八十岁入灭[1]，所以只要能确定他的

1　参见蓝吉富主编，中国台湾中华佛教百科文献基金会 1994 年出版《中华佛教百科全书》"释迦牟尼"条记述的佛陀之年岁。尚有后秦竺佛念译《菩萨处胎经》卷二"三世等品"谓八十四、唐玄奘译《阿毗达磨大毗婆沙论》卷一二六谓八十余、西晋白法祖译《佛般泥洹经》卷下谓七十九等说法。

入灭之年，就能推算出他的生年。然而古印度不重历史，故须借助于他国可信的历史记载，对照佛典相关记载才能断定佛灭之年。

我国学术界传统上多依隋代费长房《历代三宝记》卷十一所载《善见毗婆沙律》的译记"众圣点记"的说法，谓佛灭后传此律者每年在此律之后记上一点，而至南朝齐永明七年（489）共计 975 点的说法，推算出佛灭于前 485 年，生年应为前 565 年。

此外尚有参照佛典记载佛灭后多少年孔雀王朝阿育王即位来推算佛的入灭及生年，而因对阿育王即位之年和佛典所记阿育王即位于佛灭之后年数不同，故推算有异。史学界对阿育王即位也是借助外国历史资料相关记载推算出来的，存在不同说法。若依我国翦伯赞主编《中外历史年表》中的年表所记，阿育王即位是在公元前 273 年[1]。如果参照南朝陈真谛译《十八部论》所载"佛灭度后百一十六年，城名巴连弗，时阿育王王阎浮提"，可推算出佛的生灭年为前 469—前 389 年；如果参照南朝齐僧伽跋陀罗译《善见律毗婆沙·序品第一》所载"阿育王自拜为王，从此佛涅槃已一百一十八年"，则佛的生灭年为前 571—前 491 年。

1　翦伯赞主编，齐思和、刘启戈、聂崇岐合编：《中外历史年表（校订本）》，中华书局，2008 年。关于阿育王即位时间，尚有前 271 年、前 268 年的说法。

此外，国际上还有如下六种有影响的说法：

流传于南亚东南亚的南传上座部佛教通行的佛的生灭年是前 624—前 544 年（也有的国家作前 623—前 543 年）；据斯里兰卡史书《岛史》《大史》，则为前 563 年—前 483 年或前 564—前 484 年。此外还有以前 466—前 386 年，或前 463—前 383 年作为释迦牟尼的生灭年的[1]。

二、释迦牟尼的家世和出家前的生活

公元前 6 世纪至前 5 世纪北印度先后兴起十六大国之际，在喜马拉雅山南麓兴起由释迦族建立的迦毗罗卫城国，是当时印度许多小国之一。迦毗罗卫国西南有拘萨罗国（都舍卫城），东南毗邻跋耆国（相当部落联盟，都吠舍离），再往南是摩揭陀国（都王舍城）。

当时迦毗罗卫国处在原始社会解体阶段的军事民主制社会，由处于社会上层的军事贵族掌握军政权力，但氏族民主制还在社会生活中发挥重要作用。从《佛本行集经》《普曜经》等经文可以看到，在迦毗罗卫城中有"王宫""宝殿"，国王遇有大事

1　印顺：《印度佛教思想史》第一章第二节"释尊略传"，台湾正闻出版社，1988年；吕澄：《印度佛学略讲》附录《谈南传的佛灭年代》，上海人民出版社，1979年；［日］平川彰：《印度佛教史》上卷第一章第三节，春秋社，1974年。

"即会百官、群臣、宰相"，或召集"五百释种宗族""释种亲年德长者"共同协商，"辅相弼谐，治理国政"。然而因为迦毗罗卫毕竟国小力微，长期依附于拘萨罗国，在释迦牟尼逝世的前几年也是被拘萨罗国灭亡的。

释迦牟尼属于刹帝利种姓，父是迦毗罗卫国王，称净饭王，母是天臂城善觉长者之女，称摩耶夫人。佛经记载，摩耶夫人在怀胎接近临产的时候，本想按照传统习俗回到娘家生产，但是在走到岚毗尼园（在今尼泊尔国的布特瓦尔）之时，在一棵娑罗树下生下了释迦牟尼。摩耶夫人在产后七天去世。她的妹妹波阇波提夫人受净饭王之托，将释迦牟尼抚养长大。

释迦牟尼王子自幼受到净饭王的喜爱。按照当时婆罗门教的规定和刹帝利种姓的传统，生为刹帝利种姓的人，既须学文，又须习武。因此，在释迦牟尼八岁时，净饭王特地建大学堂，请"善知诸论，最胜最妙"的婆罗门毗奢婆蜜多罗教释迦牟尼"学书及余诸论"，即学习各种字书、吠陀及诸论；又请精通武艺和"兵家秘要"的羼提提婆向释迦牟尼传授武艺和兵法。在这期间，净饭王组织众多"释种诸臣童子"陪伴释迦牟尼一起学习。

佛经记述，释迦牟尼在十二岁时，已"受读诸书，并一切论，兵戎杂术"，"种种技能，遍皆涉猎"[1]；到十六岁时，"体力精

---

1 《佛本行集经》卷十一《游戏观瞩品》；《过去现在因果经》卷一，[南朝宋]求那跋陀罗译。

健，文武兼备"[1]。

释迦牟尼十九岁时，净饭王为他建造豪华舒适的"三时殿"：隆冬住的暖殿、夏暑住的凉殿、春秋二季寝息之殿。又精心安排释迦牟尼与众多释迦族青年比试文武技艺，在他"悉胜彼一切诸人"之后，选择良辰吉日迎娶"婆私吒族释种大臣"摩诃那摩之女耶输陀罗与释迦牟尼为妻[2]。耶输陀罗所生之子名罗睺罗（意译罗云），后随佛出家，以严格持戒修道著称，誉为"密行第一"。

关于释迦牟尼出家前的婚姻情况，佛经还有其他说法，现录之如下。印度龙树著、后秦鸠摩罗什译《大智度论》卷十七引《罗睺罗母本生经》说"释迦文菩萨有二夫人，一名劬毗耶，二名耶输陀罗"。东晋迦留陀伽译《十二游经》则说，释迦牟尼出家前有三夫人：瞿夷者是第一夫人，耶惟檀（即耶输陀罗）是第二夫人，鹿野是第三夫人[3]。《佛本行集经》卷十四记

1　《佛本行经》卷一，［南朝宋］宝云译。

2　此据《佛本行集经》卷十二至卷十三《捔术争婚品》。耶输陀罗之父，经文作"婆私吒姓释种大臣摩诃那摩"，或作"大臣婆私吒，姓摩诃那摩""婆私吒子摩诃那摩""大臣婆私吒氏摩诃那摩"，应为迦毗罗卫国大臣、释迦族的婆私吒氏摩诃那摩。"婆私吒"应是释迦族属下的家族姓氏。南朝宋求那跋陀罗译《过去现在因果经》卷二则谓释迦牟尼在十七岁结婚，耶输陀罗之父为"释种婆罗门"。

3　《十二游经》原文："瞿夷者，是太子第一夫人，其父名水光长者；太子第二夫人，生罗云者，名耶惟檀，其父名移施长者；第三夫人名鹿野，其父名释长者。以有三妇故，太子父王为立三时殿。"太子是指释迦牟尼。

载，净饭王为释迦牟尼所建三时宫，"其第一宫，耶输陀罗最为上首""第二宫中，摩奴陀罗而为上首""第三宫内，即瞿多弥而为上首"。

释迦牟尼虽自幼过着锦衣玉食的豪华生活，然而平日爱好沉思，经常思考人生问题。在他婚前，净饭王曾带他与众多释迦族童子出城野游，参观农家田耕情况。当释迦牟尼看到农民"赤体辛勤而事耕垦"，挥鞭驱牛拉犁，人牛困乏饥渴，鸟雀将犁翻出之虫啄食的情景之后，感叹"世间众生，极受诸苦，所谓生老及以病死，兼复受于种种苦恼，辗转其中，不能得离"，自问"云何不求舍是诸苦？云何不求厌苦寂智？云何不念免脱生老病死苦因？"便独自到树下静坐思维"众生有于生老病死种种诸苦"的因缘道理[1]。

对此，《佛所行赞》卷一《出城品》形象地描述说：

> 路傍见耕人，垦壤杀诸虫，其心生悲恻，痛逾刺贯心。
> 又见彼农夫，勤苦形枯悴，蓬发而流汗，尘土坌其身。
> 耕牛亦疲困，吐舌而急喘，太子性慈悲，极生怜愍心。
> 慨然兴长叹，降身委地坐，观察此众苦，思惟生灭法。
> 呜呼诸世间，愚痴莫能觉，安慰诸人众，各令随处坐。
> 自荫阎浮树，端坐正思惟，观察诸生死，起灭无常变。

1　《佛本行集经》卷十二《游戏观瞩品》。

释迦牟尼感慨生命无常，经常思考众生生死因果问题。

据《修行本起经》卷下《游观品》等经文记述，释迦牟尼在出游迦毗罗卫城四门的过程中，先后遇见瘦弱驼背的老人、呻吟痛苦的病人、亲人哭泣送葬的死者及剃除须发持钵而行的出家沙门[1]。回宫之后，经常静坐沉思，深感人间生老病死无常之苦，"念道清净，不宜在家；当处山林，研精行禅"，萌发离宫出家之意。

三、出家修行、成道和"初转法轮"

净饭王得知释迦牟尼要离宫出家之后，想尽各种方法加以防范并劝告挽留。然而释迦牟尼出家之志已决，在一个深夜，悄悄地乘马与贴身宫奴车匿逃出城外，向着东南吠舍离方向走去。当途经弥尼迦聚落（或谓弥尼国）跋伽婆仙苦行林时，即剃除须发，穿上从一个猎师那里换来的"袈裟染色衣"，表示正式出家，打发车匿回去向父王、姨母等亲人表达他出家"欲求解脱生死"之意，然后自己走入深林开始修行。

释迦牟尼在这里看到婆罗门、沙门修各种苦行。有的节食乃至食树枝、牛粪；有的用各种方式折磨身体，或久立不坐，

---

1 参见《佛本行集经》卷十五至卷十六《出逢老人品》《道见病人品》《路逢死尸品》《耶输陀罗梦品》之内容。

或长举两手；有的裸体卧于荆棘之上，也有的祭火祀日等。据称这样做是为了摆脱现实苦痛，求生天上，得到永久安乐。然而释迦牟尼经过思考认识到，以修苦行"后求富贵""未是真善"，即使生到天上，也不能摆脱世间"无常"的苦境，不能达到真正的解脱[1]。

此后，释迦牟尼离开这里，向吠舍离进发，去拜访在吠舍离城附近的著名外道学者阿罗逻迦蓝（迦蓝是姓）。阿罗逻对他说：

> 凡众生者，此有二义：一者本性，二者变化，合此二种，总名众生。言本性者，即是五大，其五大者，所谓地大、水、火、风、空。我及无相，名本体性。言变化者，诸根境界，手足语言，动转来去，及以心识，此名变化。若知如是诸境界者，名知境界；言能知彼诸境界者，是我能知，思惟我者，是智人说。

意为众生是由"本性"与"变化"组成。"本性"是指地、水、火、风"五大"要素，而"我"（精神）及"我相"（身体）则构成所谓"本体性"（主体）。"变化"是指人的各种感觉认知器官及其功能，也包括人们的各种活动。如果对"变化"能了

---

1 《佛本行集经》卷二十《观诸异道品》。

解，则叫作"知境界"；对此境界能认识，就是"我能知"。如果能进而对"我"有正确了解，则为"智人"。

阿罗逻告诉释迦牟尼，如果能对人生的道理、对"我""我相"有正确的认识，了解产生苦恼的原因是愚痴、怠惰、情欲、瞋恚等，就应当持戒。接着，他向释迦牟尼传授"四禅"（即四静虑、四色界定），从"调伏诸根（身体感官），入于禅定""远离诸欲，远离诸患"开始，依次从"一禅"进入"二禅""三禅"，直至"四禅"，从而超越欲界，上生到自在的色界大梵天，"一向受乐"。

对此，释迦牟尼虽学习修持，但最后认识到"此法虽妙，未尽究竟"，修此四禅也不能使人达到彻底解脱：一是因为这种禅法是借分析区别我与诸境界而进行，"是因缘法，遇缘还生，非真解脱"；二是以求得"我解脱"为目的，"既得自称我已舍我，是则不名真实舍我"。这仍是对"我"的一种执着，"不能灭除诸恶烦恼"，而以追求美妙清净的境界为目的，也不能算作真正解脱[1]。

此后，释迦牟尼告别阿罗逻，往南渡过恒河，走到摩揭陀国都城王舍城附近的阿兰若（清净的修行场所）林，拜访并请教于在那里领众传法的外道优陀罗。优陀罗从父罗摩那里得传"无色定"禅法。优陀罗应请对释迦牟尼说：

1 《佛本行集经》卷二十二《问阿罗逻品下》。

　　凡取于相及非相者，此是大患、大痛、大疮、大痴、大暗。若细思惟，即得受彼微妙有体。能作如是次第解者，此名寂定，微妙最胜最上解脱。其解脱果，谓至非想非非想处，我行于此最胜妙法。

　　意为对一切现象和事物不应分辨、执着它们的"相"和"非相"，如此势必带来众多痛苦和烦恼，是愚痴的表现。如果在坐禅中深入仔细地思惟，可渐次观察到它们内在的微妙之体，此为"寂定"，是"最上解脱"，在禅定中达到了"至非想非非想处"最妙境界。

　　此后，优陀罗将"无色定"禅法传授给释迦牟尼。释迦牟尼虽很快学会并能修此禅法，然而坦诚地表示："此法不能究竟解脱诸欲，灭于烦恼"，"既生非想非非想处，报尽，还回入于烦恼"，终究不能使人摆脱生死轮回[1]。

　　释迦牟尼虽然未能同意上述阿罗逻、优陀罗两位外道关于修行解脱及他们的禅法全部见解，然而却吸收了他们的"四禅"和"无色定"基本做法，成为后来佛教的"四禅八定"禅法，以用来抑制欲望，清除烦恼，休歇身心，是取得"禅悦"的重要禅法。

　　所谓"禅定""静虑"并非后起的佛教所特有的，早在婆

1　《佛本行集经》卷二十二《答罗摩子品》。

罗门内部、沙门之中所盛行的瑜伽，其实就是禅定，然而没有佛教后来所赋予的那种与教义密切结合的禅观内容和修证仪规。佛教兴起后，"四禅八定"因为没有结合佛教的核心教义，只是属于修持四谛观、空观、中道观等之前的基础禅法。

释迦牟尼离开优陀罗之后，前往王舍城外盘茶婆山林，在那里继续修行。此后，他走到尼连禅河畔的伽耶（佛陀伽耶，在今印度比哈尔邦伽耶市）附近尸梨沙山（象头山）下的苦行林，先在一棵树下铺草静坐思惟。

苦行是当时婆罗门、沙门通行的修行方式，认为通过苦行可以消灭往昔的恶业、苦恼之因，得到好的报应，以至于达到解脱。释迦牟尼在六年之中连续尝试修了各种苦行，夜以继日，不避风雨，并且节制饮水用餐，传说甚至每日"食一米乃至一麻"，致使身体日益衰弱。佛经说他"身体羸瘦，喘息甚弱，如八九十衰朽老公，全无气力，手脚不随"[1]。

经过六年的苦行和反复思考，释迦牟尼终于认识到：

　　此法，既非是离欲，亦复非正趣菩提，又非解脱之胜因，但是身心之苦本[2]（一切苦的根源）。

---

1 《方广大庄严经》卷七，［唐］地婆诃罗译；《普曜经》卷五说"菩萨六年之中结加趺坐，日服一麻一米"；《佛本行集经》卷二十四《劝受世利品下》。
2 《佛本行集经》卷二十五《精进苦行品》。

　　于是，他决定放弃苦行，先到尼连禅河里沐浴，然后上岸
接受一位名叫善生的牧女献上的乳糜（牛乳与精米熬制而成），
吃过之后体力得以恢复，便到一棵毕钵罗树（后改称菩提树）
下敷草坐禅，起誓说："我不成道，不起此座！"

　　释迦牟尼在经过七天七夜的禅观"思惟观察"之后，终
于达到最高觉悟，进入超越生死轮回的解脱境界（涅槃），所
谓"我生已尽，梵行成立（完成清净修行），所作已办，毕竟
更不受后世生（永远超脱生死轮回）"[1]。佛教称之为"成道"，或
"成佛"。

　　原来在释迦牟尼离宫出家后，父净饭王曾派大臣找过他，
劝他回宫，但他坚持出家修行。大臣不得已，留下憍陈如等五
人（后称"五比丘"）给他侍奉和护卫，然后返回复命。憍陈如
等五人在距释迦牟尼不远的地方也模仿修行。他们在看到释迦
牟尼放弃苦行，接受牧女献食的时候，认为他已经不再修行，
便丢下他走到迦尸国的波罗奈城去了。

　　在佛经中，有生动形象描述释迦牟尼成佛前"降服"以各
种方式威胁、娆乱、加害和诱惑他的欲界"魔王波旬"及其魔
军、魔众的绘声绘色的神话内容。

　　对此，应当如何理解呢？佛教作为宗教，在经文中借助虚
构超现实的神奇现象的情节，运用神话想象和比喻来做夸张渲

1　《佛本行集经》卷三十《成无上道品》。

染的宣述，是完全可以理解的。从其蕴含的现实内容来说，是借助比喻（魔喻欲望、怠惰等）来表达释迦牟尼抱定求得最高觉悟解脱的坚定意志：首先战胜自己原有的欲望、怯懦、退缩等精神弱点，如《佛本行集经》卷三十《成无上道品》所说"自断一切疑悔之心，离暗弊行，于诸善恶一切法中，无有疑滞，得清净心"和《佛所行赞》卷三《破魔品》所说"众魔既退散，菩萨心虚静"；然后彻悟贪爱等欲望是导致人生苦痛、烦恼的根本原因的禅观过程，即如《佛所行赞》卷三《阿惟三菩提品》所说"菩萨降魔已，志固心安隐，求尽第一义（最高真理），入于深妙禅"。

那么，释迦牟尼在毕钵罗树下到底思考了些什么问题，所觉悟的内容是什么呢？

佛经上讲述得比较杂乱，如果对此加以梳理和综合归纳，主要是说：世上一切生命现象皆处在因果报应的链条之中，人生之所以遭遇种种苦难、烦恼，归根到底是由于情欲贪爱所致，而之所以受到情欲驱使产生贪爱的动机，从事种种活动，那是因为在认识上不了解"此有则彼有，此无则彼无"的因果缘生的道理（"无明""痴"），于是便循环往复地流转于生死轮回之中，不得解脱。如果要达到解脱，就必须选择正确的方法，沿着正确的途径。如果采取苦行的方法，只会使人精神"恼乱"，最终无益于达到解脱；如果甘于过世俗的生活，则使人贪恋福乐，永远受苦。正确的方法是舍弃这两种偏向，而选择介于二者之间的做法，此即践行"中道"——苦乐中道（后面将详述）。所蕴含的具体内容，正是原始佛教的基本教义——四谛、八正道和十二因缘等。这也就是释迦牟尼在菩提树下所觉悟的道理。

释迦牟尼达成道之后，接受了路过此地的商队二位"商主"的献食，并为他们授戒，接纳他们为皈依他的最早的在家居士。然后起身前往波罗奈的鹿野苑（在今印度瓦拉那西市西北），去找原从他身边离开的侍者憍陈如等五人。

按照释迦牟尼二十九岁出家，苦行六年计算，此后直到八十岁逝世，在长达四十五年的时间内，释迦牟尼佛辗转各地说法传教，终于在婆罗门教和诸沙门外道之外创立了独立的佛教教团——"僧伽"，并且不断地扩大佛教的传播范围，社会影响越来越大。

释迦牟尼苦行像，藏于巴基斯坦拉合尔博物馆

第二节　原始佛教教团及其早期发展

一、原始佛教教团的创立

　　释迦牟尼佛创立佛教之后，主要在恒河上游和中游一带周旋传教。摩揭陀国都王舍城、拘萨罗国都舍卫城是他带领弟子居住和传法时间最长的地方。此外，他在成道后的第六年曾回过故乡迦毗罗卫探望亲人，也曾到过跋耆国的吠舍离、跋蹉国的拘睒弥等地传教，最后入灭于末罗国都城拘尸那迦（一说在今印度北方邦哥拉克浦尔之东的卡西亚）的城外。

　　释迦牟尼成道后，先到迦尸国波罗奈的鹿野苑，与他的五位侍者憍陈如、跋提、婆沙波、摩诃男、阿说示会合，向他们传授自己在菩提树下觉悟的"四圣谛"等佛法要义[1]，度他们为僧。这是释迦牟尼成道后第一次传法，佛教史称之为"初转法轮"。五位侍者成为释迦牟尼的最初的出家弟子，称"五比丘"，标志着佛教僧团"僧伽"的创立。

　　在此后释迦牟佛游历各地传法过程中，不断有人受教皈依，

1　参见《杂阿含经》卷十五《转法轮经》等。

或受度为僧，或为在家居士，逐渐形成以他为教主，以由比丘、比丘尼组成的僧团（僧伽）为核心，以在家男女居士为外护的教团。释迦牟尼被尊奉为佛、世尊、天人师、无上士等。原始佛教经典《阿含经》及律藏当中常常提到佛与大比丘僧"五百人俱"，乃至与"千二百五十人俱"等，虽然数字显得有些夸大，然而这至少表明在佛教广泛传播发展之后开始形成了有较大规模的僧团。

为了维持僧团的社会形象和内部的统一，释迦牟尼佛因事制定戒条，逐渐形成了从不同方面制约僧尼行为的戒律和行为规范，同时为家居士也制定了戒规。

从原始佛教僧团构成人员来看，可以说出身于各个种姓、阶层的人皆有。佛陀的十大弟子中，摩诃迦叶、舍利弗、目犍连、须菩提、富楼那、迦旃延，都出身于婆罗门种姓，其中的目犍连和舍利弗在皈依佛教之前还曾是外道六师之一的删阇耶·毗罗胝子（怀疑论和诡辩论者）的弟子。

婆罗门教所谓的"事火"，即火祭献供，是婆罗门教主要祭祀仪式之一。佛陀在向婆罗门传教说法的场合，经常以极大耐心对教理进行阐释；为说服他们，有时还伴之以辩论。佛陀在摩揭陀国王舍城外的苦行林，说服了以"事火"著称的婆罗门优楼频螺迦叶、那提迦叶、伽耶迦叶三兄弟，使他们心悦诚服地放弃旧有信仰，皈依了佛教，率门下众多弟子（佛经称有一千人）同时出家为僧[1]。

佛经记载，在佛陀度憍陈如等五人为比丘之后，有位吠舍种姓的"巨富"俱梨迦长者子耶舍，到鹿野苑聆听佛陀宣述"色受想行识无常、苦、空、无我"和"四谛"的教理之后，皈依出家。接着，他的父母亲友也相继皈依佛教，成为在家居士。耶舍的五十位朋友闻讯，随后也皈依出家为僧[2]。

释迦牟尼成道后六年[3]，应年迈的父净饭王之请，率众多弟子回到故乡迦毗罗卫探望父王，并向父王和释迦族人说法。因受佛陀的影响，异母弟难陀、堂兄弟阿难和提婆达多、阿尼律陀、婆提利迦，还有其子罗睺罗，都相继随他出家。他们皆属刹帝利种姓。释迦王宫的剃发师优婆离虽属四种姓中最下的首陀罗种姓，也跟随佛陀出家[4]。

释迦牟尼佛在信仰和出家等方面，主张"四姓平等"（关于"四姓平等"，详后），在僧团内部不分种姓的高低，主张按照出家受戒先后排列长幼之序。

随后也成立了比丘尼僧团。最早的比丘尼是释迦牟尼佛的

---

1 《过去现在因果经》卷四，[南朝宋]求那跋陀罗译。另有东晋佛陀跋陀罗、法显译《摩诃僧祇律》卷二十三载"度优楼频螺迦叶五百人，次度那提迦叶三百人，次度伽耶迦叶二百人"。

2 《过去现在因果经》卷四；《众许摩诃帝经》卷八，[宋]法贤译。

3 《佛本行集经》卷五十五《罗睺罗因缘品》载："罗睺罗，如来出家六年以后始出母胎。如来还其父家之日，其罗睺罗，年始六岁。"

4 《佛本行集经》卷五十五、卷五十六《优波离因缘品》。

姨母摩诃波阇波提（亦称"瞿昙弥"、意译"大爱道"）。她是佛的养母，在摩耶夫人逝世之后，是她将他抚养成人。佛经记载，在净饭王逝世之后，摩诃波阇波提向释迦牟尼提出出家的请求，然而连续三次都没得到允许。最后，经过阿难的陈请，释迦牟尼在特地制定"八尊师法"之后才许摩诃波阇波提出家为尼。此后，释迦牟尼在俗之妻耶输陀罗也出家为尼。

　　所谓"八尊师法"也称"八敬法""八重法"，制定比丘尼应当尊敬比丘的八条规则，大意是比丘尼应从比丘受戒、受教、不可脱离比丘僧团自己单独活动，不许批评比丘，即使年老比丘尼也应礼敬刚受过具足戒的年轻比丘[1]。这反映了原始佛僧团内部存在男女地位不平等的情况。

　　在佛教传播发展的过程中，曾得到来自刹帝利种姓和吠舍种姓中的工商业主阶层给予的大力支持和资助。他们当中，有的从佛陀受戒成为在家护法居士。佛经中经常提到的摩揭陀国王频婆娑罗（也译作"瓶沙"）王及其子阿阇世王、拘萨罗国王波斯匿王、跋蹉国优填王等，都是释迦牟尼和他的教团的有力外护。频婆娑罗王经常到释迦牟尼常住的王舍城竹林精舍去听他说法，主动地向他请教，并在物质上予以资助。释迦牟尼常在王舍城外的耆阇崛山（灵鹫山、灵山）过夏安居及说法授徒。

1　《中阿含经》卷二十八《瞿昙弥经》;《四分律》卷四十八《比丘尼揵度》,［后秦］佛陀耶舍、竺佛念等译。另有北凉失译《大爱道比丘尼经》可以参考。

为此，频婆娑罗王曾派人开辟修建通往山顶的道路。频婆娑罗
王之子阿阇世（意译"未生怨"）弑父即位后，在听佛说法，向
佛忏悔之后也皈依受戒成为居士[1]，经常为僧团提供资助。在释
迦牟尼入灭之后，弟子摩诃迦叶、阿难等会集同门高僧结集佛
经、戒律，期间阿阇世王给予提供衣食、卧具等物资。拘萨罗
国波斯匿王及其子祇陀太子皆皈依释迦牟尼佛，支持他的教团
在舍卫都城和其地方传教。

在吠舍种姓的上层人士中，摩揭陀国王舍城的迦兰陀长者、
拘萨罗国舍卫城的须达多长者是最为有名的佛教在家信徒，皆
曾给释迦牟尼佛及其僧团以极大资助。

迦兰陀是王舍城的富豪，"有金钱四十亿"[2]，曾将宽敞秀丽
的竹园献给外道，后来因皈依佛教，遂将竹园改施给佛陀，在
竹园增建堂舍，供佛陀与弟子居住传法。频婆娑罗王听说之后，
给予大力支持。迦兰陀之子须提那，因听闻佛陀说法而皈依受
戒为僧。迦兰陀所献的竹园，即是释迦牟尼佛在王舍城长期居
住说法的竹林精舍。唐代玄奘在《大唐西域记》中说："如来在
世，多居此中，说法开化，导凡拯俗。"[3]

舍卫城的须达多长者，因乐善好施，善待贫贱孤独，人

1　参见《长阿含经》卷十七《沙门果经》及西晋法炬译《阿阇世王问五逆经》。

2　《善见律毗婆沙》卷六，南朝齐僧伽跋陀罗译。

3　《大唐西域记》卷九。另参考《过去现在因果经》卷四、《四分律》卷一《四波
　　罗夷法之一》、卷五十《房舍揵度初》。

称"给孤独长者"。玄奘在《大唐西域记》中称他为"善施"。须达多长者因事到王舍城，见到佛陀，听闻佛的说法，深感敬信，遂皈依受戒为在家弟子。他在回到舍卫城之后，以重金向波斯匿王之子祇陀（玄奘译作"逝多"）太子购买祇园要施舍给佛陀。祇陀太子得知其意，出于对佛陀的崇敬，不仅没有要钱，而且协助他在竹园建供僧三百人居住的房舍，并修建"禅房静处六十三所"，然后敬献给佛陀。佛陀受施后，表示"园地善施所买，林树逝多所施，二人同心，式崇功业。自今已去，应谓此地为逝多林给孤独园"[1]。此后，这里也称"胜林给孤独园""祇洹精舍"，是佛教史上著名胜地之一。东晋法显曾游历此处，在《佛国记》中说佛陀生前在此居住达二十五年。

地处亚穆纳河与恒河之间的跋蹉国，都憍赏弥（拘睒弥，在今印度北方邦科萨姆），故也称憍赏弥国。在这里有佛陀居住说法的瞿师罗园。此处原是吠舍种姓的瞿师罗长者的故宅和园林。瞿师罗（意译"美音"，玄奘译为"具史罗"）在听佛陀说法之后皈依为在家弟子，将此园林施舍给佛陀居住传法，后因维持供养，以至"财物竭尽"的地步[2]。瞿师罗园，也称美音精

1　参见北凉昙无谶译《大般涅槃经》卷二十九，唐玄奘《大唐西域记》卷六《室
　　罗伐悉底国》及南朝宋佛陀什、竺道生等译《五分律》卷二十五《卧具法》。
2　参见后汉昙果、康孟详译《中本起经》卷下及南朝宋佛陀什、竺道生等译《五
　　分律》卷十《悔过法》。

庐、瞿师罗精舍。东晋法显、唐玄奘皆曾游历过此处[1]。

在释迦牟尼佛周游各地传法过程中，对无论出身于何等阶层，凡是愿意接受佛法者，皆表示欢迎。后汉安世高译《㮈女耆婆经》[2]说，维耶离（跋耆国都吠舍离）有个女子从㮈树出生，故名"㮈女"。在佛经中也称她为阿范和利、庵婆婆梨女、庵没罗女、庵罗树女等。㮈女长大之后与摩揭陀瓶沙王（频婆娑罗王）有私生子名耆婆[3]，耆婆后成为名医，世称"医王"。在《五分律》卷二十《衣法》记述中，称阿范和利是吠舍离的"淫女"（妓女），说她因敬仰佛，在佛到吠舍离之时带弟子"五百妓女出迎"。㮈女在听佛说"种种妙法，示教利喜"之后，深受感动，准备美食虔诚供养，并将自己据称为全城最好的"园观"施舍给佛居住传法。此即是佛后来在吠舍离居住说法的波和利㮈园、庵没罗女园。佛的姨母与众比丘尼在此修行，后逝世于此[4]。

在佛经中还经常可以看到，一些富贵的"长者"或"居士"（"迦罗越"，一般指吠舍种姓的上层）在皈依佛教前曾是婆罗门教或其他外道的信奉者，佛陀经常要在与婆罗门（梵志）或外

1　参见《大唐西域记》卷五《憍赏弥国》及《佛国记》。

2　另有亦署名后汉安世高译的《㮈女祇域因缘经》，称耆婆为"祇域"，内容与此经仅有微小差别。

3　耆婆，或作祇域，是公元前6—前5世纪古印度有"医王"之称的名医，与释迦牟尼佛大致同一时代。

4　另参见《大唐西域记》卷七《吠舍厘国》。

道的辩论之后，还要进行温和耐心的说教，才能赢得他们的皈
依。这说明在佛教早期发展中，是经常伴随与婆罗门教和外道
的辩论或是抗争的。

　　原始佛教教团在释迦牟尼及其得力弟子的努力下，不仅得

到以摩揭陀、拘萨罗和跋
蹉等国的国王为代表的刹
帝利种姓和以工商业主为
骨干的吠舍种姓的支持，
也得到处于社会低下地位
的其他种姓民众的理解和
支持，从而不断发展，成
为公元前 6 世纪至前 5 世
纪之后能与婆罗门教和耆
那教等"外道"相抗衡，
并且发挥重大社会影响的
宗教。

缅甸释迦牟尼佛玉像，奉于上海玉佛寺

二、僧伽、戒律的制定及其内容

（一）佛教僧伽、教团的组成

　　佛教的出家沙门统称"僧"（僧伽），过集体生活。"僧伽"
（saṃgha），意为"合""众""和合众""和合僧""法众"，所谓"僧

众"实际是同义反复，因为僧即众。世上通称的"僧人""僧"，
既可指"僧伽"，也可用来指单个的出家人。在各地修行和活动
的僧伽，最少须由四人组成。一般称比丘、比丘尼、沙弥、沙
弥尼为"出家四众"（四僧伽）。如果加上"学法女"（式叉摩那，
指年满二十岁在受具足戒之前两年修学六法戒的沙弥尼），为
"出家五众"。广义上的僧伽还包括从比丘、比丘尼受戒、受法的
在家男女居士（男称优婆塞、女称优婆夷），称"七众"。从实际
情况来看，"七众"即为以出家僧众（僧伽）为核心的"教团"。

　　从佛经记载可知，释迦牟尼佛在游历各地传法的过程中，
既有民众剃度跟随出家，也有的仅受"三归五戒"为居士，更
多的是听闻佛法而未正式皈依。出家为僧者，在佛陀或他的大
弟子的带领下学习教法、礼仪和戒律，要按特定法仪坐禅悟道。
在各地修行和传法过程中，早晨要结伙托钵到居民住处、村落
去乞食（分卫）；在集中过"夏安居"（"坐夏"，在中国是夏历
四月十六日至七月十五日[1]）的期间，接受信众提供的衣食和医
药等物资施舍，共同享用。僧伽所有的土地、园林和寺院内的
常用附属设备，按照戒律是属于一般意义上的"四方僧（伽）

1　中印气候历法不同，夏安居时间有异。《大唐西域记》卷八："印度僧徒依佛圣
　教，皆以室罗伐拏月前半一日入雨安居，当此五月十六日；以頞湿缚庚阇月后
　半十五日解雨安居，当此八月十五日。印度月名，依星而建，古今不易，诸部
　无差。良以方言未融，传译有谬，分时计月，致斯乖异，故以四月十六日入安
　居，七月十五日解安居也。"

物"，各地具体的单个僧伽是无权自由支配的。至于僧众常用的衣物、食物等，属于"现前僧（伽）物"，可由各地僧伽支配，赠予个人。

（二）戒的"随机"制定和佛法三藏

在释迦牟尼佛在各地传教过程中，看到或听说弟子中有人做了错事，便"随机设教"，制定相应的戒规，命弟子奉行，用以"防非止恶"。

戒条"随机"而制定，从少到多。前面提到的有在家居士五戒、八戒；出家沙弥"十戒"，还有在下面将做详加介绍的比丘"具足戒"等。

在这些戒条中，有的是取自世俗的法律和道德所禁止的内容（如不杀、不盗等），大量的则是根据教义和修行、传教的需要而临机创制的。

1. 在家居士戒

一个人要正式成为佛教徒，须按规定拜比丘或比丘尼为师，通过郑重的仪式表示皈依佛、法、僧"三宝"（三归依），接受"五戒"，即不杀生、不偷盗、不邪淫（不淫他人妻女）、不妄语、不饮酒[1]，成为居士，然后遵照佛法和戒规生活、修行。在

----

1 《增一阿含经》卷七《五戒品》。

"六斋日"，居士须过一天一夜的出家生活，持守"八戒"（或称八关戒法），即将五戒中的"不邪淫"改为"不淫"，再增加"不过时食""不处高广之床"及"远离作倡伎乐，香华涂身"[1]。

2. 沙弥戒

沙弥戒，也称"勤策戒"，是出家为僧者必先受的十戒，即不杀生、不偷盗、不淫欲、不妄语、不饮酒、不以香花装饰自身、不观听歌舞、不坐卧高广大床、不非时食（过午不食）、不蓄金银财宝，然后成为沙弥或沙弥尼[2]。

3. 具足戒和律藏

具足戒，也称近圆戒、满分戒。从沙弥成为"大僧"，必须如法受具足戒。具足戒是佛教戒律中最重要的戒，所谓"律藏"的主要内容就是记述具足戒的制定缘起、戒条内容和受戒程序、维持僧团修行和生活规则的。

在佛陀逝世的当年，由大弟子摩诃迦叶召集五百比丘举行会议，由阿难根据记忆诵出经法，由优波离诵出戒律，形成了佛教最初的经、律二藏，史称"第一次结集"。优波离是分八十

1　《增一阿含经》卷三十八《马血天子问八政品》。

2　参见《四分律》卷三十三、《十诵律》卷二十一、《摩诃僧祇律》卷二十九。此后有增加和润色。

次诵出戒律的，故其律称《八十诵律》[1]。然而在相当长的时间内无论是佛经还是戒律皆未写成文字，只是通过历代口头传诵而得以流传。

大约在佛入灭一百年或二百年以后，原始佛教发生分裂，形成上座部和大众部两大部派。此后，又从这两大部派陆续分出十八部派或二十部派。在大的部派，一般都拥有自己从上传诵下来的经和律。

在戒律方面，大众部（摩诃僧祇部）传诵的是《摩诃僧祇律》；上座部系统的说一切有部（萨婆多部）传诵的是《十诵律》，化地部（弥沙塞部）传诵的是《五分律》，法藏部（昙无德部）传诵的是《四分律》，它们先后皆被传译到中国。此外，饮光部（迦叶遗部）传诵的戒本《解脱戒经》也传到中国。据传，犊子部（婆粗富罗部）也有律藏，但未传入中国[2]。从已译为汉文的几部律来看，虽结构、内容详略有所差异，但基本内容是一致的。这自然是因为都源自优波离所传《八十诵律》的缘故。

1　唐道宣《四分律含注戒本疏》卷一载："通为八十诵大毗尼藏。"宋元照《四分律含注戒本疏行宗记》注："八十诵者，即根本部波离结集一夏九旬八十番诵，故以为号。"此当为传说，但最初律藏是靠记忆诵出，是可信的。（前书已会入后书之中）

2　中国律学称说一切有部、法藏部、化地部、饮光部、犊子部的律是"五部律"。五部，是从根本二部之一的上座部系统分出来的。据称大众部的律"乃根本大众所传，非是百载五宗主也"。（《续高僧传》卷二十二之论）

佛教的教义体系，概而分之包括戒、定、慧"三藏"（三大类、部分）。"戒"，即上述戒律，是僧俗信众应遵守的各种规则和行为规范，用以处理出家僧尼之间、僧俗之间、个人与教团之间的关系，制约教团成员协调一致，按照教义生活、修行和传教。"定"，是禅定，是聚精会神地思悟佛教义理的修行方法，简称禅法。"慧"，则指涉及阐释人生、世界、修行、出世解脱等问题的佛教义理。

大约到公元前 1 世纪左右，包括经、律、论在内"三藏"的成文佛典大体得以完备。经、论二藏侧重于慧、定二学，律藏则集中载录戒律。佛教在发展中分为大小乘，戒律也分为大小乘。原始佛教戒律虽被划归为小乘，然而实际上却是最通行的戒律。

（三）四部律的汉译和基本内容

随着佛教传入中国和广泛传播，戒律也先后传入并译为汉文。从东晋到南北朝，有四部完整的戒律被译出：

《十诵律》六十一卷，后秦弗若多罗与鸠摩罗什共译前五十八卷，后三卷《善诵毗尼序》由卑摩罗叉翻译（唐智升《开元释教录》卷十三）。在现存本中《善诵毗尼序》载于第六十一—六十一卷。

《四分律》六十卷，后秦佛陀耶舍、竺佛念译。

《摩诃僧祇律》四十卷，东晋佛陀跋陀罗与法显译，原本是法显从印度抄回的。

《五分律》三十卷，南朝宋佛陀什与竺道生等人译。原本是法显从师子国（今斯里兰卡）取回的。

一部完整的戒律被称为"广律"，主要包括两大部分。

1.戒本部分。或称戒经，梵文音译是"波罗提木叉"[1]，是比丘、比丘尼必须受持的戒条，也称"具足戒"。围绕每一戒条叙述当年佛陀制戒的因缘，并说犯不同类别戒条应受到何等处治。不同的戒律内容虽大同，但戒条数目有差异。例如，《四分律》规定比丘戒二百五十条，比丘尼戒三百四十八条；《十诵律》比丘戒二百五十七条，比丘尼戒三百五十五条；《五分律》比丘戒二百五十一条，比丘尼戒三百八十条；《摩诃僧祇律》比丘戒二百一十八条，比丘尼戒二百七十七条。

2.犍度部分。"犍度"是梵文的音译，意为"蕴""聚"，相当于"类"。这部分是按不同类别叙说有关僧团举行集会、各种仪式及修行、日常生活等的说明、规定和礼仪。《四分律》有二十犍度，结合当年佛陀制定各项规则时的具体事例，对如何举行授戒仪式，如何举行说戒（"布萨"，半月集会宣说戒本条文）、安居（每年雨季安居三个月）、自恣（安居结束，僧众互相举过和进行忏悔）的仪式，如何举行犯戒僧尼的忏悔仪式，

1　佛教律学中不少用语是音译的。波罗提木叉，梵文 Pratimoksa，意译从解脱、别解脱、无等学等，也译戒本、戒经。实际上在"广律"中第一部分虽可叫戒本、戒经，但与通行的单行本戒本、戒经不同，它除了戒条之外，还有成立因缘、戒条解释等，而后者仅有简单的戒条。

如何制止僧团发生纠纷，僧尼在衣食住及生活礼仪方面的注意
事项等，都有详细的规定。

可见，戒律前一部分侧重警诫个人如何防非止恶；后一部
分则强调遵守僧团集体的规则，维持僧团统一协调，制约僧尼
按教义生活、修行和传教。

此外，在有的戒律后面还有附属部分，如《四分律》后面
有"调部"和"毗尼增一"两章，是对比丘二百五十戒和犍度
部的简要说明与补充。南传佛教巴利文律藏后面的"附随"部
分，与此相似。这部分当是很晚才形成的。

（四）《四分律》比丘具足戒内容

现仅将《四分律》"戒本"所载具足戒部分内容做比较全面
的介绍。比丘尼的戒条虽比比丘多，但二者很多内容相同或相
似，故这里仅介绍比丘戒。戒条按罪过性质排列，先重罪，次
较重罪，后轻罪。如果做到不犯这些罪，即为持戒。

1.波罗夷罪，四条。"波罗夷"，意为极恶、重禁、断头、
根本罪等，是最重的罪，必须不违犯。犯者将被剥夺僧人资格，
从僧团中被驱逐出去，称此为"不共住"，"譬如断人头，不可
复起"[1]。此种罪包括：淫（不净行、非梵行、大淫），指与人、

1　有关解释，可参见《四分律》卷一至卷二十一、道宣《四分律删繁补阙行事钞》
　　卷中之一《篇聚名报篇》等。

非人（畜生）性交；盗（不与取、大盗），盗窃别人东西价值超过"五钱"以上者（当时摩揭陀国王法规定盗五钱或值五钱之物者死罪）；杀人，包括自杀、教唆人自杀、派人杀等；妄称得悟成道（上人法、妄说过人法、大妄语），自己没有修证到一定境界（宗教体验，"入圣智胜法"），而妄称已经达到，"言知言见，虚诳妄语"。

2. 僧残罪，十三条。"僧残"，梵文的音译是僧伽婆尸沙。唐代道宣《四分律删繁补阙行事钞》卷中一载有多种解释。据此，僧残罪是犯戒者通过在僧众面前忏悔除罪，以取得保留在僧团内的罪。据《四分律》卷四十五《人犍度》记述，犯僧残罪者，如不隐瞒，应在僧众前坦白忏悔，经六昼夜（比丘尼半月）后，由僧团为他举行"出罪羯磨"仪式，然后才恢复正式僧尼资格和权利。如果隐瞒而不立即坦白，应首先治隐瞒（覆藏）之罪，即按隐瞒的日期给予他与僧众别居（波利婆沙）的处治，然后才许其进行六昼夜忏悔灭罪。

十三条僧残罪有：手淫出精；心怀淫意与女人身体相触；与女人说淫秽语言；引诱女人以身"供养"；为人作媒和为私通搭桥；得施主资助，在不当处所不按规定造屋；在不当处所自造大房屋；无端诽谤人；以轻谤重，以无说有，诬人犯重罪；执意破坏僧团（和合僧）；支持别人破坏僧团；在某地有丑恶行为，不听规劝离开；不听人劝谏。

3. 不定罪，二条。因需调查情节，一时难确定性质的罪，包括：在背阴隐蔽处或室内僻静之处与女人笑谈粗语；在露天地方与女人讲"粗恶语"，被信众告发，即构成不定罪。经调查后，再按轻重罪论处。

4. 尼萨耆波逸提罪，意译"舍堕"罪，三十条。是指违犯有关衣、食、住、金钱、药品规定的罪，如蓄衣超过限量（称为"长衣"）、示意信徒为自己购置衣服、不按规定材料和尺寸做卧具、亲自受蓄金银、买卖宝物，等等。如果衣服物品超出规定限量，应在僧众（一人乃至四五人）前忏悔，把过量的衣服施舍给僧团或个人；或把自己不应受蓄的金银交"净人"（寺中杂物管理人员、仆役）保管；或把不当使用的物品舍弃（如用蚕丝绵做的卧具，应弃掉），此皆称"舍"（尼萨耆）。"舍堕"的"堕"字，是说犯此罪不改悔，死后当堕地狱。实际上，对此种罪的处治着重在叫犯者"自责"悔过，在一般情况下，所舍给僧团或个人的衣物在过后要归还本人。

5. 波逸提罪，也作"单堕"罪，有九十条。罪的性质与舍堕罪相同，但因为对犯者无"舍"的要求，故称单堕，包括说谎（小妄语）、骂人、挑拨是非（两舌）、与女人同宿（未发生性关系）、与女人说法超过五六语、自手掘地或教人掘地（有杀生之嫌）、在军队中住宿或"观军阵斗战"、故杀畜生、饮用生虫之水、给不满二十岁的人授具足戒、与贼结伴而行，等等。

6. 波罗提提舍尼罪，有四条。意为"向彼悔""对他说"之罪，是轻罪。犯此罪者应向僧中一人忏悔。如无病而接受非

"亲里"（同乡或亲戚）比丘尼的食品等。

7. 众学法，有百条。是关于日常生活的规则、礼仪，如对衣服穿着、饮食、姿态、动作仪规、大小便姿势和处所等方面，都有明文规定。凡违犯者得"突吉罗"（与《摩诃僧祇律》说的"越比尼"相当），意为轻罪（原意是"恶作"）。故意犯者需在上座比丘面前忏悔，非故意犯者应自心忏悔。

8. 灭诤法，有七条。是平息僧团中发生纷争事件的做法。规定在处分犯戒事件时当事人应在场；本人可以根据回忆申辩；对精神失常的比丘所犯过错不应责难不已；对犯过错者应"会彼伏罪，然后与罪"；如发生纷争时，则应向知情者调查等。灭诤的目的是维持僧团的正常活动和成员彼此间的和谐。

以上八项称为"八段"，设立比丘二百五十戒。各部律虽对戒名有不同的称法，但记述的次序大体相同。在律本的波罗夷、僧残二罪的部分，还提到"偷兰遮"罪。这是指二种罪的未遂罪，性质虽算重罪，但比波罗夷和僧残二罪稍轻，犯者应忏悔。在一些律书中有所谓"六聚""五篇""七聚"等说法。

据道宣《四分律删繁补阙行事钞》卷中一所说，六聚是："一，波罗夷；二、僧伽婆尸沙（僧残）；三、偷兰遮；四、波逸提（包括八段中的舍堕、单堕）；五、波罗提提舍尼；六、突吉罗。"所谓五篇则是：波罗夷、僧残、波逸提、提舍尼、突吉罗。这是把前二罪的未遂罪"偷兰遮"去掉。七聚则是把六聚中的突吉罗分为"恶作""恶说"两项，但有时又特称"恶作"

为突吉罗。八段基本是按律文所列戒条类别划分，五篇、六聚及七聚等则是在前述罪科基础上所做的进一步归纳。

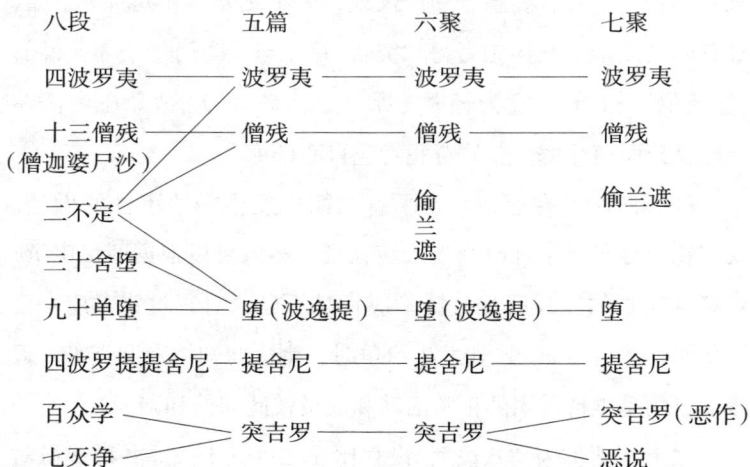

八段	五篇	六聚	七聚
四波罗夷 ——	波罗夷 ——	波罗夷 ——	波罗夷
十三僧残（僧迦婆尸沙）——	僧残 ——	僧残 ——	僧残
二不定		偷兰遮	偷兰遮
三十舍堕			
九十单堕 ——	堕（波逸提）——	堕（波逸提）——	堕
四波罗提提舍尼 —	提舍尼 ——	提舍尼 ——	提舍尼
百众学			突吉罗（恶作）
七灭净	突吉罗 ——	突吉罗 ——	恶说

《四分律》比丘具足戒内容划分

　　大乘佛教兴起之后，在开始阶段并没有自己特有的戒律，仍持小乘戒，然而在以后的发展中提出与自己标榜的"自利利他""普度众生"的慈悲精神和以"六度"为中心的教法相应的戒律，作为对小乘戒的补充。至于僧众所受的沙弥戒、具足戒等仍是以往传统上通行的源自《八十诵律》的内容，至多在理论上做一些与大乘佛教融通的解释[1]。

1　杨曾文：《隋唐佛教史》第二编第二章第二节《佛教戒律和唐代律宗》，中国社会科学出版社，2014 年。

三、原始佛教教团的分裂和恢复

原始佛教教团虽标榜"厌世""出世"，以追求脱离生死轮回的涅槃解脱为修行目标，然而在教团内部仍难免因人品差异、利害关系和见解不同而发生争论乃至纷争。

据《四分律》卷四十三《拘睒弥揵度》记载，佛陀带领弟子在拘睒弥居住期间，有一个比丘犯了戒，但是弟子中对此有不同见解，有的认为是犯戒，有的却不认为是犯戒，双方争执不下，导致双方各自举行说戒忏悔仪式（"布萨"，半月一次）。从僧团组织来说，这是属于严重的分裂现象。佛陀得知此事之后，抱着调和双方和解的态度，先到犯戒的比丘那里说："不要把犯罪而说成不犯罪，不进行忏悔。"又到检举比丘犯罪的一方说："你们也不要总是批评他人的过失。"[1] 佛陀劝两方比丘应当做到：

> 莫斗诤，共相骂詈诽谤，伺求长短。汝等一切当共齐集，同一师学，如水乳合，利益佛法安乐住。

佛陀所担心的是僧团内部因纷争而发生分裂，因此要求持

1　前后佛陀劝双方的原话："汝曹莫犯罪，而言不犯，不忏悔"；"汝等莫数举他比丘事"。

不同见解的双方彼此退让，和睦相处。

然而到了佛陀晚年，确实发生过教团暂时分裂的局面。释迦牟尼佛的堂弟提婆达多（Devadatta，简称"提婆"或"调达"，意译"天授"），是净饭王之弟斛饭王之子，阿难之弟，是在佛陀回迦毗罗卫探亲时跟随出家的。他在佛陀身边学法、修行长达十二年，在教法、禅修等方面都同佛的其他大弟子不相上下。《阿含经》和律藏都记载，提婆达多后来对佛陀及其他几位大弟子取得的声望产生嫉妒心理，连结同党俱伽梨、骞陀陀骠、迦留陀提舍、三文达多等人，策划分裂僧团（破僧、破和合僧），以建立以他为首的僧团。

提婆达多在一次僧众集会"布萨"的场合，趁佛陀不在，自称"大师"，提出所谓"五法"让僧众进行表决（行筹），宣称这五法"是法，是律，是佛所教"，想以此来取代佛创立的"八正道"教法。据唐玄奘译《大毗婆沙论》卷一百一十六记载，提婆达多公然宣称：

> 我是大师，非沙门乔答磨。五法是道，非乔答磨所说八支圣道。所以者何？若能修习是五法者速证涅槃，非八支道。云何五法？一者尽寿（终生）著粪扫衣（被人遗弃的破旧衣或死人衣）；二者尽寿常乞食食；三者尽寿唯一坐食；四者尽寿常居迥露（空旷的露天之地）；五者尽寿不食一切鱼肉、血味、盐、酥乳等。

结果，除阿难等长者比丘表示反对外，竟有五百"年少比丘"表示同意接受这五法，并且追随他到了摩揭陀王舍城外的伽耶山另立僧团。

据唐义净翻译《根本说一切有部毗奈耶破僧事》卷十记述，提婆达多曾以煽动性的语言向追随他的徒众宣示：

> 尔等应知！沙门乔答摩及诸徒众，咸食乳酪，我等从今更不应食。何缘由此？令彼犊儿镇婴饥苦。
>
> 又沙门乔答摩听食鱼肉，我等从今更不应食。何缘由此？于诸众生为断命事。
>
> 又沙门乔答摩听食其盐，我等从今更不应食。何缘由此？于其盐内多尘土故。
>
> 又沙门乔答摩受用衣时截其缕绩，我等从今受用衣时留长缕绩。何缘由此？坏彼织师作功劳故。
>
> 又沙门乔答摩住阿兰若处，我等从今住村舍内。何缘由此？弃捐施主所施物故。

他是以对比的方式宣示自立的"五法"与佛做法的差别，即：佛与弟子吃乳酪，是在夺幼犊、婴儿之食，故他与徒众不吃；佛与弟子吃鱼肉无异于杀生，他与徒众不吃；佛与弟子吃盐而无视盐有尘土，他与徒众不吃；佛与弟子受施衣后要做剪裁，破坏了织师原来的工艺，他与徒众保留原样；佛与弟子住离开村舍的寺院，是对施主所施物资的浪费，他与徒众直接住在村舍。

在各部律藏中，对提婆达多的"五法"也有记载。《四分律》卷四所载五法是：尽形寿乞食、著粪扫衣、露地坐、不食酥盐、不食鱼及肉；《五分律》卷二十五所载则是：终生不食盐，不食酥乳，不食鱼肉，乞食，春夏八月日露地坐、冬四月日住于草庵。

上述所引提婆达多的"五法"虽不尽相同，但基本内容是仿照外道沙门通行的苦行做法，并以强调"尽形寿"来与佛倡导的体验"少欲知足"头陀修法加以区别。

提婆达多虽企图经此"五法"取替佛陀创立的教法。然而很明显，他的"五法"不过是缺乏思想内容的修行形式而已，与佛陀创立的基于"四谛"思想的"八正道"教法形成严格的差别。

然而，提婆达多的主张在当时曾迷惑很多僧众，一时竟能别立山头，到底是什么原因呢？

佛陀在鹿野苑首次说法时曾表示，他既反对苦行，又不同意过世俗安乐生活，提出"中道"的修行方法，即八正道：正见、正思惟、正语、正业、正命、正精进、正念、正定。这虽是用以达到觉悟解脱的修行方法、途径，但前提是承认蕴含因果思想的整体的"四谛"。概而言之，必须在人生价值观念上承认现世生命过程是苦的；苦是有因，有根源的，即是贪爱和对因果道理的无知（贪、嗔、痴）；只有灭除造成苦的原因，才可达到精神上的自由解脱（涅槃）；而要灭除苦因，只有遵循正确的修行途径，采取正确的方法，这就是八正道。可见，四谛与八正道密不可分，八正道就是四谛中的"道谛"。这个道理并没有规定必须修苦行，同时也没有规定拒绝修任何苦行。

八正道中的"正"字，只是表示修行者应有正确的思想、言论和正确的生活、修行方法。至于何者为正确，当然必须与佛教基本教义相适应。四谛、八正道注重的是在思想上认识人生价值和明确摆脱生死苦恼，达到觉悟的目标，而不提倡外道所通行的折磨肉体和精神的苦行，表述的是既超脱世俗享乐，又不沿袭苦行的"中道"（苦乐中道）的精神。

佛陀创教之后，随着教势的不断发展，受到以国王为首的刹帝利种姓和富有的吠舍种姓上层工商业奴隶主的支持、供养，在不少都城有他们施舍修建的精舍、寺院，僧团的生活物资也比较充裕起来。在这种情况下，佛陀及其弟子虽也外出乞食，但在夏安居或其他时候，也可以依靠信众的施舍来维持生活。僧众也遵照佛陀"少欲知足"的教诲，在修行过程中辅之以苦行（头陀法，穿敝衣、乞食、露天常坐不卧等），然而只是将此作为克制贪欲烦恼的方法之一，并不主张要终生（尽形寿）修持。这样，佛教与当时奉行苦行的沙门派别形成了鲜明的对照。

然而，苦行毕竟是婆罗门教（婆罗门在林栖期、遁世期）和其他外道长期通行的修行方法，致使社会上人们往往将修行与苦行等同起来。当初释迦牟尼在伽耶苦行林放弃苦行之际，甚至连跟随他的憍陈如等五侍者都鄙夷地离他而去，可见苦行影响之大。提婆达多之所以能以"头陀"苦行"五法"扇动僧团内很多比丘背叛佛陀，制造分裂，除了他个人的原因之外，恐怕与当时僧团中有的比丘对释迦牟尼佛主张不用苦行可以达到解脱的教义产生怀疑有重要关系。

据佛经记载，提婆达多自立的僧团虽曾蛊惑取得摩揭陀国阿阇世王的支持，但持续时间很短。由于佛陀的得力弟子目犍连和舍利弗等长老比丘的劝说，从佛陀身边离开的五百比丘很快又回归，僧团重新恢复了统一。

按照佛经描述，提婆达多是个品质恶劣的人[1]。《增一阿含经》记述，提婆达多（原作"提婆达兜"）"坏乱众僧，坏如来足，教阿阇世取父王杀，复杀罗汉比丘尼"；"斗乱众僧，杀阿罗汉比丘尼，起害意向于如来"[2]。参照佛经其他记载可知，提婆达多曾教唆摩揭陀国太子阿阇世弑频婆娑罗父王自立，又策划杀佛，在佛经过灵鹫山下之路时向佛投巨石，碎块砸伤佛脚；后又放醉象想蹋杀佛，但未得逞；还曾杀已达"阿罗汉"果位[3]的比丘尼[4]。按佛教教义，提婆达多砸伤佛脚，分裂僧团（破和

1　《增一阿含经》卷五《入品道》载释迦牟尼佛语："不见提婆达兜有毫厘之善法。"

2　《增一阿含经》卷五《入品道》、卷四十八《非常品》。

3　意译"无学"。大乘佛教兴起之后，专指小乘最高修行果位，意为断除一切烦恼，永不再轮回。

4　有关提婆达多，除以下注明出处者外，还可参考《增一阿含经》卷九、《五分律》卷三、《四分律》卷四十六等。

合僧）和杀比丘尼是犯了大逆不道"五逆罪"[1]中的"三逆罪"。

可以想象，在佛教传播发展初期，教团内部发生这样或那样的纷争乃至分裂，是完全可能的。

四、"以法为师""以戒为师"——佛陀最后的遗言

释迦牟尼佛八十岁那年，离开在摩揭陀国王舍城东北边久住传法之地耆阇崛山（灵鹫山、灵山），途经竹林精舍，往北至巴连弗城（华氏城），然后渡过恒河，进入跋耆国的都城吠舍离城，沿途应请为民众说法。

在吠舍离城期间，名妓庵婆婆梨女（奈女）闻名也前往礼拜，在听佛说法之后表示："从今日始，归依三尊（佛法僧三宝），唯愿听许于正法中为优婆夷（女居士），尽此形寿不杀、不盗、不邪淫、不妄语、不饮酒。"佛默然应允，为她授三归五戒，并接受她的虔诚供养和施舍的园林。

此时，佛陀生重病已久，自知在世时日不多，为让弟子做好思想准备，劝慰他们说：

> 天地人物，无生不终，欲使有为不变易者，无有是处。

1　佛教规定有五逆罪，即：杀父、杀母、杀阿罗汉、出佛身之血、破和合之僧，为严重悖逆伦理之罪，谓将受报应下地狱。

我亦先说恩爱无常，合会有离，身非己有，命不久存[1]。

佛陀勉励弟子坚持努力修行，不要懈怠（不放逸），以达到觉悟解脱。在途经竹林村时，决定在此度过雨期，但因此地饥馑，吩咐一部分弟子到别的地方度过安居期。此后，佛陀来到末罗国的都城拘尸那迦城（在今印度北方邦哥拉克浦县）外的娑罗树园，坐在双树之间向弟子做了最后一次说法，然后头北面西侧卧，安详地逝世。佛教称佛的逝世为般涅槃，或圆寂、入灭。

在《长阿含经》卷二至卷四《游行经》、东晋法显译《大涅槃经》卷下等经文中，对佛陀入灭前后的情景都有详细的记述。下面，选择归纳其中的要点略做介绍。

（一）佛陀最后对自己一生说法的概要总结

释迦牟尼成道之后周游各地传法四十五年，在不同场合，对不同的人，宣示佛法的内容不尽相同，此即所谓"应时""临机"说法，涉及的范围极大，有人生问题、修行解脱问题、善恶因果报应问题、社会问题、外道问题、关于宇宙万物的哲学问题等。然而释迦牟尼始终认为并且坚持主张最重要的是四谛、八正道及附属它们的修行方法。

佛陀对阿难等弟子说：

---

1 《长阿含经》卷二《游行经》。

　　汝等当知，我以此法自身作证，成最正觉，谓四念处、四意断、四神足、四禅、五根、五力、七觉意、贤圣八道。汝等宜当于此法中和同敬顺，勿生诤讼，同一师受，同一水乳。于我法中宜勤受学，共相炽然，共相娱乐[1]。

　　佛陀所说"四禅"（四静虑、四有色定），前面提到原是佛陀学自外道，引入佛教作为以断除"欲恶"为主的初级禅修方式，是进入"四谛观"的准备。至于四念处、四意断、四神足、五根、五力、七觉意、贤圣八道，亦即"三十七道品"，或称"三十七菩提分法"（待后章详释），意为引导达到涅槃解脱的根本方法或途径。在这"三十七道品"所蕴含内容中，有的讲坚持修行的信心和意志，有的讲修行的步骤和方法，其中内容交叉重复的不少，但总的前提是"四谛"，是以观苦、灭苦为中心环节。佛陀告诉弟子，他当年就是从这些方面悟道成佛的，勉励弟子在他入灭之后继承共修，维护僧团和谐，防止发生纷争。

　　释迦牟尼佛最后收的弟子名须陀（或作"须跋陀罗"），原是一位年已一百二十岁的婆罗门。他见到佛陀时，劈头便问：

　　瞿昙！诸有别众自称为师：不兰迦叶、末伽梨憍舍利、阿浮陀翅舍金披罗、波浮迦旃、萨若毗耶梨弗、尼揵子。

1　《长阿含经》卷二《游行经》。

此诸师等，各有异法。瞿昙沙门能尽知耶？不尽知耶？

他问佛陀是否知道"六师"外道的教法，如何看待？佛陀当即回答，如果在教法中没有"八正道"者，也就不能使人达到解脱（成阿罗汉等），并且向他讲述自己从出家到此时五十年来修戒、定、慧的历程，又向他详细宣述"四谛"的道理。须陀深受感动，当夜出家受戒，成为佛的"最后弟子"。

（二）佛陀遗言"以法为师"和"以戒为师"

释迦牟尼创立佛教以后，逐渐成立了一个以他为首的僧团（"僧伽"），携弟子游历于恒河上中游流域各地传教。他担心在他入灭后僧团发生分裂，曾以耆那教在教主死后发生内讧为例，告诫弟子要尊师，遵守教义和戒律，并为弟子制定"止净"的规则[1]。

佛陀赞赏跋耆国实行共和制政体，在施政议政、君臣关系、礼仪法度、道德民风等方面皆表现良好，使"长幼和顺，转更增盛，其国久安，无能侵损"，将此归纳为"七不退法"[2]。在他即将离开王舍城时，将此稍作修改融入佛法，召集弟子"尽集讲堂"予以宣示：

---

1 《中阿含经》卷五十二《周那经》。
2 请参考本书第二章第一节跋耆国部分。

一曰数相集会，讲论正义，则长幼和顺，法不可坏；二曰上下和同，敬顺无违，则长幼和顺，法不可坏；三曰奉法晓忌，不违制度，则长幼和顺，法不可坏；四曰若有比丘力能护众，多诸知识，宜敬事之，则长幼和顺，法不可坏；五曰念护心意，孝敬为首，则长幼和顺，法不可坏；六曰净修梵行，不随欲态，则长幼和顺，法不可坏；七曰先人后己，不贪名利，则长幼和顺，法不可坏。

佛陀以此"七不退法"教诲弟子，僧团内部应"长幼和顺，法不可坏"；僧团成员要经常集会，讲论正法，做到上下和睦，人人遵守法规，尊敬有德能的比丘，用心做到孝敬，清净修法，凡事要先人后己等。应当说，这"七不退法"蕴含着丰富而深刻的道德理念和行为规范。

此外，佛陀还告诫弟子"当自归依，归依于法，勿他归依"，强调佛法的重要。当阿难表示担心以后无所依靠时，佛陀明确地告诉他："我成佛来所说经戒，即是汝护，是汝所恃。"[1] 意为佛经、戒律就是他入灭以后僧众的护卫者、依靠者。

佛陀郑重嘱咐弟子，在他寂后应当"以法为师""以戒为师"，如东晋法显译《大般涅槃经》记述："我所说诸法，则是汝等师"，"我昔为诸比丘制戒波罗提木叉（戒）及余所说种种

1　以上皆见《长阿含经》卷二《游行经》。

妙法，此即便是汝等大师"。后秦鸠摩罗什译《遗教经》记述：
"汝等比丘，于我灭后，当尊重珍敬波罗提木叉，如暗遇明、贫
人得宝，当知此则是汝大师，若我住世无异此也。"

佛陀这些殷切的教诫，都是要弟子在他寂后继续保持僧
团、教团的和谐与统一，避免发生分裂，将佛教世代传承并发展
下去。

释迦牟尼佛涅槃塑像，供奉于敦煌莫高窟第158窟

（三）佛舍利供奉崇拜之始

在历史上，有影响的宗教的创始人都难免被神化，被赋予
各种超现实的不可思议的神威力量。应当说，这本身就是宗教
的特征之一。佛教是世界性的宗教，自然也是如此。

释迦牟尼本是个现实的人，是古印度新兴宗教之一的佛教
的创始人。在他传教的过程中逐渐受到越来越多信众的皈依和
崇信。在这个过程中，他的非凡出身和人格、智慧、教法等，

皆被慢慢地予以夸张渲染和高度神化了。

　　早期佛教经典中所记载佛陀的说教中蕴含相当篇幅的神话成分，恐怕不会全是后世佛经编纂者加进去的。可以猜测，其中既有当初佛教信众之间流传的传说，也有可能是佛陀在说法中出于衬托、铺垫、比喻等而有意地加进去的。在佛陀入灭之前，他已受到国王、军事贵族、工商业者及农民、部分婆罗门种姓出身的人的皈依、崇敬，可谓威望日著，被敬奉为能引导人们摆脱苦难的"世尊""天人师"等。

　　唯其如此，在佛陀入灭遗体火化刚一结束时，就发生了来自各城国人争夺佛遗骨的纷争场面。佛的遗骨，在佛教称为舍利，后世特指遗体火化后结成的珠状物。后有一位"香姓婆罗门"出来调解，用瓶将佛舍利分为八个等份，分给拘尸那迦国（即末罗国）、波婆国、遮罗国、罗摩伽国、毗留提国、迦毗罗卫国、毗舍离国、摩揭陀国的人，各自奉回建舍利塔供养。此外，香姓婆罗门将用来分舍利的瓶、火化处的黑炭及佛生前的头发，也都建塔供奉[1]。

　　近代以来，人们在释迦族的故地比波拉赫瓦（Piprāhwā）发掘出古塔的地方发现了舍利壶，上面有与阿育王碑文相类似的文字。此外，在吠舍离遗址也发现了舍利瓶。学术界有的学

1　《长阿含经》卷二《游行经》。

者认为，这些发掘出来的舍利壶中的舍利，就是佛陀的遗骨[1]。

佛陀入灭后，由他的弟子摩诃迦叶和阿难等人主持僧团，继续传教。经过几代人的努力，佛教不仅传遍古印度，而且开始传到国外，成为世界性的宗教之一。

1 ［日］平川彰：《印度佛教史》上卷第一章第三节，春秋社，1974年。

原始佛教的经典——《阿含经》

第四章

在佛教史上，将释迦牟尼创立佛教到他入灭之后一二百年间佛教教团发生分裂，形成以大众部和上座部为代表的众多部派为止，统称为"原始佛教"时期。

在婆罗门教占据统治地位的古印度社会，佛教从众多反婆罗门教的"沙门"派别之中异军突起，迅速传播，风靡于社会。那么，原始佛教宣述的是什么教义呢？现存记载原始佛教创立、传播发展及其基本教义的有什么经典呢？

下面为了表述方便，先对原始佛教的经典进行考察和介绍。

第一节　佛教的最早结集

前面叙述，释迦牟尼佛在创立佛教之后，先到迦尸国波罗奈鹿野苑向侨陈如等五位侍者（五比丘）传授自己创立的"四圣谛"等佛法要义，度他们为僧。此即佛教史上著名的"初转法轮"。在此后在四十五年漫长期间，释迦牟尼佛在游历古印度恒河中上游各国的传法过程中，在不同场合、向不同人群应机宣述佛法。在他身边的高足弟子也将他讲述的佛法要义向各地世人传播。

　　然而，当时虽有佛法，却未有成型成文的经典。佛陀是通过语言讲述，弟子凭借忆诵将他讲述的佛法诵传给他人。不难想到，佛陀及其弟子所宣述佛教义理，虽然可以基本保持内容稳定，然而所用的语句、体裁、篇幅和表达形式，自然会因人而异，难免发生很多变化。直至释迦牟尼佛入灭之后，经过弟子结集，将他生前讲述的佛法加以会诵、裁定，才形成了最早成型的基本经典，然而尚未写成文字，仍须借世代口头传诵的方式流传于世。

一、第一次结集——集成经、律二藏

　　释迦牟尼佛入灭的当年，在他的大弟子摩诃迦叶的主持之下，召请阿难、优婆离等五百弟子会集于摩揭陀国王舍城外的七叶窟（刹帝山窟），对佛陀生前在各地说教的内容进行忆诵，互相补充修正，然后确定教典，史称"第一次结集"。这次结集，得到了摩揭陀国阿阇世王的支持。他为这次有众多高僧参加的结集盛会提供饮食、床坐、卧具等生活物品。

　　关于这次结集，在后世佛经记载中有不同的说法。有的说结集了佛经、戒律二藏；有的说结集了经、律、论三藏；也有的说结集了经、律、论、杂集、禁咒五藏。从佛教发展史来考虑，第一种说法是比较真实可信的。

据南朝宋佛陀什、竺道生等译《弥沙塞部和醯五分律》(《五分律》)卷三十《五百集法》、东晋佛陀跋陀罗和法显译《摩诃僧祇律》卷三十二《五百比丘集法藏》等书的记载，摩诃迦叶在拘尸那迦料理好佛陀葬事之后，立即率佛陀的众多弟子迅速赶到王舍城外的七叶窟，自任上座，在征得众比丘的同意之后，决定首先忆诵结集"法（修多罗）藏"——佛法集，即佛经。

因为阿难是长期在佛陀身边的侍者，又是记忆超群的"多闻第一"，被众比丘推选出来担任诵集法藏。阿难在摩诃迦叶的引导之下，根据自己的记忆，将佛陀在不同地方对各种人群所说的教法一一讲述，说"如是我闻"（我听佛是这样讲述的）……然后，在座的比丘对他所忆诵的内容，凡是认为符合佛陀原意的就表示认可，凡认为有不准确或遗漏的地方，就予以纠正或补充。这样便会诵确定出最早的佛教经典《阿含经》。《五分律》卷三十记述：

迦叶如是问一切修多罗已。僧中唱言：此是长经，今集为一部，名长阿含；此是不长、不短，今集为一部，名为中阿含；此是杂说，为比丘比丘尼、优婆塞优婆夷、天子天女说，今集为一部，名杂阿含；此是从一法，增至十一法，今集为一部，名增一阿含；自余杂说，今集为一部，名为杂藏，合名为修多罗藏。

　　我等已集法竟，从今已后，佛所不制，不应妄制；若已制，不得有违。如佛所教，应谨学之。

　　据此，在佛教第一次结集中，由阿难忆诵，再经与会比丘评议、修补和审定，最后集成法藏（修多罗藏），按照所收经文的长短和特色，编成《长阿含经》《中阿含经》《杂阿含经》《增一阿含经》及《杂藏》。所谓"杂藏"，《增一阿含经》称之为"杂经"，内容是讲述佛及阿罗汉等的"本行因缘"为主的"杂说"[1]，相当于南传佛教的"小部"（屈陀迦部）。

　　引文中的"佛所不制，不应妄制；若已制，不得有违。如佛所教，应谨学之"，是摩诃迦叶为首的释迦牟尼佛弟子用以表明坚定维护佛法尊严、遵循佛经修学、弘法的决心。

　　然而在后来佛教的发展中，特别在大乘佛教兴起之后，将《阿含经》贬为"小乘经"，在大乘佛经卷首虽也冠有"如是我闻……"，然而所说内容已远远超越和改变原四阿含的思想内容了。

　　在佛教第一次结集中，还推举"持律第一"的优波离诵出戒律。优波离经八十次将佛生前制定的戒律忆诵完成，故称《八十诵律》。律藏与最早的经藏一样，在长时期流传中并未写

---

[1] 另参考《摩诃僧祇律》卷三十二所说"杂藏者，所谓辟支佛、阿罗汉自说本行因缘，如是等比诸偈诵，是名杂藏"。

成文字，也是借口头传诵世代相传的。

如前所述，在佛入灭一百年或二百年佛教分成若干部派以后，一些较大的部派一般皆拥有自己从上传诵下来的律，如大众部（摩诃僧祇部）传诵的是《摩诃僧祇律》；上座部系统的说一切有部（萨婆多部）传诵的是《十诵律》，化地部（弥沙塞部）传诵的是《五分律》，法藏部（昙无德部）传诵的是《四分律》。

二、九分教和十二分教

佛教在漫长岁月的传播过程中，为了便于记忆传诵，在世代口头传承中将自古相传的佛经体裁、结构成分逐渐分成九种，称为"九分教"或"九部经"，后来发展为十二种，称之为"十二分教"或"十二部经"。

（一）九分教

1. 契经（sūtra，修多罗、经），指经文中的"直说者"，即宣说教法的散文体经文；"契经"之"契"，意为契理契机（人与时）；

2. 重颂（geya，祇夜、应颂），指与修多罗内容相应，重宣教义的偈颂体经文；

3. 讽颂（gāthā，伽陀，孤起颂），是偈体有韵的经文；

4. 因缘（nidāna，尼陀那），记述佛说经律的因缘，"一切佛语缘起"；

5. 譬喻（avadāna，阿婆陀那），经中的譬喻部分；

6. 本事（itivṛttaka，伊帝曰多伽、如是语），佛说过去世弟子因缘的经文；

7. 未曾有法（adbhutadharma，阿浮陀达磨、希法），记述佛显现各种神通的经文；

8. 本生（jātaka，阇多伽），是佛说自己在过去世为菩萨时种种经历的经文；

9. 论议（upadeśa，优波提舍），问答和议论诸法意义的经文。

（二）十二分教

在以上九分教之外，再加上以下三分教为十二分教：

1. 授记（vyākaraṇa，和伽罗那、记莂或记别），佛向弟子预言未来修行果位的经文；

2. 自说（udāna，优陀那、无问自说），佛在无人发问的情况下说的经文；

3. 方广（vaipulya，毗陀罗、方广经），佛说的义蕴详博、方正广大教义的经文，后用来特指大乘佛经。

不难想象，以上所谓九分教、十二分教是在佛经成文传播之后对以往各类佛经体裁、结构成分的概括分类，在早期佛经靠忆诵传承的时代未必做得出这种复杂的说法，其中有的体裁，如本生、本事、方广等，形成是比较晚的，在以后漫长的传播过程中自然又有发展。

第二节　《阿含经》及其翻译

在佛教第一次结集后，长期以来《阿含经》被奉为唯一宣说佛说教法的"契经"。

《阿含经》是记述释迦牟尼佛在不同时间、场合宣说教法的众多经文的汇编。《长阿含经》《中阿含经》《杂阿含经》《增一阿含经》大体是按所收经文的长短和内容特色而编成的，然而在以后世代忆诵传承的过程中因受到传承者和部派佛教的影响，经文不断得到润色、充实和调整，大约到公元前 1 世纪以后才逐渐发展为成文经典。

据近代以来各国学者对以中国为中心的北传佛教和以斯里兰卡为中心的南传佛教的各种文字佛经的对比考察研究的结果，认为《阿含经》比较真实地反映了原始佛教的基本教义。

阿含，梵文 Āgama 的音译，也译阿笈摩、阿鋡、阿含暮，意译法归、教法、传等，意为结集佛法的经典，或辗转传承的教法[1]。部派佛教形成之后，甚至在7世纪大乘盛行的情况之下，一些较大的部派，如上座部、大众部、正量部（三弥底部）、化地部（弥沙塞部）、饮光部（迦叶臂耶部）、法藏部（法密部）、说一切有部等部派，皆有自己传承的《阿含经》[2]。至于它们所传承《阿含经》是全部四阿含，还是传承其中一部或几部，乃至其中的单品经，是难以确定的。

从中国佛教译经史可以推测，由于经历社会的变迁和大乘佛教的兴起，各个部派传承的《阿含经》并没能全部流传下来。北传佛教现存的四部汉译《阿含经》，并非源自一个部派的传承。南传上座部佛教传承的五部《阿含经》保存至今，称之为"五部（nikāya，尼迦耶）"，包括与北传《长阿含经》相应的《长部》，与《中阿含经》相应的《中部》，与《杂阿含经》相应的《相应部》，与《增一阿含经》相应的《增支部》；还有《小部》。北传佛教某些经典所说的《杂藏》（杂经），虽相当于南传《小部》，但古来没有完整译本，只有相当它的部分经文的《六度集经》《生经》《法句经》《义足经》等。

1　唐玄奘译《瑜伽师地论》卷八十五说四阿笈摩，"师弟展转传来于今。由此道理，是故说名阿笈摩，是名事契经"。

2　《大唐西域记》卷十二载玄奘从印度取回的佛经，除大乘经二百二十四部、大乘论一百九十部外，还有："上座部经律论一十四部，大众部经律论一十五部，三弥底部（正量部）经律论一十五部，弥沙塞部（化地部）经律论二十二部，迦叶臂耶部（饮光部）经律论一十七部，法密部经律论四十二部，说一切有部经律论六十七部。"其中所说的经，就是《阿含经》。

在公元前后两汉之际，佛教开始传入中国，最早传译的小乘经典皆属《阿含经》中的单品小经。直至东晋十六国时期及南北朝初期，随着佛教的深入传播，来自印度和中国西北一带的僧人陆续将四部《阿含经》传入，在汉族学僧、居士的主持或协助之下将它们陆续译为汉文。

这些《阿含经》一直流传至今。

一、《长阿含经》

十二卷，后秦时由来自罽宾（相当现在的克什米尔地区）的沙门佛陀耶舍诵出，凉州沙门竺佛念译为汉文。

全经汇编了三十部经，因各部经文较长，故称《长阿含经》。鸠摩罗什弟子僧肇撰序谓："阿含，秦言法归。法归者，盖是万善之渊府，总持之林苑。"

《长阿含经》中不少经文的内容主要是针对外道或是驳斥外道的，如《弊宿经》《阿摩昼经》《裸形梵志经》《沙门果经》等。佛陀耶舍出身于罽宾的法藏部（昙无德部），诵出的《长阿含经》当属法藏部传承的《长阿含经》。他还诵出，由竺佛念、慧辩翻译的法藏部所传《四分律》六十卷。

二、《中阿含经》

六十卷，因所收各经文字不长不短，故称《中阿含经》，前后经过两译。

前秦建元二十年（384），在道安主持之下，由来自兜佉勒国（即"吐火罗""大夏"，在今阿富汗一带地方）的学僧昙摩难提诵出，竺佛念传译，慧嵩笔受，共五十九卷，然而早已佚失。

此后，东晋隆安元年（397）于建康（今南京），由来自罽宾的沙门僧伽罗叉宣诵"胡本"，僧伽提婆译成汉文，道慈笔受，集成六十卷，流传至今。全经有十八品，收编二百二十二部经。道慈曾将新旧两译的译名汇编为一卷，附在经目之后，现已不存。

《中阿含经》比较全面详细地记述了原始佛教的大部分教说，其中的《大拘絺罗经》《象迹喻经》《分别圣谛经》《阿修罗经》《本际经》《涅槃经》《频鞞婆罗王迎佛经》《苦阴经》《说处经》《大因经》《婆罗婆堂经》《阿迦罗诃那经》《圣道经》《箭喻经》等，对四谛、八正道、十二因缘等有比较详细的论述，从中也可以了解释迦牟尼佛与其弟子传教的情况。此经所收的几部经和一些说法，与说一切有部的论书《大毗婆沙论》《俱舍论》所引的"契经"及某些提法有不少相近之处，而与南传上座部所传的《中部》不同，因而被推定为说一切有部传承的《中阿含经》。

三、《杂阿含经》

五十卷，南朝宋初由印度僧求那跋陀罗口宣梵本，宝云译
为汉文。

全经汇编一千三百六十二部经，有的小经仅有十几个字，
或是二三十个字，更多是几百字的小经。《杂阿含经》也称《相
应阿含经》，因为它是将面对不同对象而宣说的经文收集在一
起，并且是按佛教的基本教义——蕴、处、界、缘起、圣谛等
来分类编排，故称"相应"。在说一切有部的律书《根本说一切
有部毗奈耶杂事》及论书《俱舍论》中所引用的《杂阿含经》
内容与此汉译本一致，故此经被认为是说一切有部传承的《杂
阿含经》。

四、《增一阿含经》

五十一卷，前秦建元二十年（384）在道安主持下，由兜佉
勒国沙门昙摩难提诵出，竺佛念译传，昙嵩笔受，共四十一卷，
分为上下两部，"上部二十六卷全无遗忘，下部十五卷失其录
偈"[1]，道安与法和曾加以考正，惜后佚失。

东晋隆安元年（397）罽宾沙门瞿昙僧伽提婆再译，竺道祖

1　道安：《增一阿含经序》。

笔受，内容与难提诵译本小异。

此经在"序品"后按一法、二法、三法直至十一法编排、宣述，如道安序所说"数终十，令加其一，故曰增一"。所谓"法"是指佛法的项目、概念、法门乃至某种做法。每一法有若干品；每一品有三经至十经不等，共编有四百七十二部经。因说一切有部的论书所提到的《增一阿含经》皆无序品及十一法，可见此汉译本并非说一切有部传承的。

这部经的显著特色之一是经中多处有大乘的用语和思想，如"菩萨""六度""菩萨行""菩萨发意趣大乘""方等大乘义""如来法身"等，与带有深厚大乘色彩的大众部十分相似。因此，这一译本当属晚期大众部所传承的《增一阿含经》。

在中国，即使在"四部阿含"译出之后，直至唐宋，一些属于四部《阿含经》中的单品经仍被一再地重译，虽然所用语句不同，但所表述内容基本相同，在佛教经录中被列为小乘的"异译经"。其中有的单品经因为译得好，如唐玄奘译的宣说十二因缘的《缘起经》，属《增一阿含经》卷四十六《放牛品（五）》的异译，至今仍被佛教界广泛诵传。

《阿含经》及其单品经虽被列入"小乘经"，然而并未影响它们在社会上广泛流传，起到普及佛教基本知识的作用。唐代智升《开元释教录》卷十九的"入藏录"（准备编入《大藏经》的目录），包括大乘经五百一十五部二千一百七十三卷，小乘经二百四十部六百十八卷。所谓小乘经，就是《阿含经》及其单品经[1]。

　　对现存北传佛教和南传佛教的各种文字的《阿含经》（或《尼迦耶》）进行综合考察研究，不仅可以了解原始佛教的基本教义思想和传教情况，还可以了解古印度的社会历史和思想文化界的情况。

1　［日］赤沼智善：《佛教经典史论》第一部分，三宝书院，1944 年；［日］山田龙城：《大乘佛教成立论序说》第二部第二章，平乐寺书店，1977 年；［日］前田惠学：《原始佛教圣典的成立史研究》绪论及第三编，山喜房佛书林，1964年；印顺：《原始佛教圣典之集成原始佛教圣典之集成》第七章，载《印顺法师佛学著作集》，印顺文教基金会；蓝吉富主编：《中华佛教百科全书》，中华佛教百科文献基金会，1994 年。

原始佛教基本教义和哲学思想

第五章

第一节　原始佛教的基本教义

《阿含经》与其他佛经一样，涉及范围十分广泛，内容庞杂。到底哪些是原始佛教的基本教义呢？

经文记述，释迦牟尼在经历了六年严酷的苦行之后，认识到苦行只能折磨肉体而达不到精神解脱，便到一棵菩提树下静坐深入思惟，经过七天七夜大彻大悟，遂即将自己觉悟的内容加以归纳，创立了佛教。

那么，释迦牟尼到底思考了什么问题呢？彻悟出了什么道理呢？所创立的佛教的基本教义是什么呢？

综合《阿含经》有关经文记载，不难看到，释迦牟尼当初思考的中心是人生遭遇苦恼的问题和如何摆脱人生苦恼的所谓觉悟解脱的问题。亦即：人为什么出生之后就有种种痛苦、烦恼和不幸？导致众生生死轮回的根本原因是什么？用什么方法，通过怎样的途径来摆脱生死苦恼，达到彻底觉悟和解脱呢？

释迦牟尼佛对此提出了四谛、八正道和十二因缘，以及五蕴、善恶因果报应等理论，创建了原始佛教的基本教义，为以后佛教理论的充实和发展奠定了基础。

一、四谛、八正道

"四谛"是原始佛教基于"因果"思想提出的人生理论。"四谛"之"谛"（梵文 Satya），意为真实不虚、永恒真理。"四谛"，概而言之就是四个真实不虚的道理，是原始佛教关于人生为何具有苦恼和如何摆脱苦恼的四大真理。

（一）苦谛——人生苦的真理

据释迦牟尼佛的观察和审思，人生是个充满痛苦烦恼的过程。他将人生的各种苦恼归纳为八种，在《中阿含经》卷七《分别圣谛经》等经文中有比较详细的宣述。

生苦：胎儿出生，皮细肉嫩，在接触和适应外界的过程中是感到痛苦的。

老苦：人到老年，头发苍白，牙齿掉落，驼背弯腰，拄杖而行，生活充满痛苦。

病苦：人在一生中患有种种疾病，如头痛、眼痛、咳嗽、呕吐、癫痫……使人精神不得宁静，感到痛苦。

死苦：人在死时充满痛苦。

怨憎会苦：一是与自己所厌恶、怨恨的人不得已而相会或结合，二是不能自由脱离自己所憎恶的环境或遭遇，由此伴随种种痛苦。

爱别离苦：与自己相爱的人分离，从自己爱恋的环境或年华、际遇中离去，精神抑郁痛苦。

所求不得苦：在苦境中求乐不可得；人生在世而求无病、不老长寿而不可得；遭遇贫穷而求富贵不可得；虽处富贵而求世世代代富贵而不可得；事事如意亦不可得……因为欲望得不到满足，理想落空，都给人们带来痛苦。

"略五盛阴苦"："略"，意为概而言之。"五阴"即"五蕴"，包括色（相当物质）、受（感受）、想（表象、知觉）、行（意志、意向）和识（精神总体），概指人的身体和精神（身心）。"五盛阴苦"是包括以上七苦在内的身心一切痛苦。

（二）集谛——人生苦因的真理

既然人生有以上种种痛苦烦恼，那么原因何在呢？这就是集谛要回答的问题。"集"，意为事物集起、发生的原因。"集谛"也作"习谛"，全称"苦集谛"或"苦习谛"，是对造成人生苦因总的说明。

原始佛教认为，人的爱、贪或欲望是给人带来一切苦痛的根本原因。由于爱，便有贪求的欲望，驱使向外索取的行动。这样便会带来一连串的苦恼。《中阿含经·分别圣谛经》举例说，"若有爱妻子、奴婢、给使（用人或依附农民）、眷属、田地、屋宅、店肆、出息财物"等，便会产生炽热的欲望和感情，是造成身心痛苦的原因。在这里，是以"爱"或"渴爱"作为苦因的。

　　佛教有时将"贪、瞋、痴"作为一切苦的最终原因、万恶之源。因为贪与爱之间有密切关系，佛经有时将两者统合，称为"贪爱"。在原始佛教看来，人之所以产生贪爱，是因为对因果缘起的道理的蒙昧无知，故称之为"痴"或"无明"。佛教为了强调无知是造成各种苦恼的根本原因，在不少场合便把"痴"或"无明"置苦因的首位。由于贪爱欲望得不到满足，便会引起瞋恚的感情，于是怨愤、仇恨接续而生，以致与人发生冲突和争斗，烦恼丛生。

　　原始佛教虽主张一切事物的生灭、聚散是由因缘（各种内外条件）决定的，但也继承了古印度古老的灵魂不灭思想。认为众生生前由于"无明""贪爱""瞋恚"的驱使，不可避免地要产生各种各样的善恶行为（"造业"），将导致死后在天界、人间、畜生、饿鬼、地狱的"五道"（加上阿修罗——非天或恶神，为"六道"）之间轮回转生，不能从生死苦恼中得到解脱。

（三）灭谛——人生苦灭的真理

　　是说断除痴、瞋、贪爱感情和种种欲望，如做到"不爱妻子、奴婢、给使、眷属、田地、屋宅、店肆、出息财物……"，不再追逐任何企望在物质上或精神上获得满足的东西。由此，便可断除导致人生苦恼的原因，达到精神解脱，不再轮回于生死苦海。这是原始佛教所追求的最高的精神境界。

　　在《阿含经》中经常看到释迦牟尼向弟子描述自己达到的

至高觉悟解脱境界是：

我生已尽，烦恼已灭，所作已办，不受后有。

意为我的现世生命（前世业报之生）已经结束，一切痛苦烦恼彻底断灭，修行已达圆满，从此将永远地摆脱生死轮回。这就是"灭谛"的实现，也就是所谓"涅槃"。

（四）道谛，八正道——导致人生苦灭方法的真理

以人生为苦，将人生看作是受苦的过程，认定"贪、瞋、痴"为造成一切苦的根本原因。那么，怎样才能灭除苦因，达到觉悟，从苦恼中解脱出来的呢？这是"道谛"要回答的问题。

所谓"道"，含有方法和途径两种含义。释迦牟尼佛在向弟子、信众讲述四谛之理时，说道谛有"八正道"，也称"八圣道"。包括：正见、正思惟（正志）、正语、正业、正命、正方便（正精进）、正念、正定。

可见，八正道是从人的身（行为）、口（语言）、意（心、思想）三个方面规定了修行者应当遵守的原则；一切要遵循佛教教义和戒规去做，去说，去想。此则为"正"，否则就是"邪"。

《阿含经》中有不少经文对八正道做了具体的详略不同的解释。按照《中阿含经·分别圣谛经》的解释，八正道中的每一

项是以正确理解、接受四谛道理为前提的。

"正见"是对四谛的正确理解，并且能在禅观过程中有透彻、全面的观想；"正思惟"是在正确理解四谛的基础上，在禅观过程中对四谛做深入、细致的观察思考；"正语"是在修行和生活中做到语言正确（不妄语、不两舌、不恶口、不绮语），不说恶语（妄语、两舌、恶口、绮语）；"正业"是行为正确（不杀生、不偷盗、不邪淫），不作恶行（杀生、偷盗、邪淫）等；"正命"是在生活和修行过程中做到少欲知足，不以不正当的手段谋取生活用品，应选择正确的职业；"正方便"（正精进）是集中精力，正确地修行；"正念"是正确地忆念四谛的道理；"正定"是按照四谛之理，正确地修持禅定，以观苦、断惑。

"八正道"中的"正"字，是可以做一般意义上的"正确地"理解和使用，然而在原始佛教教义中，"正"是特指和规范遵照其核心教理"四谛"去思想、言语和行动的。然而随着佛教的发展，"八正道"中的"正"字所包含的内容也越来越多，凡是符合佛教教义的皆被看作是"正见""正思惟"……"正定"[1]。

在八正道中，"正见""正定"最为重要。"正见"相当于现在所说的正确立场、世界观和价值观，不过它是特指基于四谛之理的原始佛教立场和世界观、价值观。由"正见"而确立正

[1]　关于四谛、八正道，除已注明出处者外，还可参考：《中阿含经》卷四十九《圣道经》，《杂阿含经》卷三、卷十五、卷二十八，《增一阿含经》卷十四等。

确立场，坚定遵循佛法修行的信心，而由"正定"得到正确的智慧，达到涅槃解脱。

佛教的一个重要特色是教义密切结合和贯穿着因果缘起思想，有因必有果，因是"能生"，果是"所生"。在四谛中蕴含着两重因果：一是"世间因果"，集谛表述世间之苦因（贪瞋痴），苦谛表述苦因之果（八苦）；二是"出世间因果"，道谛表述涅槃解脱之因（八正道），灭谛表述出世解脱之果（涅槃境界）[1]。

随着佛教的广泛、深入传播，宣说四谛的方法也逐渐变得复杂起来。据佛经记载，有一种从三个角度、三个层次宣讲四谛的做法，称之为"三转"，有过较大影响。何为"三转"？第一"示转"，是从正面肯定四谛，即：此是苦谛，此是集谛，此是灭谛，此是道谛；第二"劝转"，是向信众指明在修行中对四谛应当采取的态度，即：苦谛当知，集谛当断，灭谛当证，道谛当修；第三"证转"，是说对四谛已达到的认识或修行的结果，即：苦谛已知，集谛已断，灭谛已证，道谛已修。在讲述每一次时，都强调四谛是过去"未曾有"的教法，应正确思惟，从中得到四种认识：眼（观见）、智（决断）、明（理解）、觉

1　唐法藏述《般若波罗蜜多心经略疏》谓："苦、集是世间因果，谓苦是生死报，先举令生厌；集是彼因，谓是烦恼业，厌苦断集，先果后因故也。灭、道是出世间因果，灭是涅槃果，先举令欣，道是彼因，谓八正道，修之于后……"

（觉悟）。每次从不同角度讲的四谛，称之为"四行相"；三转则
为"十二行相"。

不难看出，这虽是以释迦牟尼佛的名义宣说四谛，实际上
是经后人加过工的。至于发展到部派佛教时期，将四谛作为禅
观的中心内容，把观想范围扩大到所谓欲界、色界和无色界[1]，
又将禅观过程分为很多层次，把观想达到的境界与修行果位相
搭配，愈益繁杂，实际已超越了原始佛教的原有教义。

二、所谓"涅槃""解脱"的宗教含义

通过修持八正道达到人生一切"苦灭"就是彻底觉悟，在
精神上进入"涅槃"境界。那么？什么是"涅槃"，它蕴含怎样
的意义呢？

按照佛教的说法，涅槃有两种：有余涅槃、无余涅槃。

有余涅槃，全称"有余依涅槃"。"余"即"余依"之略，
意为犹有依、尚有依；"依"指由前世业因报应所得的具有烦恼
（有漏）的生身；涅槃，意为"灭"。"有余涅槃"，虽然欲望烦
恼已尽，不再轮回于生死，然而由前世业因所生的身（色）、心

1　此即佛教的三界，被认为是有情众生生存的三种境域。欲界，指有情欲众生及
其所居，是指包括人、天上生命体、畜生、饿鬼、地狱中的生命体及其所居境
域。色界，所居众生虽已离情欲，然而仍有形色。无色界，所居是实为禅观想
象中的无形色众生。

（命根、精神）还在，故称"有余依涅槃"。相反，既断除一切烦恼，不再轮回生死，又身心俱灭，"灰身灭智"（入灭、圆寂），所谓"生死已尽，梵行（净行）已立，所作（修行完备）已办，更不复受有（不再轮回）"，是无余依涅槃。

《增一阿含经》卷七《有无品》记述：

> 世尊告诸比丘：有此二法涅槃界。云何为二：有余涅槃界，无余涅槃界。于是比丘灭五下分结，即彼般涅槃，不还来此世，是谓名为有余涅槃界。彼云何名为无余涅槃界，如是比丘，尽有漏成无漏，意解脱，智慧解脱，自身作证而自游戏，生死已尽，梵行已立，所作已办，更不复受有，如实知之，是谓为无余涅槃界。

所谓"五下分结"是指欲界众生的五种烦恼，实为"贪瞋痴"的细化。包括：身见（执着人身实有）、戒禁取见（执着邪僻禁戒的见解）、疑（疑惑四谛之理）、欲贪、嗔恚。前三项实际是"痴或无明"。这就是束缚和驱使众生轮回生死的根本烦恼。如能断除这五种烦恼，达到涅槃，不再轮回，然而尚未超越"有漏"（仍有身心），即为有余涅槃。如入灭，"生死已尽"，心智解脱，身心俱灭，"不复受有"（轮回生死），则是无余涅槃[1]。

据此，释迦牟尼在尼连禅河畔菩提树下成道为佛，即进入"有余涅槃"境界，而最后在拘尸那迦城外娑罗树园双树下入灭圆寂，就是进入"无余涅槃"境界。

三、不偏颇苦、乐的"中道"

释迦牟尼出家前是迦毗罗卫国的太子，享尽人间荣华富贵，后来转而深思体察人生问题，认识到沉溺于"乐"将会招致众苦。在远离王宫出家后，曾修苦行六年，又体悟到让身心受苦并不能使精神解脱。怎样才能既不过世俗安乐生活，又不修严酷的苦行，而能达到精神解脱呢？他认定，遵循四谛的道理，修持道谛"八正道"，过出家修行的生活就能达到这个目的。

《中阿含经》卷五十六《罗摩经》记述佛在波罗奈鹿野苑向五比丘宣述：

1　请再参考《大毗婆沙论》卷三十二："云何有余依涅槃界？答：若阿罗汉诸漏永尽，寿命犹存，大种（地水火风）造色相续未断，依五根身心相续转。有余依故，诸结永尽，得获触证，名有余依涅槃界。此中寿命者，谓命根……云何无余依涅槃界？答：即阿罗汉诸漏永尽，寿命已灭，大种造色相续已断，依五根身心不复转。无余依故，诸结永尽，名无余依涅槃界。此中寿命已灭者，显命根及众同分（众生业报之因）已灭。"

五比丘！当知有二边行，诸为道者所不当学：一曰着
欲乐下贱业，凡人所行；二曰自烦自苦，非贤圣求法，无
义相应。

五比丘！舍此二边，有取中道，成明成智，成就于定，
而得自在，趣智趣觉，趣于涅槃，谓八正道，正见乃至正
定，是谓为八。

另据《中阿含经》卷四十三《拘楼瘦无诤经》所载，佛此
后在婆奇瘦剑磨瑟昙拘楼都邑这样教导弟子：

莫求欲乐，极下贱业，为凡夫行，是说一边；亦莫求
自身苦行，至苦非圣行，无义相应者，是说二边。

莫求欲乐，极下贱业，为凡夫行；亦莫求自身苦行，
至苦非圣行，无义相应者。因此故说离此二边，则有中道，
成眼成智，自在成定，趣智、趣觉、趣涅槃者。此何因说，
有圣道八支，正见，乃至正定，是谓为八。

释迦牟尼佛告诫弟子，要记住永远舍离两种偏颇的"边
行"：第一种是耽溺于世俗生活，追求满足贪爱、情欲的欢乐，
属于"下贱"的"凡夫行"；第二种是修持外道的苦行，无异
于"自烦自苦"，违背了"贤圣"之道。正确的做法是选择和遵
循"中道"修行，即正见、正定等"八正道"，通过体悟"四

谛""十二因缘"的道理[1]，以"趣智、趣觉、趣涅槃"，达到觉悟
解脱的精神境界。

"中道"，是佛教的最富于哲学意蕴的概念。"中道"原义有
中间道路的意思，但在不少场合相当于折中的观点、折中的方
法、折中主义。原始佛教的"中道"着重强调八正道是介于苦、
乐之间，可称之为"苦乐中道"。原始佛教主张"诸行无常"，
认为人生和事物处在不断流动变化之中，既非永恒（常），又非
断灭（断）。如果对某种事物既不认为它"常"（永恒），又不认
为它"断"（断灭），便可称为"常断中道"。依此类推，尚有
"有无中道""同异中道"等。

大乘佛教兴起之后，出现不同的中道学说，赋予"中道"
以更为玄远和富有哲学思辨的意蕴。影响最大的莫过于以《般
若经》"性空"思想为基本依据的中观学派，以不生不灭、不
常不断，不一不异、不来不出（去）为中道，称之为"八不中
道"，或"八不中道观"。然而，隋唐以后兴起的中国佛教宗派，
特别是天台宗、华严宗和禅宗，除运用上述以"遮诠"（否定）
表述中道外，还强调以"表诠"（肯定）方式表述中道，认为
"中道"既可讲不、不，也讲亦、亦，如对上述的"八不"，也

1　十二因缘：构成生命过程的十二个环节，即无明—行—识—名色—六处—触—
　　受—爱—取—有—生—老死，由无明（痴）为根本原因，造成生死轮回不已。
　　以八正道认识四谛，而四谛体现于十二因缘之中。内容详后。

可以作"亦生亦灭""亦常亦断""亦一亦异""亦来亦出"的表述。
此即所谓"相即不二"。

四、关于"十二因缘"和灵魂转世说

十二因缘，也称十二缘生、十二缘起，是以人生为对象的
缘生说，是原始佛教基本教义中的重要部分。

前面提到，在古印度的诸外道中，有的主张无因论，认为
世界上包括人生在内的一切事物和现象皆"无因无缘"，偶然发
生，又偶然灭亡；或是由先天宿命决定的，从而否定人生善恶
因果报应。

释迦牟尼佛反对无因果报应的理论，提出的四谛说就是阐
明对苦因、苦灭的见解的，认为致苦有因，苦灭有道，只有灭
除招致苦恼的原因，才能永远摆脱生死轮回。他提到的十二因
缘理论是进一步发挥他的因果主张的。

那么，何为因缘或缘生？原始佛教提出：一切事物和现象
产生、变化都有一定的条件。这个条件便是因缘。"因"是内因，
是根本原因；"缘"是外因，是辅助因素。有时因、缘通用，因
为缘也是一种原因。由具备一定因缘，便有相关事物生起和灭
亡，此即为"缘起"。佛经对此常见的解释是："因此有彼，无
此无彼；此生彼生，此灭彼灭"；或"此有则彼有，此生则彼

生……此无故彼无，此灭故彼灭"[1]。其中的"此"指因，"彼"便指果。

在四部汉译《阿含经》中，论及缘生或涉及十二因缘道理的经文很多，在后世异译的相关单行经文也不少，然而影响比较大的莫过于唐玄奘翻译的《缘起经》。此经虽属东晋僧伽提婆所译《增一阿含经》卷四十六《放牛品（五）》的异译，然而在内容上有所扩展，论述透彻。经文不长，现引证如下：

> 如是我闻：一时薄伽梵（世尊）在室罗筏（拘萨罗国王舍城），住誓多林给孤独园，与无量无数声闻、菩萨、天、人等俱。尔时世尊告苾刍（比丘）众：吾当为汝宣说缘起初、差别义，汝应谛听，极善思惟。吾今为汝分别解说。苾刍众言：唯然愿说，我等乐闻。
>
> 佛言：云何名缘起初（相当于纲要）？谓依此有故彼有，此生故彼生。所谓无明缘行，行缘识，识缘名色，名色缘六处，六处缘触，触缘受，受缘爱，爱缘取，取缘有，有缘生，生缘老死，起愁叹苦忧恼，是名为纯大苦蕴集，如是名为缘起初义。
>
> 云何名为缘起差别（相当于分别解释）？
>
> 谓无明缘行者，云何无明？谓于前际无知，于后际无

---

1 《杂阿含经》卷十；《中阿含经》四十七《多界经》。

知，于前后际无知（指过去、现在、未来三世）；于内无知，于外无知，于内外无知；于业无知，于异熟（果报）无知，于业异熟（招致果报的业因、行为）无知；于佛无知，于法无知，于僧无知（三宝）；于苦无知，于集无知，于灭无知，于道无知（四谛）；于因无知，于果无知，于因已生诸法无知；于善无知，于不善无知；于有罪无知，于无罪无知；于应修习无知，于不应修习无知；于下劣无知，于上妙无知，于黑无知，于白无知（五道或六道轮回）；于有异分（变异差别性）无知；于缘已生或六触处，如实通达无知。如是于彼彼处如实无知，无见无现观，愚痴无明黑闇，是谓无明。

云何为行？行有三种，谓身行、语行、意行，是名为行。

行缘识者，云何为识？谓六识身，一者眼识，二者耳识，三者鼻识，四者舌识，五者身识，六者意识，是名为识。

识缘名色者，云何为名？谓四无色蕴，一者受蕴，二者想蕴，三者行蕴，四者识蕴。云何为色，谓诸所有色，一切四大种（地水火风），及四大种所造。此色前名总略为一，合名名色，是谓名色。

名色缘六处者，云何六处？谓六内处，一眼内处，二耳内处，三鼻内处，四舌内处，五身内处，六意内处，是谓六处。

六处缘触者，云何为触？谓六触身，一者眼触，二者耳触，三者鼻触，四者舌触，五者身触，六者意触，是名为触。

触缘受者，云何为受？受有三种，谓乐受、苦受、不苦不乐受，是名为受。

受缘爱者，云何为爱？爱有三种，谓欲爱、色爱、无色爱，是名为爱。

爱缘取者，云何为取？谓四取，一者欲取，二者见取，三者戒禁取，四者我语取，是名为取。

取缘有者，云何为有？有有三种，谓欲有、色有、无色有，是名为有（有，即此三界）。

有缘生者，云何为生？谓彼彼有情，于彼彼有情类，诸生等生趣，起出现蕴，得界，得处，得诸蕴生起，命根出现，是名为生。

生缘老死者，云何为老？谓发衰变，皮肤缓皱，衰熟损坏，身脊伛曲，黑黶间身，喘息奔急，形貌偻前，凭据策杖，惛昧赢劣，损减衰退，诸根耄熟，功用破坏，诸行朽故，其形腐败，是名为老。

云何为死？谓彼彼有情，从彼彼有情类，终尽坏没，舍寿舍暖，命根谢灭，弃舍诸蕴，死时运尽，是名为死。此死前老总略为一，合名老死，如是名为缘起差别义。

芯刍，我已为汝等说所标缘起初、差别义。

时薄伽梵说是经已，声闻、菩萨、天、人等众，闻佛所说皆大欢喜，得未曾有，信受奉行。

其论述层次清楚，表述清晰，不难理解，下面仅做概要说明。

原始佛教以十二因缘来解释造成人生苦恼的过程和各种原因，基于"因果报应"思想将把人生现象分成十二个连续的环节：

无明—行—识—名色—六处—触—受—爱—取—有—生—老死

认为这十二个环节前后之间是互成因果，互为生灭的条件，所谓"依此有故彼有，此生故彼生"，实际是用来说明四谛中的苦、集二谛的。

首先，对十二因缘分别加以简明解释：

"无明"即"痴"。《增一阿含经》卷二《放牛品》说"不知苦，不知习（集），不知尽（灭），不知道，此名为无明"，只讲不知四谛。玄奘译的《缘起经》将"无明"几乎解释为涵盖佛教四谛、三世因果报应等一切佛法的无知，被认为是造成众生流转生死的根本原因。

"行"，有"身行、语行、意行"，即行为、语言和思想，佛教认为能造成一种潜在的影响作用、形成力（业力）。

"识"，是指感觉和意识、思维活动，包括眼、耳、鼻、舌、身、意六识。

"名色"，是指人的肉体和精神。"名"指"五蕴"中的受、想、行、识（也称四阴，感觉和思维功能），是指精神；"色"是"五蕴"中的"色"，蕴含地水火风四大元素，相当于物质。由"名""色"两者构成生命体的形神关系。

"六处"，即"六入"（六根），是指人的感觉器官和意识机能，包括眼、耳、鼻、舌、身、意六处。

"触"，是人身接触外界时产生的触觉和知觉，有眼触、耳触、鼻触、舌触、身触、意触六触。触觉必须由六处（六根）、六境（相对的外界，有色、声、香、味、触、法）、六识相会合才能形成，如眼触是由眼根与色境（外界）、眼识会合而产生等。

"受"，指感觉、感受，包括苦受、乐受、不苦不乐受。

"爱"即"渴爱"、贪爱，是指对人、事物或环境的爱恋感情和追求意向，据称包括欲爱（对欲界的爱）、色爱（对色界的爱）、无色爱（对无色界的爱）。

"取"，是执着地求取，据称有四取：欲取（对五欲之境——色、声、香、味、触的贪求和爱取）、见取（执着违背佛法的见解）、戒取（执取和信从非佛教的戒规）、我取（执迷"我"的见解）。

"有"，指人和所生存的环境，进而指一切有情众生及其所居的欲界、色界、无色界。

"生"，指形成生命、众生出生。

"老死"，是"老"与"死"的合称。

十二因缘是原始佛教和以后部派佛教的重要禅法，常被概称为"因缘观"。《阿含经》载有两种观察和表述方法，或以"无明"为始，或以"无明灭"为始。这也是两种修因缘观的禅观程序。

一从"无明"开始，逐次到"老死"，借以宣示人生苦恼的原因，即"缘无明行，缘行识，缘识名色，缘名色六入处，缘六入处触，缘触受，缘受爱，缘爱取，缘取有，缘有生，缘生老死"[1]。后世称此为"顺观无明"的"流转门"，意即以无明为总因，产生行，然后每一环节都是形成后一环节的原因，构成一连串的因果环节，表示众生轮回流转于生死苦恼之中。

二是从"无明灭"开始，逐次到"老死灭"，宣示断灭人生苦的过程，即"无明无故行无，无明灭故行灭……有灭故生灭，生灭故老病死忧悲恼苦灭"[2]。称此为"逆观无明"的"还灭门"，即以"无明灭"为总因，导致"行灭"，然后逐次每一环节皆灭，最后彻底灭苦，进入涅槃解脱境界[3]。

1　《杂阿含经》卷十二"二九三"。

2　《杂阿含经》卷十二"二八七"。

3　唐法藏述《般若波罗蜜多心经略疏》载："明缘起逆顺门：'无无明'者，顺观无明流转门……'亦无无明尽'，逆观无明还灭门。"

其实，原始佛教讲缘起、缘生，在开始未必皆讲十二支（环节），像四谛中的苦、集二谛，也是一种缘生关系。有的经文讲除去"无明""行"两支的十支缘起说，还有的讲除去"六入"的九支缘起说，也有的讲从"爱"到"老死"的五支缘起说。这些不同的缘起说的共同内容是讲人生是苦的，将无明或贪爱作为一切苦恼的原因。

大约进入原始佛教后期，十二因缘中的"识"已被看作是独立的精神实体，称之为"识神"，亦即灵魂，而将"名色"解释为胎儿，从而将十二因缘与三世轮回的教义结合起来，以便在信众中解释人生秉承前世业因投胎、出生和生长的过程。《阿含经》中有载：

　　……当知所谓缘识有名色。阿难，若识不入母胎者，有名色成此身耶？答曰：无也。阿难，若识入胎即出者，名色会精耶？答曰：不会。阿难，若幼童男、童女识，初断坏不有者，名色（胎儿）转增长耶？答曰：不也[1]。

　　父母集在一处，父母无患，识神来趣，然复父母俱相有儿，此则成胎[2]。

1　《中阿含经》卷二十四《大因经》。

2　《增一阿含经》卷十二《三宝品》。

　　这里讲的正是从识到名色，实即当时世人所理解的人的受胎过程。将"识"称为"识神"，自然是看作灵魂。

　　进入部派佛教时期，最有影响的以上座部系统说一切有部为代表的学僧对十二因缘作了"三世两重因果"的解释，影响深远。他们将十二个环节的前后因果关系与过去、现在、未来三世互相搭配。于是，无明、行二环节成为过去之因；识、名色、六处、触、受五个环节成为现在之果；爱、取、有三个环节成为现在之因；生、老死二环节成为未来之果。用这种理论来解释人在三世、六道中轮回流转的过程。可用下图表示：

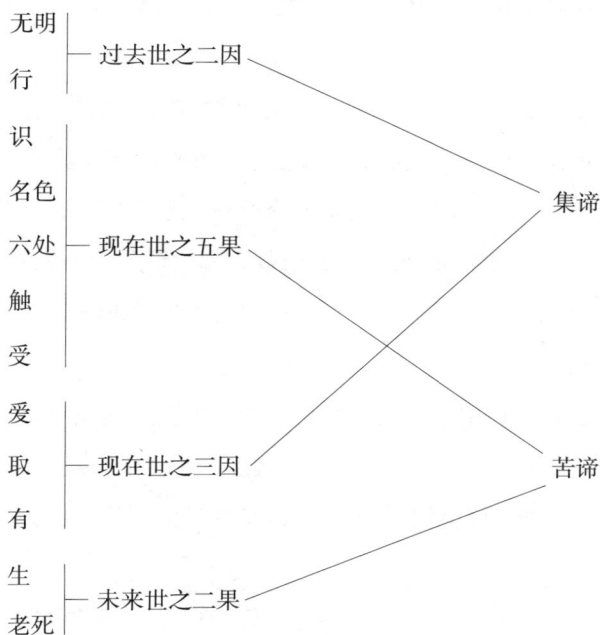

无明
行 —— 过去世之二因

识
名色
六处 —— 现在世之五果
触
受

爱
取 —— 现在世之三因
有

生
老死 —— 未来世之二果

集谛

苦谛

这种"三世两重因果"的灵魂转世说与佛教伦理和善恶因果报应理论有着密切关系。在"无明"为始的"流转门"因果链条中，接续"无明"之后的是"行"，包括行为、言语、思想"三业"，是依据佛教伦理规范判断善恶的，而善恶的业因，便是轮回于生死的根据。

五、佛教伦理和善恶因果报应教义

原始佛教和以后的部派佛教乃至大乘佛教皆主张有因必有果，因灭则无果，所谓"此生则彼生，此灭则彼灭"，反对无因无果论。

前述四谛论、十二因缘论皆为这种因果思想的具体运用。然而无论是四谛论，还是十二因缘论，主要是对出家僧众讲的。因为四谛、十二因缘主要用于禅修所应观想的内容，并且按照这些理论所要求应断除情欲的戒规（如"正业"要求不淫等）和修行要求（如"正定"），并非占信徒大多数的普通在家信众可以做到的。

那么，如何引导社会上的广大信众亲近、虔信佛教，在言语、行动中做到"修善止恶"呢？这主要是靠宣传善恶因果报应和三世轮回的说教来实现的。这是佛教的因果论的又一种具体运用。

善、恶概念是用以对人们社会行为进行道德评价的。佛教将人的行为称之为"业"（Karma，羯磨），广义上包括身口意"三业"，即表示人动作行为的"身业"、人的语言的"口业"或"语业"、人的思想意识的"意业"。原始佛教为了协调内部僧众之间、上下之间和僧俗之间的关系，制定了与它的基本教义相适应的道德规范及与这些道德规范一致的戒条，要求僧俗信众遵守。凡是能够遵守的，行为就是善的，违背了就是恶的。佛教经常用来评价人们道德行为的概念还有净与染、道与非道、正与邪等。

原始佛教的最重要的道德要求自然是"八正道"——"中道"，即要求僧众按照佛教教义去思想、去行动、修行、弘法等。然而对于在家信众，对他们最适用的道德规范和戒规则是"五戒"和"十善"。

（一）"五戒"或"五善"

五戒包括不杀生、不偷盗、不邪淫（不淫他人妻女）、不妄语（不说谎话）、不饮酒[1]。五戒既是戒条，也是道德规范，称"五善"；反之，杀生、偷盗、邪淫、妄语、饮酒则为"五恶"。社会民众要信奉佛教，在宣誓皈依佛、法、僧"三宝"的同时要受五戒，统称"三皈五戒"，然后才成为居士。居士作为在家信众，应当尊奉佛法，严守五戒，在日常生活中行善积德，才有希望死后转生为人。因此，在后世佛教所说的"五乘"中，

1　《中阿含经》卷三十《优婆塞经》。

将五戒之教归之为"人乘"。

（二）十善

"十善"，也称"十善业"，是以五戒为基础扩充来的，是佛教的基本道德观念和行为规范。佛教把十善分别与身、口（语）、意（心）三业（行为）相联系，说修此十善，死后可以生到天上（三十三天等）。因此，后世将此十善之教归为"五乘"中的"天乘"。

十善与身、口、意三业的关系如下表[1]：

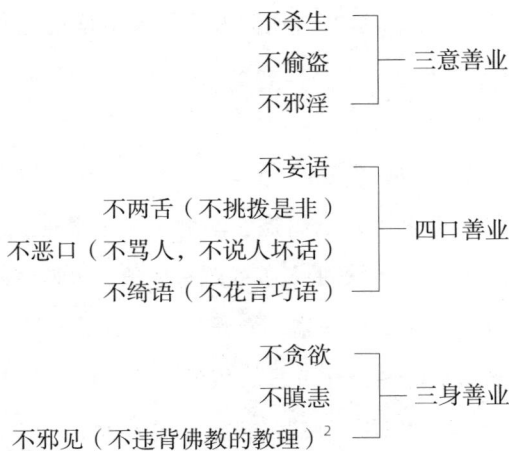

$$
\left.
\begin{array}{l}
\text{不杀生} \\
\text{不偷盗} \\
\text{不邪淫}
\end{array}
\right\} \text{三意善业}
$$

$$
\left.
\begin{array}{l}
\text{不妄语} \\
\text{不两舌（不挑拨是非）} \\
\text{不恶口（不骂人，不说人坏话）} \\
\text{不绮语（不花言巧语）}
\end{array}
\right\} \text{四口善业}
$$

$$
\left.
\begin{array}{l}
\text{不贪欲} \\
\text{不瞋恚} \\
\text{不邪见（不违背佛教的教理）[2]}
\end{array}
\right\} \text{三身善业}
$$

十善与身、口、意三业的关系

1　《长阿含经》卷九《十上经》。

2　同上。

相反就是"十恶"，即做十种恶业、恶的行为，宣称作恶必将遭到恶报。然而从"十善"要求来说，仅不作恶还是带有消极意味的，同时强调应从正面去做救生、布施、虔信佛法等，更属善行。例如，皈依三宝，向寺院、僧众施舍衣食、日用品和财物，被认为是做善事，可以积累功德。

大乘佛教兴起后，不仅继承了十善的道德思想，并且有所发展，主要是要求从消极地不做恶事到主动积极地做利于众生并且提高道德修养的善事[1]。

（三）善恶因果报应和五道轮回论

佛教教义提出，人的善恶行为（业）必将带来不同的报应。这种报应从时间来说，是经过前世（过去）、今世（现在）、来世（未来）"三世"循环进行的，即现实人生（今世、今生）的富贫寿夭，是前世的善恶行为决定的，而今世的善恶行为又将决定来世的生活境况。如此循环不已，轮回不断。

佛教虽讲的善恶报应不仅仅限于人，是包括五种生命体在内的"众生"，据称皆据生前的"业"进行轮回。这五种众生包括：天（有欲界、色界、无色界的各种不同的天，谓在这些天界的生命）、人、畜生、饿鬼、地狱（地狱中的生灵）。因为它们是众生轮回转生的五种趋向，所以被称为"五趋"或"五

1　详见唐代实叉难陀译《十善业道经》。

道"。后来将"阿修罗"加于畜生之前成为"六趋"或"六道"。佛教虽讲"六趋"或"六道"众生，实际始终以现实的人为说教的立足点。宣称，一个人如果做了很多善业，积有功德，死后或可生到天界，或生为人，至于在人间是贫是富，则取决于生前善业多少和积累功德情况。反之，一个人如果生前做了恶业，则死后或转生为畜生，或下地狱。因果相应，善有善报，恶有恶报。业是因，不同的轮回属于果，因此善恶报应也称"业报"[1]。

佛教认为，"业"之所以能成为"因"，能引发相应的报应，是因为"业"有招致果报的力量，驱使众生在"五道"（或"六道"）中轮回。原始佛教对此没有进行详细的论证，例如常讲：

> 彼众生者，因自行业，因业得报，缘业，依业，业处众生，随其高下，处妙（天、人）、不妙（畜生、饿鬼、地狱）……
>
> 众生为无明所覆，为爱所系，或生泥犁（地狱）、或生畜生、或生饿鬼、或生天上、或生人间诸众生身恶行、口、意恶行，诽谤贤圣，邪见因缘，身坏命终，生地狱中。如是众生，身善行，口，意善行，不谤贤圣，正见成就，以

1　参见《中阿含经》卷一《木积喻经》、卷四《伽弥尼经》、卷三《城喻经》和《增一阿含经》卷二十四、卷四十四等。

是因缘，身坏命终，得生天上……

若村邑中或有男女懈不精进，而行恶法，成就十种不善业道：杀生、不与取、邪淫、妄言乃至邪见……此十种不善业道，黑（以黑喻恶）有黑报，自然趣下必至恶处……若村邑中或有男女精进勤修而行妙法，成十善业道，离杀断杀、不与取、邪淫、妄言乃至离邪见、断邪见，得正见……此十善业道，白（以白喻善）有白报，自然升上，必至善处[1]。

以上几段经文不外是说，如果人们生前不明因果（无明），在"邪见""贪爱"驱使之下，不修五戒，违背十善，犯下种种恶行，在死后轮回中，或转生到地狱，或为畜生、饿鬼，称之为"黑有黑报"，即恶有恶报。相反，如果生前修持"正见"，遵守五戒，践行十善，致力于行善积德，死后将得到善报，在轮回中或转生天上，或转生为人（至于贫富寿夭，据善行情况而定），称之为"白有白报"，即善有善报。

前引经文虽讲"身坏命终""所生""得生"……，但并没有指明什么是人轮回的主体。前面在讲十二因缘时提到，到了原始佛教后期开始将人的"识"或"识神"看作是轮回的主体，

1　分别引自《中阿含经》卷四十四《鹦鹉经》、卷四十《阿兰那经》，《杂阿含经》卷二十，《中阿含经》卷四《伽弥尼经》。

认为十二因缘中接续"无明"之后的"行"（三业之行）具有招引果报的功能，由它推动"识"或"识神"轮回转生。到了部派佛教时期，有的部派，特别是上座部系统的说一切有部，对"业"做了极为细密烦琐的论证[1]，称"业"的感果功能为"业力"[2]，对"业"的种类、业报、轮回有种种解释。

回顾古印度宗教文化史，"业"和报应轮回虽然在婆罗门教当中已经有了，但在佛教吸收之后有了新的发展，最主要的特色是说现实种姓差别、富贵贫贱及寿夭的不同，不是梵天造就的，而是由人们前世身、口、意三"业"决定的。同样，今世的"业"又决定来世的命运。从哲学角度来说，这也是一种先天命定论或宿命论。

实际上，在佛教庞杂的教义体系中，善恶因果报应和三世轮回说属于低层次的教义。《阿含经》中经常提到的所谓"施（施舍、行善）论、戒（五戒）论、生天（修十善生天）之论"就是对它的笼统说法。然而因为这种善恶伦理说教浅显形象，并且易与社会公德融通和结合，便于为普通民众理解和接受，所以产生的社会影响是很大的。

1　详见印度世亲著、唐玄奘译《俱舍论》卷十三至卷十八。

2　唐玄奘译《大毗婆沙论》卷三十八说："业力能感一切果法"；唐义净制译《根本说一切有部毗奈耶》卷四十六有偈曰："不思议业力，虽远必相牵，果报成熟时，求避终难脱。"

六、修行方法的总概括——"三十七道品"

从《阿含经》所收的经文中可以看到，释迦牟尼佛与其高足弟子在传教说法中始终以四谛为中心，引导人们认识人生苦的原因，通过克制和断除贪爱情欲的修行以达到苦灭、解脱。他们在宣述修行方法时，除讲内容宽泛的八正道之外，还针对不同的人和场合讲述了其他一些修行方法。他们强调，按照这些方法修行，就可以达到觉悟解脱。后世将这些修持方法归纳概括为三十七种，称"三十七道品"，或称"三十七菩提分""三十七觉支"，意为引发智慧，以达到觉悟的三十七种修行方法，包括：四念住、四正断、四神足、五根、五力、七觉支、八正道。实际上，其中有不少重复的部分，有的与其说是方法，不如说是信念及对某种修行做法的肯定。

（一）四念处

也作"四念住"或"四意止"，是以观想身、受（或作觉，指感受）、心、法（一切存在、万物）为内容的禅法。据《阿含经》的相关论述，"观身"是观察自己的身体构造、人死后尸体的腐烂等，来认识自身的"不净"；"观受"是观察人对苦、乐、不苦不乐的感受，并推究造成苦、乐、不苦不乐的原因；"观心"是观察自己的心境，对有欲心与无欲心、有恚心与无恚心、有痴与无痴、有秽污与无秽污……做清楚地分辨和了解，对什么是解脱心、不解脱心也应作了解；最后应观想人如何通过自己的感觉和意识，即通过眼耳、鼻、舌、身、意接触外界，认识外界，然后产生贪、瞋、痴等烦恼[1]。据称，通过四念处的禅修，可以消除对世俗众生的贪爱及各种烦恼，得到智慧。

后世对四念处做了更为简明的概括，即以"念身不净、受苦、心无常、法无我"作为四念处的主要内容[2]。在《阿含经》的有关经文中虽也蕴含这些内容，但在表述上比较笼统，所涵盖的面也大一些。

（二）四正断

亦作"四意断"或"四正勤"，实际是教人不间断地进行修善止恶的一种说教。"正断"，可解释为以正确的方法断除自己懈怠的精神状态，也可解释为按照正确的方法修行。现引两段经文：

1　参见《中阿含经》二十四《念处经》，以及《杂阿含经》卷二十、《增一阿含经》卷五《入道品》等。

2　印度龙树著，后秦鸠摩罗什译《大智度论》卷十九载"何等是四念处？答曰：身念处，受、心、法念处，是为四念处。观四法四种：观身不净，观受是苦，观心无常，观法无我"；宋绍德等译《佛说大乘随转宣说诸法经》卷中载"佛言文殊师利，四念处：谓观身不净，观受是苦，观心无常，观法无我，是名四念处"。

已生恶、不善法为断故，起欲求方便行精勤举心断；
未生恶、不善法为不生故，起欲求方便行精勤举心断；未
生善法为生故，起欲求方便行精勤举心断；已生善法为住
故，不忘故，不退故，转增多故，广布故，满具足故，起
欲求方便行精勤举心断[1]。

未生弊恶法，求方便令不生，心不远离，恒欲令灭；
已生弊恶法，求方便令不生，心不远离，恒欲令灭；未生
善法，求方便令生；已生善法，求方便令增多，不忘失，
具足修行，心意不忘[2]。

可以概括以下四项：如果自己犯了过错乃至罪行，应当改
正，永不再犯；没犯过错和罪行，就应当坚持下去；自己尚未
修善积德，就应当下决心去修善积德；已经修善积德，不仅应
当坚持下去，还应努力修更多的善，积更多的德。

（三）四神足

也称"四如意足"。所谓"足"，是指禅定。实际讲述的是
禅修的四个层次、要求及企望达到的神妙功能（神通）。包括：
欲定、精进定、意定或称心定、思惟定或称观定。

1　《中阿含经》卷二十一《说处经》。
2　《增一阿含经》卷十八《四意断品》。

　　大意是说，进行禅修必须首先怀有修持禅定的向往和追求（欲），在禅修的进行阶段须精勤努力（勤、精进），专心致志入定观察（意、心），深入思考佛教义理（思惟、观），才能摆脱世俗情欲的困扰，远离各种烦恼，获得超常的神通功能。《中阿念经》卷二十一《说处经》说修此"四如意足"者，"彼便得安隐，得力得乐，身心不烦热，终身行梵行（净行、修持佛法）"[1]。这实际是对佛教初级阶段修行的要求。

（四）五根、五力

　　"五根"包括：信根、精进根、念根、定根、慧根；"五力"包括：信力、精进力、念力、定力、慧力。

　　何为根，何为力？《大毗婆沙论》卷一百四十一记述：

　　　　问：何缘此五名根？名力？答：能生善法故名根，能破恶法故名力；有说：不可倾动名根，能摧伏他名力；有说：势用增上义是根，不可屈伏义是力。

　　虽解释不一，但从中大体可以归纳出，所谓"五根"是促生善行的五种坚定的信仰和修行，亦可谓五种促使觉悟解脱的主观条件。依次是："信根"，对佛教坚定虔诚信仰；"精进根"，

1　另见《长阿含经》卷五《阇尼沙经》、卷八《众集经》等。

坚持行善止恶的修行，修四正断；"念根"，修四念处；"定根"，修包括四禅定在内的禅定；"慧根"，认识四谛之理，产生智慧。

"五力"，是依于五根而形成的坚持行善止恶，促成觉悟解脱的精神力量。依次是："信力"，由于信仰虔诚，可以破除"邪信"；"精进力"，因修持四正断，可不断灭除诸恶；"念力"，因修持四念处，可以获得正念；"定力"，潜心修持禅定，可断除情欲烦恼；"慧力"，观悟四谛，可以得到最高智慧，达到解脱[1]。

（五）七觉支

也作"七菩提分"，按照原意是佛教觉悟的七个组成部分，实际是指达到觉悟的七种方法或阶段。包括："念觉支"，忆念佛法不使忘失；"择法觉支"，在禅观过程中分辨邪正善恶；"精进觉支"，坚持不懈地修行；"喜觉支"，在修行中有所领悟，心生喜悦；"息（轻安）觉支"，因断除烦恼，身心感到愉快；"定觉支"，心注一处，观想佛教义理；"舍觉支"，舍弃对内外事物的差别认识和观念，平等地看待一切[2]。

（六）八正道

包括：正见、正思惟、正语、正业、正命、正方便、正念、

1　《中阿含经》卷二十一《说处经》；《杂阿含经》卷二十六"六四七"。

2　《中阿含经》卷二十一《说处经》；《大毗婆沙论》卷一百四十一。

正定。此即四谛中的道谛。

综上所述不难理解，虽然三十七道品看起来名相复杂，但实质内容在不同角度有重复，基本是围绕"四谛"这一核心内容设置的，主要是说苦有因，灭苦有道、有方法，是以追求觉悟解脱为目标的。

七、关于原始佛教的修行果位

佛教在发展过程中，教义及其表述越来越复杂、深入、细密以至于走上烦琐。

原始佛教在开始阶段，着眼于让更多普通民众信奉佛教，遵照佛法修善积德，认识人生苦因，进行以灭苦为最高目标的修行。因此，对四谛、八正道等的表述比较浅显，以便于普通民众理解和接受。然而随着佛教的广泛发展，有更多具有较高文化知识的人加入僧众队伍或居士行列。他们对佛教义理的理解和解释愈益深化，并且不断提出新的质询和见解。在这种情况下，释迦牟尼佛需要经常回应他们的质询，对一些问题做出判断或新的诠释。从《阿含经》中可以看到，佛经常在不同场合回应身边弟子或来自社会各阶层信众的提问乃至质疑，耐心地解答他们的问题。这个过程自然促成佛教教理不断充实和发展，日益深刻乃至趋于繁杂。

关于佛教的修行果位问题，就是在佛教广泛传播以后提出并且日益复杂化的。

按照四谛要求，遵循八正道修行，断除苦因贪瞋痴就进入涅槃解脱境界（灭谛）。那么，达到这个境界，算什么修行果位，该称作什么呢？在汉译四部《阿含经》中，皆提到所谓"四沙门果"：须陀洹果、斯陀含果、阿那含果、阿罗汉果，然而长、中、杂三部《阿含经》对它们的解释很少，只有稍后成书的《增一阿含经》才有较详细一点的说明。

进入部派佛教时期以后，对修行果位有了更多更繁杂的解释，提出修行断惑（烦恼）须经过见道、修道、无学道三个阶段："见道"修行果位是"沙门果位"中的须陀洹向、须陀洹果；"修道"修行果位是斯陀含向和斯陀含果、阿那含向和阿那含果、阿罗汉向；"无学道"的果位是阿罗汉果。

在四沙门果的每一项中皆分两个层次：一是处于修行过程的"向（趣）"，一是修证完成的"果（果证）"，称之为"四向四果"或"四双八辈""四双八士"，即：须陀洹向、须陀洹果；斯陀含向、斯陀含果；阿那含向、阿那含果；阿罗汉向、阿罗汉果。

须陀洹果，意为"预流果"，沙门果中的初果，指通过修行，思悟欲界、色界和无色界"三界"的四谛之理，断除"三结"（结，系缚、烦恼），即断除所谓的"见惑"。包括：身见（迷执身我、身见）、戒禁取（迷执佛教之外的戒规、邪戒）、疑（怀疑佛法教理），开始从"凡夫位"进入"不退

转"的"圣道之流"——"修道"。然而真正达到涅槃解脱
之位，尚须继续修行，"极迟至七死七生"。至于须陀洹向，
则指正在断惑增慧，为达到须陀洹果的修行者，意为"预
流向"。

斯陀含果，意为"一来果"，沙门果中的第二果。谓已断上
述"见惑"的"三结"烦恼，尚残存"修惑"中部分"淫怒痴
（亦即贪瞋痴）"烦恼[1]，在生天之后，尚须一次生人间继续修行，
才能达到涅槃解脱。而斯陀含向，是正在断除"思惑"（修惑），
为达到斯陀含果的修行者，意为"一来向"。

阿那含果，意为"不还果"，沙门果中的第三果。谓永断欲
界的"五下分结"，即贪、瞋、身见、戒取、疑"五结"，不再
转生于欲界，将生于天界，"即于彼般涅槃，不来此世"。所谓
"不还"，意为不再生到欲界。阿那含向，正在向着阿那含果目
标的修行者，意为"不还向"。

阿罗汉果，意为"无学果"，简称"罗汉"，是沙门果中的
第四果。《大毗婆沙论》卷六十五谓"永断贪瞋痴及一切烦恼"；

---

1 《增一阿含经》卷二十《声闻品》原文为"三结使尽，淫怒痴薄"。据《大毗婆
　沙论》卷六十五、《俱舍论》卷二十四、《大智度论》卷三十二等，结束"见道"
　修行得预流果之后，即进入"修道"修行，须断除因眼等五根对色等外境所生
　起的"贪瞋痴慢"四惑（思惑）。欲界的"思惑"分为上中下三品，各品又分上
　上、上中、上下、中上、中中、中下、下上、下中、下下"九品"。一来果除断
　除"见道"的"三结"之外，尚断除思惑中的前六品，然而尚有"下品贪瞋痴"
　（后三品），称之为"永断三结，薄贪瞋痴"。

《增一阿含经》卷二十《声闻品》称"生死已尽，梵行已立，所作已办，更不复受胎"。唐李师政著《法门名义集·理教品》概括地说：

> 阿罗汉者，此云应供，亦名杀贼，或言不生。智断具足，堪受物供故名应供；三界烦恼劫人功德，罗汉除之已尽，故名杀贼。烦恼既尽，业种复燋，于三界地中更不受生存。彼语音名阿罗汉，四果之通大小乘。大乘法中，佛是罗汉。

意为阿罗汉已达到最高觉悟，彻底解脱，永远不再轮回于生死，亦即达到佛的境界。阿罗汉是原始佛教和部派佛教的最高修行果位[1]。大乘佛教兴起后，也称佛为"罗汉"。然而原始佛教除称释迦牟尼是佛之外，其他皆不可称佛。至于将释迦牟尼佛列为"过去七佛"[2]最后一佛的说法，当形成于原始佛教后期或部派佛教时期。

不难看出，原始佛教的修行果位在发展中从简单朴素到日益复杂，乃至超出人们想象的高度理想化，仅以须陀洹（预流）

1　以上除标明出处者外，尚参考《大毗婆沙论》卷七、卷五十四，《俱舍论》卷二十三、卷二十四，《大智度论》卷二十七、卷三十二等。

2　《长阿含》卷一《大本经》，《杂阿含经》卷十五，《增一阿含经》卷四十四、卷四十五等载过去七佛，释迦牟尼佛居后。即毗婆尸佛、尸弃佛、毗舍浮佛、拘留孙佛、拘那含牟尼佛、迦叶佛和释迦牟尼佛。

来说，须经过观察欲界、色界和无色界"三界"的四谛之理，断除"见惑"，才能达到须陀洹果，然后进入"圣位"修行。别的不说，仅欲界就包括天、人、畜生、饿鬼、地狱五道，加上阿修罗为六道；至于色界、无色界，则须通过修"四禅八定"（即"四禅"与"四无色定"）先进入色界、后走入无色界，远非现实人们可以做到乃至想象到的。须陀洹位如此，遑论其他。

综上所述，释迦牟尼佛于人间出生，于人间创立佛教，之所以能在古老的婆罗门教笼罩社会宗教和文化的环境中，从诸多沙门派别中异军突起，靠的是其以阐释现实人生"苦因、苦灭"的四谛为核心的教义体系。这一教义体系从教理到与其相应的修行方法，始终贯彻因果缘起思想，同时倡导与社会公德融通的劝善止恶的道德，辅之以三世因果报应的通俗说教，因而能适应社会各阶层民众的心理需求而得到迅速传播和发展。

第二节　"四姓平等"及其宗教和社会意义

在佛教创立之前，长期支配古印度社会思想文化的婆罗门教以"梵天"（或称"梵""自我"）作为世界万物的本体和人类之祖，宣称梵天以自身的不同部位生出四种姓。

与此相对，原始佛教创立了与其教义相应的人类社会和种姓起源之论，进而针对古印度等级森严的种姓制提出了"四姓平等"的主张，在当时具有重要的社会和宗教意义。

一、原始佛教的社会和种姓起源论

原始佛教认为世界万物变化无常，既有生，也有灭，人世间和生命现象也处在不断变化的过程之中。《长阿含经》卷二十一《世记经·三灾品》说：

> 一切行无常，变易朽坏，不可恃怙。有为诸法，甚可厌患，当求度世解脱之道。

佛教所说的"有为法"是指借助因缘（如四大、五蕴）而形成的有"造作"功能的事物，有生灭变化，不可凭依。因此，应当遵奉佛教的"度世解脱之道"，通过修行达到无为解脱，即进入涅槃。

佛教宣称，世间（天下）无常，须经历难以用数字计算的"四劫"（劫，大时），即成劫、住劫、坏劫、空劫。在天地（此世）进入坏劫之时，众生（实指人类）命终"自然化生"到"光音天"[1]之上，以"念"为食，自身各带光明，借助神通之力

飞行在空中。当天地又形成之时，众生便从光音天下到世间，开始并无男女之分，然而在拣食天然产生的"地味"之后，身体发生变易，失去了神通。日月星宿，随即显现。此后，"地味"被食绝，众生又拣食"自然地肥""自然粳米"，于是开始化为有情欲的人，有男有女，彼此产生情欲，成立家庭，逐渐形成人类社会。

请看《长阿含经》卷六《小缘经》的一段借"我"回顾人类生成经历的经文：

　　我本初生，以念为食，神足飞空，身光自照，于世久住，其后此地甘泉涌出，状如酥蜜，香美可食，我等时共食之。食之转久，其食多者，颜色粗丑；其食少者，色犹悦泽。由是食故，使我等颜色有异，众生于是各怀是非，迭相憎嫉，是时甘泉自然枯竭。

　　其后，此地生自然地肥，色味具足，香美可食，时我曹等复取食之。其食多者，颜色粗丑，其食少者，颜色悦泽，众生于是复怀是非，迭相憎嫉，是时地肥遂不复生。其后，复生粗厚地肥，亦香美可食。时，我曹等复取食之。多食色粗，少食色悦，复生是非，共相憎嫉，是时地肥遂不复现。更生自然粳米，无有糠糩。时，我曹等复取食之。久住于世，其懈怠者，竞共储积，由是粳米荒秽，转生糠糩，刈已不生，今当如何？复自相谓言：当共分地，别立幖帜。即寻分地，别立幖帜……

是说，在人类社会形成过程中，为适应社会管理和分工的需要，那些形象"端正"并有能力处理因争夺土地和财物产生的纠纷和判断诤讼的人，被推举为"田主"，负责维持社会秩序，后称之为"王"，使之"以正法治民"，于是形成刹帝利；从事"学禅"，以"博闻"著称，定期隐居山林的"闲静修道"者，则为婆罗门；从事农耕和工商，"多积财宝"者，则为吠舍（居士）；"有多机巧，多所造作"，从事技术工艺的是首陀罗[1]。

如果忽略上述说法的神话因素，仅就原始公社制社会在有了私有财产（田地、财产、食物）之后，才有阶级分化和种姓、国家的形成来说，是包含着佛陀及其弟子对原始社会瓦解、阶级社会形成的有价值猜想的。结合当时印度社会的现实，可以看到佛教的这一社会和种姓起源的神话，蕴有明显的对抗婆罗门教的现实意义。

（一）以天地变化无常和因果缘起思想来说明人类社会的形成和世间种姓的起源，来否定婆罗门教的梵天创世、造人和生成四姓之说。

（二）适应古印度恒河流域诸国以刹帝利种姓为国王和最高军政长官的现实，将刹帝利种姓置于四种姓的最高地位，以与

1　另见《中阿含经》卷三十九《婆罗婆堂经》。

婆罗门教以婆罗门种姓为"第一"的种姓主张相对立。

（三）向社会各种姓民众明确宣示：四种姓是在人类形成和社会发展过程中，适应自然环境变化、社会治理需要与社会群体分工而形成的，绝非由梵天造就、决定，从而为主张"四姓平等"，以争取社会各种姓民众接近、支持和信奉佛教奠定理论基础。

二、倡导"四姓平等"

在释迦牟尼佛与弟子辗转各地传法过程中，相继有来自社会各种姓的人从接近佛教，到信奉佛教，乃至出家为僧，其中也有出身婆罗门种姓的人。

婆罗门教主张"婆罗门至上"，在四种姓中居于最高地位，自称优秀，而称其他种姓低劣。佛经中常称婆罗门为"梵志"。《中阿含经》卷三十七《梵志阿摄和经》记述，众婆罗门自称：

> 梵志种胜，余者不如；梵志种白，余者皆黑；梵志得清净，非梵志不得清净；梵志梵天子，从彼口生，梵梵所化。

意为婆罗门种姓优于其他种姓，洁善清净，从梵天口生，是梵天之子，梵天所化，而其他种姓污秽不净。因此，他们对释迦牟尼佛倡导的"四姓平等"十分敌视。

《长阿含经》卷六《小缘经》记载，当佛与弟子在舍卫国清信园林鹿母讲堂时，有婆悉吒、婆罗堕两位婆罗门皈依于佛，出家为僧。然而他们遭到了来自婆罗门种姓的"嫌责"训斥，责备他们：

> 我婆罗门种最为第一，余者卑劣；我种清白，余者黑冥；我婆罗门种出自梵天，从梵口生，于现法中得清净解，后亦清净；汝等何故舍清净种，入彼瞿昙（释迦牟尼）异法中耶？

佛得知这种情况之后，告诉他们：那些斥责他们的婆罗门"愚冥无识，犹如禽兽"，所谓"婆罗门种最为第一，余者卑劣"等说法是没有根据的虚假之词，佛教不讲种姓差别，说：

> 今我无上正真道（指佛教）中不须种姓，不恃吾我憍慢之心，俗法须此，我法不尔。若有沙门、婆罗门，自恃种姓，怀憍慢心，于我法中终不得成无上证也。若能舍离种姓，除憍慢心，则于我法中得成道证，堪受正法。

明确指出，在佛教中不分种姓，如果在有人以高贵种姓自傲炫耀，便不可能达到觉悟解脱。

佛在不同场合倡导四姓平等的主张，主要强调如下两点。

（一）四种姓善恶报应、生死轮回和修行解脱是平等的

四种姓的人虽在现实社会处于不平等的地位，受到不同的待遇，然而在善恶报应、生死轮回和修行解脱方面是平等的。

《阿含经》记载佛陀的解释：有人即使生于"卑姓家"，即"旃陀罗家、渔猎家、竹作家、车师家及余种种下贱工巧业家"（指低种姓的首陀罗及从事贱业的旃陀罗），从事种种"鄙业"，但如果能行善积德，死后便能生到天界或转生人间富贵之家，称此为"从冥（暗）入明"；相反，即使生于"富乐家"，如婆罗门、刹帝利或吠舍种姓的有钱人家，但因为在身、口、意三业方面积有恶行，死后将转生于"恶趋"（恶道：畜生、饿鬼、地狱）之中，即便生到人间，也是贫贱之家，称此为"从明入冥"，或称"先乐而后苦"。

如果低贱种姓的人，生前积有恶行，死后则转生恶趋，或下地狱等，此为"从冥入冥"；生于高贵种姓，生前积有善行，死后则"生于善趣，受天化生"，此为"从明入明"[1]。

《长阿含经》卷六《小缘经》记述释迦牟尼佛针对婆罗门自称"清净第一"，其他种姓"卑劣"的说法，破斥道：

> 夫不善行有不善报，为黑冥行则有黑冥报，若使此报独在刹利、居士（吠舍）、首陀罗种，不在婆罗门种者，则

1　参见《杂阿含经》卷四十二"一一四六"、《增一阿含经》卷二十一《苦乐品》等。

　　婆罗门种应得自言："我婆罗门种最为第一，余者卑劣；我
种清白，余者黑冥；我婆罗门种出自梵天，从梵口生，现
得清净，后亦清净。"

　　　　若使行不善行有不善报，为黑冥行有黑冥报，必在婆
罗门种、刹利、居士、首陀罗种者，则婆罗门不得独称：
"我种清净，最为第一。"

　　既然四种姓皆因善恶而有报应，所谓善有善报，恶有恶报，
死后凭生前业因轮回，各种姓并没有例外，那么就应承认四姓
平等，婆罗门自称"最为第一"就不成立。

　　因此，佛宣称："四姓悉皆平等，有何差别！"[1]

（二）四种姓出家为僧，在僧团内是平等的

　　释迦牟尼佛还主张高低种姓在信仰和出家方面也是平等的，
出身四姓的人只要出家为僧，在僧团内地位一律平等。

　　佛陀告诉弟子，天下四大河恒伽、新头、婆叉、私陀，皆
从赡部洲中部的阿耨达泉发源[2]，虽分别流入东海、南海、西海、

1　《杂阿含经》卷二十"五四八"。

2　赡部洲，即"南赡部洲"，在佛教所说世界中心须弥山之南，为四洲之一。其他
　三洲是：东弗婆提、西瞿耶尼、北郁单越。赡部洲实指人世间。阿耨达池，新
　译"无恼热池"，佛教看作是天下"四大河"恒伽河（恒河）、新头河（印度
　河）、婆叉河（阿姆河），斯陀河（锡尔河）之源。

北海，但四海终究汇总为一海。他说：

> 四大河入海已，无复本名字，但名为海。
>
> 此亦如是，有四姓。云何为四？刹利、婆罗门、长者、居士种，于如来所剃除须发，着三法衣（僧衣、袈裟），出家学道，无复本姓，但言沙门释迦子。所以然者，如来众者，其犹大海，四谛其如四大河，除去结使（诸种烦恼），入于无畏涅槃城（达到觉悟解脱）。
>
> 是故，诸比丘！诸有四姓，剃除须发，以信坚固，出家学道者，彼当灭本名字，自称释迦弟子。所以然者，我今正是释迦子，从释种中出家学道。比丘当知，欲论生子之义者，当名沙门释种子是[1]。

佛以四大河汇为一海，比喻天下四种姓人的皈依佛，"剃除须发"出家为僧，在僧团之中没有种姓之别，彼此平等，不再称原来的名字，只称"沙门释迦子""释迦弟子"。

此后，僧众奉佛这一教示，以"释"为姓。佛教传播到各地，也延续这一传统。

---

1 《增一阿含经》卷二十一《苦乐品》。

三、"四姓平等"的宗教和社会意义

原始佛教是宗教而不是持有特定政治宗旨的组织群体，没有企图改变古印度社会种姓制度的现实要求。应当指出，佛教倡导"四姓平等"既是针对古印度种姓制度的，实际也是顺应这一制度的。

佛教作为要在古印度立足和发展的宗教，必须面对盘根错节于社会政治、经济和宗教、文化、习俗等各方面，并且得到占据社会统治地位的婆罗门教的维护和支持的种姓制，提出自己的主张。佛教的四种姓起源论，就是针对婆罗门的梵天创世、生成四姓提出的，以此来否定婆罗门种姓神圣至上、贬低和压抑其他种姓及排斥首陀罗种姓接近婆罗门教的种种说教和行为，宣说四种姓民众在善恶报应和生死轮回方面等无差别，以此争取和欢迎他们接近、信奉佛教乃至出家为僧。

然而毋庸讳言，佛教的"四姓平等"也确实是顺应种姓制度提出的。因为这一主张并不要求改变种姓制度，对现实社会等级森严的种姓制度不仅予以承认，而且提出了新的解释。社会地位不平等的四姓虽非源自梵天，但却是由世人自己前生的善恶行为决定的。同样，现实社会民众富贵贫贱、处境好坏的境遇，皆属于个人前世善恶行为的报应。如果一个人在现世行善积德，在来世就可能生为高等种姓、富贵人家；相反，即使出身高等种姓、富贵人家，如果积有恶行，犯有种种罪恶，死后就难免转生到低等种姓、贫贱之家，是概莫能外的。在这里，佛教将婆罗门教的梵天先定和其他外道的"无因无缘"的命定论，改为个人因前世善恶招致今世自受报应的命定论。

佛教以"四姓平等"之说赢得了掌握军政要位的刹帝利种姓、富有经济实力的吠舍种姓中工商业主和普通农民的支持，同时也将佛教教团向各种姓民众的大门敞开，从而对婆罗门教造成很大冲击。在《阿含经》中可以看到婆罗门对佛教的攻击、排斥和迫害的记述。

应当说，在当时古印度充满不平等、苦难的种姓制奴隶制社会中，向广大民众讲述行善积德可以生天、来世富贵的说教，是容易受到他们的欢迎的。这是佛教创立后得以迅速传播和发展的一个重要原因。

第三节　　原始佛教的哲学思想

原始佛教注重现实人生问题，特别重视对人生苦、苦灭及通过修行达到觉悟、精神解脱等问题的探究和阐释，对某些远离人生和涉及宇宙总体本质的玄远深奥的哲学思辨问题往往采取回避，拒绝正面回应的态度。然而我们却不能因此说原始佛教排斥哲学。

哲学源自自然界和人类社会生活，是自然知识和社会人文知识的高度总结和概括，是对世界存在和人类社会、思维运动的本质和规律性问题的总体认识和概括性的理论说明，凝聚着对各种现象的一般、普遍性的理性认识。

宗教是人类历史文化的重要形态之一。宗教的教义体系涉及自然界、人类社会的方方面面，承自远古的包括哲学在内的人文知识、神话，并且蕴有丰富的对超现实力量、奇迹的追求和神秘主义想象，自然拥有与自己教义同体相应的哲学。

从历史上看，哲学最早孕育于原始宗教，在发展中与宗教逐渐分离，形成自己独立的体系，然而与宗教仍存在互相渗透、影响和融通结合的关系。考察各国的哲学，离不开对各国宗教及其哲学的考察和研究。

释迦牟尼出家前系统学习吠陀、奥义书文献，已掌握古印度传统哲学和历史人文知识，在出家后修苦行、创立佛教和传法过程中反复探索人生和社会问题，对佛教教义不断进行充实和发展，必须借鉴于以往哲学和社会人文知识，运用哲学的总体性理性思维和方法，思索和概括性地表达佛教的教义、概念和术语，提出并向世人宣述佛教的世界观、人生观和伦理学说，形成了与其教义体系相适应和结合的原始佛教哲学。

原始佛教的哲学在其教义体系中虽处于支配地位，但同时贯彻于佛教教义、修证方法乃至周游各地的传法过程之中。

一、原始佛教哲学思想的总概括——"三法印"

原始佛教以论证人生苦因、苦灭为内容的"四谛"为核心教义，以因果缘起思想为观察和判断人生一切现象的基本方法。然而作为四谛、因果缘起思想的理论依据是所谓"三法印"或"四法印"。

按照原始佛教的教义进行推论，人生为什么是苦的？造成人生苦的根本原因何在？那是因为人生无常，既变动不居，也没有常住不变的自我或主宰（灵魂）。生老病死，岂非因为人生无常而造成？人在死后轮回于五道或六道，岂非因为没有常住不变的自我？达到觉悟涅槃为什么是彻底解脱，不再轮回于生死？据称达到涅槃才是实现真正的"寂静""寂灭"，所谓"所作已办，不受后有"。

原始佛教提出的"三法印"："诸行无常，诸法无我，涅槃寂静"；或"四法印"："诸行无常，一切行苦，诸法无我，涅槃寂静"，就是表述这些问题的。众生身心由色、受、想、行、识"五阴（五蕴）"组成，五阴在一定条件下聚合（生）和离散（死）。因此说生命无常，无常即苦。

在《阿含经》中对此有不少论述，下面引述几段：

愚痴凡夫所不能解色无常，受想行识无常，一切诸行无常，一切法无我，涅槃寂灭。

　　　　一切诸行无常，是谓初法本末，如来之所说；一切诸
　　行苦，是谓第二法本末，如来之所说；一切诸行无我，是
　　谓第三法本末，如来之所说；涅槃为永寂，是谓第四法本
　　末，如来之所说。

　　　　世尊告诸比丘……欲得免死者，当思惟法本，云何为
　　四：一切行无常，是谓初法本，当念修行；一切行苦，是
　　谓第二法本，当共思惟；一切法无我，此第三法本，当共
　　思惟；灭尽为涅槃，是谓第四法本，当共思惟……当共思
　　惟此四法本，所以然者，便脱生老病死、愁忧苦恼，此是
　　苦之元本，是故诸比丘，当求方便，成此四法。

　　　　吾先以有四事之教，由此得作证，亦复与四部之众说
　　此四事之教。云何为四，一切行无常，是谓一法；一切
　　行苦，是谓二法；一切行无我，是谓三法；涅槃为永尽，
　　是谓第四法……汝等当知四法之本，普与一切众生而说
　　其义[1]。

　　参照以上引文，所谓"法印"也称为"法本末"或"法
本"，核心内容是围绕人生之苦、苦灭而展开的，也可以说是对
四谛所做的另一种解释。既然人身肉体是色阴（地水火风）构

1　以上分别引自《杂阿含经》卷十，《增一阿含经》卷十八《四意断品》、卷
　二十三《增上品》、卷三十六《八难品》。

成，精神是受想行识组成，那么，由于五阴无常，变动不已，人生必然无常，也不可能有主宰自己的不变的自我（灵魂），人生过程难免伴之以各种烦恼、痛苦。

原始佛教将无常与苦、非我（无我）结合在一起，后称之为"四无常"。如《杂阿含经》卷一所说：

> 世尊告诸比丘：色无常，无常即苦，苦即非我，非我者亦非我所。如是观者，名真实正观。如是受、想、行、识无常，无常即苦，苦即非我，非我者亦非我所。如是观者，名真实观。

总之，原始佛教所谓"三法印"的"诸行无常"，是说一切事物、现象生灭不定；"诸法无我"，是指一切事物、现象没有常住不变的本性、本质或主宰者（灵魂）；"涅槃寂静"，谓永远超离生死苦恼的涅槃境界是永恒清净的。加上"一切皆苦"，则为"四法印"。

应当指出，佛教的"诸法无我"也含有对婆罗门教的世界统一本原、本体是"自我（梵）"之说的否定。

"三法印"或"四法印"是对原始佛教哲学的总概括，被认为可以用来判断是否真正佛教的三种或四种基本标志，所以称之为"法印"或"法本"。

二、世界万物构成要素说——五阴（五蕴）论

在世界文明发展的漫长过程中，对世界和人本身的结构、发展的探索研究可以说一起没有停止过。实际上这也是自然科学从无到有，从幼稚、简单到分科日益细密、认识不断发展深化和高度发达的过程。在这其中，什么是构成世界万物和人的元素、要素？可以说是人类探索的重要古老课题之一。

在中国，最有影响的世界元素或要素论是以阴阳二气、水火木金土"五行"等来解释世界万物的构成和发展。至于古印度，如前所述，针对婆罗门教以"大梵"自在天创造世界和人的传统说法，"沙门"外道中的末伽梨·拘舍梨子提出世界和人身是由物质性的"地、水、火、风"（四大种、四大）和精神性的"苦、乐、寿命"的七种要素（七分）构成；阿夷多·翅舍钦婆罗则以物质性的"地、水、火、风"作为世界的要素，提出自己的哲学和因果报应的否定论。

对此，原始佛教在吸收继承以往"四大"元素或要素论的基础上提出了自己的"五阴"论。

何为五阴？"阴"，意为积聚、积集，"五阴"是五种积聚、五类要素，即色、受、想、行、识。五阴，也曾译为"五众"。隋代净影慧远所著《大乘义章》卷八解释"五阴"说："此之五种，经名为阴，亦名为众。聚积名阴，阴积多法，故复名众。"因为"阴"字有"聚积"之义，故称五阴；从积聚产生多种事

物，故称"五众"。唐代新译佛经，将"五阴"改译为"五蕴"。"蕴"也具有聚集、类别的意思。

在《阿含经》中对"五阴"问题多有论述，现仅择取《杂阿含经》卷二记述的部分要点：

> 有五受阴——色受阴，受、想、行、识受阴……
>
> 诸所有色，一切四大及四大造色，是名色……云何受如实知？有六受身，眼触生受，耳、鼻、舌、身、意触生受，是名受……云何想如实知？谓六想身。云何为六，谓眼触生想，耳、鼻、舌、身、意生想，是名想……云何行如实知？谓六思身，眼触生思，耳、鼻、舌、身、意生思，是名为行……云何识如实知？谓六识身，眼识身，耳、鼻、舌、身、意识身，是名为识身。
>
> 若可阂可分，是色受阴。指所阂，若手、若石、若杖、若刀、若冷、若暖、若渴、若饥、若蚊、若虻诸毒虫、风雨触，是名触阂，是故阂是色受阴……诸觉相，是受受阴。何所觉？觉苦、觉乐、觉不苦乐……诸想，是想受阴……少想、多想、无量想，都无所有作无所有想……为作相，是行受阴……于色为作，于受、想、行、识为作……别知相，是识受阴……识色、识声香味触法……

在《杂阿含经》中，"五阴"也译为"五受阴"：色受阴、受受阴、想受阴、行受阴、识受阴。意蕴与五阴、五蕴没有差别。

色阴，是指由物质性的地、水、火、风"四大"及由这四种要素构成的一切事物和现象，有质碍，可分割、隔阂和触摸，大体相当于现代所说的物质概念。

受阴，是指感觉器官通过接触外界产生的感觉，不外是对苦、乐和非苦非乐的三种感觉。

想阴，是指基于感觉，借助语言对事物的反应和思维活动，不外有多想、少想、有想、无所有想等。

行阴，是指继感觉、思想之后形成的行为（作）意向、意志，支配于身、口、意三业。

识阴，指包括具有感觉功能的眼识（视觉）、耳识（听觉）、鼻识（嗅觉）、舌识（味觉）、身识（触觉）和思维功能的意识，可统称为"心识"，亦即现在说的精神。

上述地水火风"四大"，佛教也称之为"四界"，有时进而分为"八界"，即以人为本位的"内四大"和"外四大"。"内四界"是指人身：人的发毛、爪齿、肉体、皮肤、筋骨、髓脑、肠胃肝胆脾肾，是"内地"；痰唾、泪、尿、血髓，是"内水"；消化食物的功能，是"内火"；唇内之风及呼吸之气等，为"内风"。"外四界"是指世界。宣称"人若命终时，四种各归其本"，因此说人身无常，属于"变易之法"[1]。

原始佛教将五阴看作是构成世界万物和众生的五种基本要素，认为它们在一定的条件下聚合，又在一定的条件下离散，因此众生的生（聚）灭（散）是无常的。由于众生和一切事物无非是由因缘和合而产生的，那么它们就没有常住不变的实体或规定性。

人的生命既然生灭无常，而伴随无常则有种种烦恼、痛苦产生。因此，人们就不应贪恋短暂易逝的人生，而应当接近和信奉佛教，通过修行而达到觉悟，进入摆脱一切苦恼的涅槃境界。

五阴论是佛教提出"三法印"或"四法印"的理论依据。

三、对深奥哲学问题的回避——所谓"无记"

原始佛教注重对人生之苦和苦灭问题的探讨和宣传，集中体现于"四谛"教理之中，而对涉及宇宙本体及形神关系等思辨性较强的哲学问题，一般采取回避的态度，即使在传法中碰到这类问题，也往往以模棱两可的话语轻轻地带过。如果有婆罗门和外道修行者前来当面质询，释迦牟尼佛与其弟子尽可能避免与他们辩论，常在不少场合以"无记"二字回挡、搪塞

---

1 《增一阿含经》卷二十《声闻品》；《中阿含经》卷七《象喻迹经》。

过去。

在《中阿含经》卷六十所载《箭喻经》记述了这样一个十分有趣的故事：有一天，有个称为"鬘童子"的尊者向佛陀提出如下问题：

> 世有常，世无有常；世有底，世无底；命即是身，为命异身异；如来终，如来不终；如来终不终，如来亦非终亦非不终耶？

译成白话是说：世界是永恒的吗？世界是不断变化的吗？世界有边际吗？世界无边际吗？灵魂（命）与身体是等同的吗？灵魂与身体是不等同的吗？如来（佛陀）有命终吗？如来无命终吗？如来既有命终又无命终、如来亦非有命终又无命终的吗？

佛陀便以有人中了毒箭为喻，指出在这种紧急情况下如果不急于设法将毒箭拔出，而是先问谁射的箭，箭是什么材料做成等问题，是没有意义的。同样，不注重关心解决人生问题，离开佛教宗旨（四谛）而去穷究这类玄远的哲学问题也是没有意义的。他说：

> 我不一向说此，此非义相应，非法相应，非梵行本，不趣智，不趣觉，不趣涅槃。是故我不一向说此也。

何等法我一向说耶？此义我一向说：苦、苦习、苦灭、
苦灭道迹（即苦集灭道四谛）……此是义相应，是法相应，
是梵行本，趣智、趣觉、趣于涅槃……

是为不可说则不说，可说者则说。

佛表示，他一向不说这类与佛法义理、清净修行不相应，无
助于增长智慧，达到觉悟解脱的问题。他所经常宣述的是苦、集、
灭、道"四谛"，用以引导人们获得智慧，达到觉悟解脱的教义。

在《长阿含经》卷十七《布吒婆楼经》中记载，佛明确地
告诉婆罗门布吒婆楼说，他对于所谓"世间有常""世间有常无
常""世间有边无边""如来非终非不终"等问题，皆"不记"。
根据《杂阿含经》卷五、卷三十二的记述，佛的弟子在回答
"外道出家者"提出诸如"如来死后为有、如来死后为无、如来
死后有无、非有非无"或"如来有后生死、无后生死"等问题，
皆答之以"如世尊说，此是无记"，但同时申明"世尊非不知非
不见"，只是因为这样的问题"不与义合，不与法合"而已。

所谓"无记""不记"，意为不做宣述、判断，不做正面回应。

我们从这里可以看到原始佛教注重现实的态度及其教义的
朴素性和简易性。这种情况到部派佛教时期，特别到了大乘佛
教时期，发生了很大的变化。

佛教的早期
发展——
部派佛教

释迦牟尼佛创立佛教以后，带领弟子们在恒河上中游流域诸国传教，建立了一个以他为中心的统一的僧团（僧伽）。他担心僧团在他逝世后发生分裂，经常告诫弟子要尊师，遵守教义和戒律，为弟子制定"止净"规则，逝世前又叮咛弟子"以戒为师"和"以法为师"。

　　佛入灭之后不久，弟子大迦叶组织和主持，携手长年在佛身边的侍者阿难及优波离等其他长老比丘举行第一次"结集"，通过集体"会诵"的方式，将佛生前在各地讲述的经、戒进行回忆、审定，完成经、戒律二藏的集结[1]。

　　然而随着时代的变化和佛教的广泛传播，在佛灭一百年左右，原始佛教发生了分裂，从中陆续成立了许多部派。从此，佛教历史从原始佛教（或称"初期佛教"）转入部派佛教时期。

　　部派佛教是佛教史上的一个重要时期。部派佛教奉行的教义和修行方法上基本承自原始佛教，但在教理体系的深入化、系统化和论证的规范化、细密化及经、律二藏的成文化、论（阿毗达磨）藏的正式形成等方面，做出重大发展。然而从整

1　关于这次结集，记载不一，学术界看法也很不一致。此据《五分律》卷三十，《摩诃僧祇律》卷三十二。

体上来看，部派佛教与原始佛教基本属于同一个教义和修证的
体系。

因此，在公元 1 世纪以后兴起的大乘佛教将它与原始佛教
统称为"小乘佛教"。

第一节　部派佛教的产生

一、部派佛教的历史背景

佛陀灭后的一百年至二百年，印度的奴隶制社会发生了很
大变化。奴隶制在印度广大地区，包括一些边远地区也有了重
大发展。在社会基层单位的农村公社内部，氏族制残余进一步
瓦解，阶级分化更加激烈。从吠舍种姓平民阶层中分化出来的
商人、手工业主和高利贷者在社会上越来越占有重要地位；以
国王为首的刹帝利种姓控制着各地的经济、政治大权；而广大
下层人民首陀罗种姓和奴隶处在社会的最下层，过着贫困悲惨
的生活。在政治上，古印度北部的城市国家不断进行兼并战争，
逐渐形成社会统一的趋势。公元前 362 年，摩诃坡德摩·难陀
夺取摩揭陀国王位，统一了印度北部，建立了印度北部第一个
统一的奴隶制王朝——难陀王朝。前 326 年，马其顿国王亚历

山大（前 336—前 323 年在位）率领希腊军队入侵印度，曾遭到西北印度奴隶制国家的坚决抵抗。亚历山大死后，希腊军队撤出印度。至前 322 年，旃陀罗笈多（月护）建立了孔雀王朝，到他的孙子阿育王（前 304—前 232）在位时基本上统一了全国，建立了以华氏城为首都的奴隶制专制主义中央集权国家。

　　佛教在这个历史时期取得了很大发展，不仅在恒河流域地区广为流传，也传到印度河流域、西北地区和中南部地区，受到诸国国王和奴隶主阶级的大力支持，并且拥有越来越多的信徒。阿育王时，曾一度成为统一王朝的国教。

　　由于佛教社会地位的变化和它受到各地经济、政治和风俗习惯的影响，佛教内部在关于教义、戒律的理解上开始产生许多分歧。随着分歧的加剧，到前 4 世纪时形成了主张改革的大众部和主张维持现状的上座部；到前 3 世纪以后，又从这两个部派分裂出许多部派，形成十八部派或二十部派之多。

二、原始佛教分裂为部派的原因

　　关于原始佛教发生分裂的原因，在南传、北传佛教文献中有不尽相同的记载。南传佛教记述主要是因对戒律见解分歧而导致分裂，北传佛教则强调是因对教义见解差异而引起分裂。

（一）南传佛教文献的记述

根据南传佛教[1]巴利文文献记载，佛教第一次分裂是由于戒律上的分歧而引起《岛王统史》《大王统史》[2]记载：在佛陀灭后一百年的时候，跋耆国吠舍离地方的比丘在戒律上提出十条新见解，此即佛教史所说的"十事"：

1. 角盐净，僧众可用角器蓄盐以备随时食用；

2. 二指净，中午太阳偏西二指的时候仍可就食；

3. 他聚落净，饭后仍可到村内再食；

4. 住处净，在同一个地方住宿，但可分开举行布萨（诵戒忏悔仪式）；

5. 赞同净，可由一部分比丘通过决议，然后征求其他比丘的同意；

6. 所习净，按照惯例行事不算违犯戒律；

7. 不搅摇净，可喝不搅动的牛乳；

8. 饮阇楼伽净，可饮未发酵的棕榈酒；

9. 无缘坐具净，可坐随意大小（"无缘"）的坐具；

10. 金银净，可接受金银施舍。

这些主张表明：在跋耆国吠舍离一带传法的一部分僧众，

---

1 现在一般称"南传上座部"，指斯里兰卡、泰国、缅甸、柬埔寨、老挝等国的佛教，因最初由印度向南传入，故称"南传佛教"。

2 《岛王统史》《大王统史》，载高楠博士功绩纪念会主编《南传大藏经》卷六十，[日]高楠顺次郎监修，东京大藏出版社，1939 年。

因为当地经济情况良好，信徒增加，所得到的施舍也日益增多，生活比较优裕起来，开始蓄有剩余的生活物资，甚至蓄有金银。他们对于原始佛教实行的"比丘知足，衣取覆形，食取充躯，随所游至，与衣钵俱，行无顾恋""不受财货"[1]等生活方式和有关戒律开始不满，要求适应新的情况进行改革。

　　然而佛教内部的一部分长老比丘对此并不表示认可，他们仍主张坚持原始佛教的戒律原则，继续过持戒严格的修行生活，对上述违背原始佛教戒律的"十事"表示坚持反对。为此，以长老耶舍为首的七百比丘为此在吠舍离举行集会，决议上述"十事"非法，驱逐主张"十事"的比丘出教。此即佛教史上的第二次结集。因为他们很多人是长老比丘，所以他们被称为上座部。赞成"十事"的比丘"一万人"也举行集会，制作了自己的"经律"。这部分人年轻而且人多，被称为大众部。

（二）北传佛教文献的记述

　　在北传佛教文献，也有关于"十事"的记载，在内容上虽与南传佛教所说"十事"大致相似，然而只讲因此"十事"举行第二次结集，未明确地讲因此"十事"而导致佛教公开分

1　参见《中阿含经》卷三十六《瞿默目捷连经》、卷十九《迦絺那经》等。

裂 [1]，而认为佛教分裂的主要原因是对教义的不同理解。

据唐玄奘译《大毗婆沙论》卷九十九载，末土罗（苏罗婆国都城，在今印度北方邦马图拉市）地方某商人的儿子大天犯下杀父、杀僧、杀母三大"逆罪"，后逃隐华氏城鸡园寺为僧，因精通三藏、巧于言辞而出名。原始佛教一直把通过严格修行，达到断绝一切生死烦恼的境界的人称为"阿罗汉"，阿罗汉也被看作是佛教修行的最高果位。但大天对此提出了异议，认为阿罗汉并非完美无缺：

1. 阿罗汉仍有正常人的生理机能和情欲，如有大小便、涕唾、梦见魔女引诱也会遗精等（"余所诱"）；

2. 阿罗汉虽然已达到超脱贪、瞋、痴的清净境界，但仍有"无知"之处，如对自己达到的修行果位并非知道（"无知"）；

3. 阿罗汉对于"四谛" [2] 等教理的认识也有不足之处，在判

---

1 参见《四分律》卷四、《五分律》卷三十、《根本说一切有部毗奈耶杂事》卷四十、《善见律毗婆沙》卷一。《四分律》所载十事是：①应两指抄食；②得聚落间；③得寺内（与南传"住处净"同）；④后听可（与"赞同净"同）；⑤得常法（与"所习净"同）；⑥得和（可将酥油、蜜、生酥、石蜜、酪合在一起吃）；⑦得与盐共宿（与"角盐净"同）；⑧得蓄不截坐具（与"无缘坐具净"同）；⑨得饮阇楼罗酒；⑩得受金银。大众部律《摩诃僧祇律》卷三十三载，第二次结集只是由于吠舍离比丘受取金银而引起，也没讲佛教分裂，并且也主张"无有方便得求金银及钱"。

2 四谛，或称"四圣谛"，是佛教提出的用以说明苦难和解脱苦难方法的理论，四谛是苦（人生皆苦）、集（苦的原因或根据）、灭（烦恼所达到的至高精神境界，即"涅槃"）、道（实现佛教的理想境界所应遵循的道路或方法）。

断真理是非（"处非处"）的时候仍有犹豫疑惑（"犹豫"）；

4.阿罗汉对自己的修行果位必须由别人指出，而不可能自己"证知"（"他令入"）；

5.阿罗汉仍难免有痛苦的感觉，甚至发出"苦哉"的声音，但这种感叹却有助于体悟佛道（"道因声故起"）。

大天把以上这种见解作成一颂：

　　余所诱无知，犹豫他令入，
　　道因声故起，是名真佛教。

《大毗婆沙论》作为说一切有部的综合性理论著作难免出于派系之见，对大天的身世和提出的主张有歪曲的地方，然而对它所介绍的基本内容还是不容轻易予以否定的。从中可以看出，大天对原始佛教比较朴素的教义是不满意的，认为不应把阿罗汉定为修行的最高果位，言外之意是说只有佛的果位才可以说是完美无缺的最高境界。因此，应把原始佛教的教义再向前发展一步。

大天的这种主张立即遭到佛教内部长老保守比丘的反对。据记载，在比丘举行布萨的仪式上，大天"升座说戒"，朗读了他作的上述偈颂，立即引起大哗，以德高望重的"耆年"比丘为首的一批人，"闻彼所说，无不惊诃：咄哉！愚人宁作是说，此于三藏曾所未闻"。他们与大天一伙发生了激烈争论，最后请

国王出面通过表决才平息了这场争论。结果，赞成大天主张的
多数比丘组成大众部；反对大天主张的少数比丘组成上座部，
被迫离开华氏城而逃到印度西北迦湿弥罗（在今克什米尔一带）
等地方。

如果对南北所传形成部派的原因进行综合考察，应当说关
于教义和戒律的原因都存在，但相比而言是以教义的原因为主。

由于时代的变化和佛教在广阔地域传播，佛教内部对佛
教哲学、教义、修行方法和某些戒律发生不同见解，以至形成
不同宗派是必然的现象。就拿南传佛教记载来说，虽然以戒律
"十事"作为导致佛教分裂的直接原因，但同时也说"大众部违
背师教，宣扬非法非律，破坏义法；公开宣言违法"。还说他们
在与上座部对立举行的"结集"中，"决定了违背正法的教法，
破坏了根本的辑录，做成了另外的辑录，把甲部的经移到乙部，
破坏了律及五藏（指五部阿含经[1]）的法义……他们随意篡改佛
陀的说教，玩弄文字而丢掉许多真义。他们抛弃甚深的经、律
的一部分，而制作了类似经律和相异的经律"[2]。可见，这里也把
教义的分歧放到第一位。

1　五藏，即南传五部阿含经：《长部》《中部》《相应部》《增支部》《小部》。
2　《岛王统史》，载高楠博士功绩纪念会主编《南传大藏经》第六十卷，[日]高楠
　　顺次郎监修，东京大藏出版社，1939年。本引文参照日本东京山喜房1972年
　　出版《荻原云来文集》第98页引文做了修订。

三、十八部派或二十部派

实际上，佛教分裂为大众部和上座部两个部派只是佛教分裂的开始，到佛陀灭后二百年（前3世纪）以后，这两个部派内部又发生分裂。据南传佛教史料[1]，从大众部分出鸡胤部（牛家部）、一说部；从鸡胤部又分出说假部和多闻部；之后从大众部又分出制多山部。这样，大众部系统本末共成六部。从上座部分出化地部、犊子部；从犊子部又分出法上部、贤胄部、六城部（密林山部）、正量部；从化地部分出说一切有部、法藏部；从说一切有部产生饮光部（迦叶遗部）、说转部、经量部。这样，上座部系统本末共十二部；加上大众部系统六部共十八部派。

按照北传佛教记载[2]，从大众部分出一说部、说出世部、鸡胤部、说假部、制多山部、西山住部、北山住部，本末共九部。上座部直到佛灭后三百年（前2世纪）才发生公开分裂，最初分出说一切有部（说因部），而根本上座部后改称雪山部。后来从说一切有部又分出犊子部；从犊子部分出法上部、贤胄部、正量部、密林山部；后从说一切有部又分出化地部；从化地部又分出法藏部。在佛灭后三百年末期从说一切有部又分出饮光部（善岁部）；佛灭后四百年（前1世纪）又分出经量部（说转

1 《岛王统史》《大王统史》，载高楠博士功绩纪念会主编，《南传大藏经》卷六十，［日］高楠顺次郎监修，东京大藏出版社，1939年。

2 ［印］世友：《异部宗轮论》。

部）。这样，上座部系统本末共有十一部；加上大众系统九部共
有二十部派。此即佛教史上讲的"小乘二十部"。

这些五花八门的部派名称主要有以下几种情况：或是以创
立者的姓氏或名字为名，如鸡胤部、犊子部、法藏部、饮光部
等；或是以部派的宗旨为名，如一说部、说出世部、说假部、
说一切有部等；或是以部派居住中心为名，如制多山部、西山
住部、北山部、密林山部、雪山部等。

在这些部派的形成过程中，大众部和上座部的分裂是佛教
的根本分裂，其他一些部派是由于对教义的某些方面，甚至几
句偈颂的不同理解而产生的。关于这些部派的主张和彼此之间
所争论的问题，现存汉译资料不多，主要是世友（公元 1 世纪
末—2 世纪）的《异部宗轮论》[1]和唐窥基（632—682）据玄奘讲
述整理的《异部宗轮论述记》[2]。

在各个部派中，唯有说一切有部的著作保存下来的最多，
代表性的著作有迦多衍尼子编撰《发智论》和"六足论"[3]，以及

1　此论的异译本有被认为是姚秦时鸠摩罗什译的《十八部论》，陈真谛译的《部执
　　导论》。

2　关于部派佛教，还可参考《文殊师利问经》《舍利弗问经》，隋吉藏《三论玄义》，
　　唐法藏《华严经探玄记》卷一，窥基《法华玄赞》卷一等。

3　所谓"六足论"，有《集异门足论》（传为舍利子著、玄奘译），《法蕴足论》（传
　　为大目乾连著、玄奘译），《施设足论》（大迦多衍那著，此书未全传下来，现只
　　有部分汉译，即宋法护等人译《施舍论》)，《识身足论》（提婆设摩著、玄奘译），
　　《界身足论》（世友著、玄奘译），《品类足论》（世友著、玄奘译）。

综合说一切有部理论的汇编《大毗婆沙论》、相当其纲要著作的世亲（5世纪左右）编撰《俱舍论》等。这些著作不仅详细论证了说一切有部的基本主张，也引述涉及其他部派的观点。

第二节　主要部派的基本主张

那么，各个佛教部派的主张和彼此争论的问题是些什么呢？根据前述佛典的记载，大致可归纳为以下四个方面。

一、佛陀是历史上的教主，还是威力无边的神？

在原始佛教基本经典《阿含经》[1]中虽然对佛陀已有不少神化，但总的说来仍把他看作在现实社会成道、在现实社会创立佛教、在现实社会传法的卓越伟大的教主，而随着佛教的广泛传播，佛教中一部分僧众为了吸引更多的信徒，扩大佛教的社会影响，逐渐吸收了婆罗门教关于梵天的神化说教，开始对佛

---

[1] 汉译《阿含经》有四部，即《长阿含经》《中阿含经》《杂阿含经》《增一阿含经》，基本上相当于南传巴利文藏经的《长部》《中部》《相应部》《增支部》。

陀予以神化，进而提出了"法身佛"[1]的说法；与此相应，在修行上提出阿罗汉不是最高修行果位的看法。例如，大众部及从它所分裂出来的不少部派如一说部、说出世部、鸡胤部等都认为：

> 诸佛世尊，皆是出世；一切如来，无有漏法[2]；诸如来语，皆转法轮[3]；佛以一音说一切法；世尊所说，无不如义；如来色身，实无边际；如来威力，亦无边际；诸佛寿量，亦无边际[4]。

这就是说，不管是释迦牟尼佛还是佛教所说的过去诸佛[5]，都是没有生灭变化的，是超越时间和空间而永恒长存的；诸佛说的每句话，每个用字都是利益众生、摧伏邪见和外道的真理；

1　被认为具有大众部色彩的《增一阿含经》卷四十四载："我释迦文佛寿命极长，所以然者，肉身虽取灭度，法身存在，此是其义，当念修行。"此当是大众部的观点。

2　有漏法指有生灭变化和生死烦恼的事物或生命现象；相反的则为无漏法。

3　"法轮"之"轮"，原指传说中转轮圣王（轮王）用以摧辗山岩的"轮宝"（战车的神化）。佛教喻"佛法"为"法轮"，将佛陀宣讲佛法为"转法轮"，谓有摧伏众生恶念烦恼之功能。

4　［印］世友：《异部宗轮论》。

5　《长阿含经》卷一《大本经》说，在释迦牟尼佛之前有毗婆尸佛、尸弃佛、毗舍婆佛、拘留孙佛、拘那含牟尼佛、迦叶佛。佛教之所以造出过去佛的说法，当为铺垫和证明佛教的永恒延续性。

诸佛皆大智大勇，威力无边。通过这种描述，他们把历史上的佛陀改造神化为一个生来超凡离俗的神。这种佛陀观为以后的大乘佛教直接继承，为大乘各派创立种种以神化佛陀为特色的佛教教义和成佛理论奠定了基础。

但上座部和属于它的法系的说一切有部等却大致延续原始佛教关于佛陀的看法，认为佛陀生于世间是通过严格的修行达到解脱的，并非生来超凡入圣。记载说一切有部理论的《大毗婆沙论》卷一百七十三引佛经说：

> 无明（痴愚）所覆，爱结（贪爱烦恼）所系，愚夫感得有识之身，聪明者亦然。佛生身既是无明爱果，故知非无漏法。

是说，既然佛也是与普通人一样是由于前世的业因而生到此世的，那么，他的生身当然也有生死烦恼（"有漏"）。

同样，佛的生身既被人所爱，也能被人所恨，并且也有腰酸腿痛和苦乐感情的。当然，作为佛陀，他与普通人也有不同之处，即：

> 说佛生身出现世间不为世法所染者，说佛法身；复次世法者，即世八法（即利、无利、誉、非、赞、毁、乐、苦），如来（佛陀）不为世八法所染故。言世法不染，非

谓无漏。谓世八法随顺世间有情，世间有情亦随世八法；
世八法随顺如来，如来不随顺世八法，故说如来非世法
所染。

可见，佛陀的非凡之处不是他的生身，而是他能厌离和超
脱世间一切贪欲爱乐等"世法"，选择严格持戒修行的生活。此
外，佛陀说的话也并非一切都是"圣道"，只有"八支圣道"[1]才
是正法。《异部宗轮论》中指出：

世尊亦有不如义言，佛所说经非皆了义，佛自说有不
了义经。

持以上这种看法的部派，有的在大乘佛教兴起之后仍存在，
而上座部佛教直到现在还在南亚和东南亚一些国家流行。他们
这种对佛陀的看法是与他们重视戒律、严格过出家生活密切相
关的，也基本上继承了原始佛教接近现实主义的传统。

二、对世界万物的分析和论证

在原始佛教时期，佛陀为了论证现实世界生灭无常和充满

1　八支圣道即八正道。

苦恼、无可留恋，而佛教所宣说的彼岸世界（超离生死苦恼的解脱或涅槃）的真实性和神圣性，曾对客观世界和万物进行若干细微分析和论证。他认为构成世界和一切事物的有五种元素（"五蕴"），即属于物质元素的"色"（地水火风"四大"及其所造）和属于精神元素的"受"（感觉）、"想"（知觉）、"行"（意志）、"识"（心识或精神）。由色构成自然界及一切物质现象，由色与受想行识互相聚合或作用构成一切生命及各种精神现象。然而这五种元素是在一种条件（因缘）下互相聚合（和合），又在另一种条件下互相离散的。因此，世界上任何事物和现象都是变化无穷，生灭无常的。它们都没有固定常存的实体、规定性或主宰者，而只有摆脱生死轮回的精神实体"涅槃"才是永恒存在的。此即著名的"三法印"："诸行无常，诸法无我，涅槃寂静。"[1]意为原始佛教的三种基本表征。

　　然而原始佛教对世界的哲学论证还是初步的，对于物质元素的"色"和精神主体的心（识）及其种种心理活动和现象（"心所"），对于生死轮回理论的"三世"问题，都还没有来得及详细分析，深入论证。部派佛教产生以后，不少部派围绕这些问题提出一系列令人眼花缭乱的概念和命题，进行了极为细致的分析和论证。

_____

1　早期佛教经典《阿含经》译作"一切诸行无常，一切法无我，涅槃寂灭"，参见《杂阿含经》卷十、《增一阿含经》卷二十三等。

大众部系统各派对于世界的论证虽然也不尽一致，但总的来看是比较强调"空"的方面，即认为世界上一切事物和现象都是虚假不实的。其中说出世部认为：

> 世间之法既颠倒生，颠倒不实，故世间法但有假名，都无实体；出世之法，非颠倒起；道（八正道之类）及道果（修行果位），皆是实有。唯此是实，世间皆假[1]。

这是说，世界一切事物本来虚假而不存在，只是由于人们的错误认识（"颠倒"）才认为它们真实存在。其实，人们所感觉认识到的一切事物只不过是供人们方便称呼的"假名"，而只有佛教教义和修行果位才是唯一真实的。可见，它把现实世界予以否定的目的，正是为了彰显佛教彼岸世界的真实性。

大众部系统中有的部派甚至更进一步地提出"世、出世法"都不真实的理论。一说部认为：

> 世、出世法皆无实体，但有假名。名即是说，意谓诸法唯一假名，无体可得[2]。

1　玄奘述，窥基记：《异部宗轮论述记》。
2　同上。

这种接近于一切皆空的理论可以说是后来大乘空宗重要渊源之一。就他们来说，强调"空"不是叫人无所适从，而是叫人既不要一味执着"世法"，也不可一味执着"出世法"，而应当超脱一切可以看得见、摸得着的东西，甚至连语言文字也应该全然摆脱，让精神更加自由地去追求带有神秘色彩的"涅槃"境界。

大众部系统的说假部则认为，"十二处非真实"，即作为主观方面的眼耳鼻舌身意六种感觉器官（六处）和客观方面的色、声、香、味、触、法六种外在事物和环境，因为是由五蕴因缘聚合而成的，所以是不真实的；但作为构成万物元素的五蕴本身却是真实的。因此，唐华严宗创始人法藏（643—712）把说假部归为"现通假实宗"，说它：

> 于现法中，在蕴可实，在界[1]、处（十二处）为假；随应诸法，假实不定[2]。

这基本上是沿袭原始佛教的观点，即认为在世界万有之上有两种永恒的本源，即物质性的"色"元素和精神性的"识"

1　界，即"十八界"，在上述十二处之上再加上眼识、耳识、鼻识、舌识、身识、意识六种感觉或认识机能。

2　法藏：《华严经探玄记》卷一。

（受想行识）元素。这自然也是一种灵魂不灭的理论。

　　大众部等部派把世界上一切有生灭变化的事物和现象（即"因缘所生法"）称为"有为法"，同时提出了超越时间、空间永恒存在的"无为法"[1]九种，即：择灭无为（通过禅定达到的虚空无边的精神境界，即"涅槃"）；非择灭无为（非通过智慧选择，因缺乏因缘而于"未来位"上永不生的精神境界）；虚空（无形无状、犹如虚空的一种精神境界[2]）；空无边处（通过禅定达到的虚空无边的精神境界）；识无边处（通过禅定达到的精神无边的精神境界）；无所有处（通过禅定达到的无所有的精神境界）；非想非非想处（通过禅定断灭一切"有想"和"非想"而达到的精神境界）；缘起支性（十二因缘的真理[3]，"性"即理）；八道支性（八正道的真理）。

　　不难理解，所谓永不生灭的"无为法"实际是超越现实的神或彼岸世界的别名。可以认为，提出这种"无为法"是出于宗教出世宣传的需要。这在作为宗教的佛教，实际是出于发展的需要，可以理解。

1　各部派对"有为法""无为法"的定义是一致的，但包括内容不一致。《大毗婆沙论》卷七十六对"有为法""无为法"解释说："有生有灭，有因有果，得有为相，是有为义；若法无生无灭，无因无果，得无为相，是无为义……"

2　"虚空"与六界（地水火风空识）中的"空界"不同。《大毗婆沙论》卷七十五介绍说，虚空有"非色""无见""无对""无漏""无为"等特点，而空界与此相反。可见"虚空"也是一种精神性境界。

3　关于十二因缘的解释见后面正文。

这里应特别指出的是，大众部不仅把前七种精神世界称之为"无为法"，而且也把十二因缘和八正道的理论列入"无为法"之中，其目的不外乎是为了使佛教教义进一步神圣化，这与它们所说的"一切如来，无有漏法；诸如来说，皆转法轮"的佛陀观是一致的。

从现存资料来看，在一切部派中对世界进行最详细、最烦琐分析和论证的是上座部系统的说一切有部。这一派的论师们也把世界分为有为法和无为法两大类，其中有为法包括四类。

第一，色法。包括眼、耳、鼻、舌、身五种感觉器官和色、声、香、味、触五境，还有无形无状的"无表色"（指受持戒律的信念和意志等）。他们对此做了详细的物理分析。说"色处"有二十种，即青、黄、赤、白四色；长、短、方、圆四种形状；高、下、正、不正四种方位；云、烟、尘、雾四种形态；影、光、明、暗四种光度。"声处"有八种，有含有心识的生命体的声音，也有没有心识的自然物的声音，而每一种声音又分为有表达意志的声音和没有表达意志的声音等；"香处"有好香和恶香等四种气味；"味处"有甘、酢（酸）、咸、辛、苦等六种；"触处"有坚（地性）、湿（水性）、煖（火性）、动（风性）、滑、涩等十一种[1]。说一切有部著名论师世友曾对"色法"的特点进行概括：

---

1 《大毗婆沙论》卷十三。

有色相者名有色法。何者为有色相？谓有渐次积集相者……渐次散坏相者……有形质可取相者……方有所可取相者……有大小所取相者……有障碍可取相者……有怨害可取相者……有损害可取相者……有牵来引去相者……有变碍（即有形体）相名有色相[1]。

说一切有部对世界虽然做了这样细致的分析和论证，但其目的叫人确信一切"色法"都有这样那样的局限性，都是集散生灭的局限性，都是集散生灭无常的，靠不住的，而"寂静解脱，超有色法"[2]，是完美无缺，永恒存在的。

第二，心法。包括眼识、耳识、鼻识、舌识、身识、意识。前五种是感觉机能，意识是指中枢神经的认识机能或精神（"心"）。

第三，心所法。包括各种心理活动和心理反应的状态，包括感情、意志、思想倾向、动机等。因为说一切有部比较注重持戒修行、因果报应，所以对属于"意业"的"心所法"做了十分详细的分类。说一切有部的论书中对心所法的分析是日趋

1 《大毗婆沙论》卷七十五。
2 同上。

烦琐的[1]，而到世亲的《俱舍论》(卷四）共提出六种心所法，即：

（一）十大地法。包括受、想、思、触、作意（动机或意愿）、欲（欲望）、胜解（认为）、念（记忆）、定（心虑集中）、慧（智慧）。所谓"大地法"是指形成各种心理现象的最基本的精神活动。

（二）十大善地法。包括信（信念）、勤（努力）、惭（对自己惭愧）、愧（对别人惭愧）、无贪（不贪求）、无瞋（不仇恨）、轻安（心情舒适）、舍（心情放松，但不忘记）、不放逸（不断努力）、不害（不伤害人）。所谓"大善地法"是指最基本的善心或善的心理活动。

（三）六大烦恼地法。包括痴（愚昧）、放逸、懈怠、不信、昏沉（懵懂）、掉举（心不宁静）。所谓"大烦恼地法"是指最基本的烦恼或不善的心理活动。

（四）二大不善地法。包括无惭、无愧。它们与一切不善的心理活动常在一起。

（五）十小烦恼地法。包括忿（怒）、覆（掩饰错误）、悭（悭吝）、嫉（嫉妒）、恼（狠戾）、害（伤害）、恨（仇恨）、谄（谄佞）、诳（欺骗）、憍（骄傲）。这是十种具体的恶的、不净

1　《界身足论》卷上提出三类：十大地法、十大烦恼地法、十小烦恼地法（内项略，下同）；《品类足论》卷二提出四类：上三类加上"十大善地法"。《大毗婆沙论》卷四十二提出七类：前四类再加上"五大不善地法""三大有覆无记地法""十大无覆无记地法"。

的心理活动或思想情绪。

（六）八不定地法。它包括恶作（因做坏事而懊悔）、睡眠（追逐外界的一种不由自主的精神状态）、寻（寻求）、伺（深入寻求）、贪、瞋、疑（迟疑不决）、慢（自高自大）。所谓"不定地法"，是指这八种心理活动和作用性质不定，难以列入前面五项之内。

说一切有部对各种心理活动进行详细分类和探讨，目的是向人们指出进行宗教心理修养的善恶标准，引导人们按照佛教提出的"无常、苦、空、无我"的哲学原理和四谛、八正道的教义进行修行，特别注重思想上的修行，摒除一切世俗的贪欲情爱等感情和心理，以达到超脱生死烦恼的涅槃的精神境界。

第四、不相应行法。是指既不属于色法，也不属于心法，并且也与它们不相应的一些生命过程、活动和现象。按照说一切有部的说法，它包括得（获得和成就）、非得、众同分（众生各各自类的同一性）、无想果（禅定到一定阶段达到没有思想活动的境界）、无想定（达到上述结果的禅定）、灭尽定（灭尽一切思虑的禅定）、命根（生命的根本）、生（产生）、住（皆时生存）、异（生理变化）、灭（灭亡）、文身（两个以上字母合集形成的"字"）、名身（两个以上的音节合集而形成的概念）、句身（缀成句者）。

以上四类皆属于"有为法"。

所谓"无为法"包括三类，即择灭无为，非择灭无为和虚空（解释同前）。这是凌驾于以上四种有为法之上永不生灭的精神性实体[1]。

总之，说一切有部把世界的一切事物和现象分别归纳到色法、心法、心所法、不相应行法四类之中，它们都属于"有为法"。认为它们由五蕴在一定条件下聚合而成，是生灭变化无常的，然而在它们上面却有三种"无为法"，超越时空永恒存在，其中的"非择灭无为"和"虚空"非人力之所及，而"择灭无为"（涅槃）则是可以通过人的智慧达到，通过信仰佛教教义和严格修行获得。这正是他们分析和论证世界万有的目的。

此外，各个部派还就"三世"有无问题进行论证。

原始佛教提出了三世（前生、今生、来生；或过去世、现在世、未来世）轮回的理论，宣称今生的善恶行为（业）会在来生得到相应的报应，而今生的贫富夭寿则是由前生的业决定的。但当时对于"三世"本身的问题并没有来得及详加论证。到了部派佛教时期，由于不同部派对佛教教义提出不同看法，因而对于"三世"问题也产生了认识上的分歧。

大众部系统一些部派认为，现在世（今生）尽管也是由五蕴和合而生，变化无常，但它毕竟有体（形体）有用（作用），因此可以说它是存在的；但是，过去未来，非实有体，过去世是"曾有"，而未来世是"当有"，所以，不能说这二世是真实

1　以上除见《俱舍论》卷四外，还见卷一、卷五。

存在的[1]。这种说法与它们理论所具有的"空"的倾向是一致的。实际上，大众部等并没有从根本上否定三世理论，既然承认过去世是"曾有"，未来世是"当有"，可见有与没有只是时间问题。然而大众部之所以讲过去、未来没有，是有它的目的的。他们说：

> 道与烦恼，各俱现前；业与异熟（指果报），有俱时转，种即是芽[2]。

可见，他们特别注重现在世，强调当今的业因可在今世得报，断绝烦恼，即可得道，而不强调过去和未来。当时说一切有部特别强调三世因果和累世修行，大众部为了争取更多的信徒，对这种理论是持反对态度的。这种观点为以后大乘佛教中某些宗派继承，发展成为"即身成佛"的理论。

说一切有部基本上继承了原始佛教的"三世"的说法，但提出了更加系统的理论。他们认为不仅世上一切事物和现象（色、心、心所等）是真实存在的，而且也认为"一切时"（过去、现在、未来）也是真实存在的，认为"三世实有""法体

1　玄奘述，窥基记：《异部宗轮论述记》。
2　［印］世友：《异部宗轮论》。

恒有"[1]。说一切有部四大论师法救、妙音、觉天、世友各自提出
"三世有异（差别）"论[2]。从这些理论来看，他们不仅仅把"三
世"作为生命体的"三生"来论证，甚至也包含作为一般时间
概念的过去、现在、未来的意思。

　　法救主张"类异"论。认为一切事物随着时间的迁徙（"诸
法于世转时"），所改变的只是他们外在的类型，而不是它们内
在的实体，好像把一个金制器皿打碎再改制成其他器物一样，
器形虽有变化，但金质不变。同样：

　　　　诸法从未来世至现在世时，虽舍未来类得现在类，而
　　彼法体无得无舍，复从现在世至过去世时，虽舍现在类得
　　过去类，而彼法体无得无舍。

　　妙音主张"相异"论。认为一切事物随着时间的迁徙，外
相可以不同，但实体不变。事物在三世中的每一世时都有"三
世相"（"相"，方面）。如果有一相与过去世相合拢，那么它就
转入过去世，但不能讲它因此就没有另外二世相。同样，

　　　　住未来世时，正与未来相合，与余二世相不名为离；

―――――――――――――――

1　参见《异部宗轮论》《大毗婆沙论》卷七十七、《俱舍论》卷二十。

2　以下皆见《大毗婆沙论》卷七十七。

住现在世时，与现在相合，于余二世相不名为离。

但对于如何相合相离，却没有讲清楚。

觉天提出"待异"论。认为一切事物随着时间的流迁，其前后的对象（"待"）是不一样的，因而就有不同的叫法。例如同一个女人，相对于她的母亲来说就叫女儿，相对于她女儿来讲就叫母亲，她本身并没有变化，只是由于相对的对象发生变化，所以就有不同叫法。三世也是这样：

诸法待后名过去，待前名未来，俱待名现在。

对上述三种说法，《大毗婆沙论》认为逻辑混乱，不能成立，而特别赞赏世友的三世"位异"论。

世友认为，世界万物随着时间的变化，只是所处地位发生变化，而不是实体有变化。好像运筹码一样，同样一个筹码，若放到十位时就叫它作十，放到百位时就叫作百，它本身都没有变化。同样，三世也是这样：

有为法未有作用名未来世，正有作用名现在世，作用已灭名过去世。

那么，什么叫作用呢？他所说的"作用"不是指事物在本质上发生新陈代谢，而只是一种因袭循环。《大毗婆沙论》卷七十六介绍说：

> 体虽已有，而无作用，今遇因缘而生作用……有因缘故，说此法生，即此法灭……未来世生，现在世灭。
>
> 体实恒有，无增无减，但依作用，说有说无。诸积聚事，依实有物；假施设有，时有时无。

这就是说，事物在"三世"的时间变换中，虽然有时遇到一定条件（因缘）发生"作用"（散聚生灭），但作为事物的实体来讲，它无增加也没减少，也没有发生根本变化。

如上所述，法救的三世"类异"论认为事物只有形式的变化，三世"法体无得无舍"，否认时间变化的实在性。妙音的三世"相异"论和觉天的三世"待异"论，在表达方式上尽管有所区别，但实际上皆把时间看作是一种主观产物，一方面把时间与事物"作用"联系起来，同时又认为事物在三世的转换中实体永无变化。这样也同样把时间与事物实在的运动割裂开来。实际上，世界上任何事物变化不论是采取渐变形式还是突变形式，都是通过从量变达到质的飞跃。

上述四种关于三世的时间论皆属于宗教的哲学理论，不能要求它们承认和强调时间的客观实在性，而应当考察的是说一切有部论师提出这种理论的动机。

　　联系部派佛教产生和发展的社会背景，就不难发现说一切有部"三世"论所具有的现实的宗教意义。既然是宗教哲学，自然是为宗教的存在和发展服务的。在说一切有部的论师看来，既不能否认三世，又不能承认事物（包括一切善恶业因）经三世有本质变化，否则就会动摇作为佛教基本教义的善恶业报和三世轮回的理论。正如他们自己所说的那样：

　　　　若实无过体者，善恶二业当果应无；非果生时，有现因在。由此教理，毗婆沙师[1]定立去、来二世实有[2]。

　　不仅如此，否认三世甚至还能危及佛教本身的存在。如他们所作的颂说：

　　　　若执无过去，应无过去佛；若无过去佛：无出家受具（指无出家受比丘戒）[3]。

　　可以认为，这就是他们主张"三世恒有"理论的宗教目的。这里应当指出的是，为了同一目的，不同的佛教派别也可以提

1　毗婆沙，广解、广说的意思；毗婆沙师，亦可译为论师。
2　《俱舍论》卷二十。
3　《大毗婆沙论》卷七十六。

出别的理论来加以论证。

三、关于灵魂和轮回的理论

原始佛教的"诸行无常，诸法无我"的观点，是针对当时婆罗门教永恒的"梵天"创世说提出来的。按照婆罗门教的说法，大梵天创造世界万物，"常住不变"[1]，与万物的实体（Ātman，阿特曼、我）是同一不异的。佛陀认为，世界万物以五蕴为基本元素，因缘聚散，生灭无常，没有一个常住不变的实体，自然也没有主宰生命的灵魂；不仅如此，连婆罗门教所讲的梵天和其他天神、鬼魔也统统是生灭无常的。

但这样就发生一个问题：既然万物刹那生灭，那么为什么有的人生为高贵种姓，享受富贵，而有的人却生在低贱种姓，受尽贫苦呢？对这样一个现实的社会问题，佛陀没有用社会的现实的原因进行解答。对此，佛陀是用善恶因果报应和三世生死轮回的理论来加以解释的，认为人间的一切都是由前世的善恶行为决定的。

可是这样一来又必然产生一个问题：既然"诸法无我"，那么谁是造业和轮回的主体呢？为了解决这个问题，佛陀在解释构成生命过程的十二个环节（"十二因缘"）时，就把其中的

1　《长阿含经》卷十四《梵动经》。

"识"解释为灵魂（"识神"）[1]。即："识"承担着由前世的"无明"（痴）所造成的业因（"行"）投入母胎，形成"名色"（胎儿），然后有今世的"六入"（眼耳鼻舌身意）、"触"（感受）、"受"（知觉）、"取"（追求贪著）、"有"（生存环境），再有来世的"生""老死"。但原始佛教对于灵魂问题尚未来得及做深入系统的论证。《阿含经》记载，佛陀有时甚至将这类问题列入"邪见"而干脆不予正面回答（"无记"）[2]。

到部派佛教时期以后，不少部派基本沿袭了原始佛教对十二因缘的解释，但却进行了比较深入的论证。其中说一切有部提出了"三世两重因果"的缘起观[3]，把十二因缘做了明确的"分位"解说，指出无明、行是前世因；识、名色、六入、触、受是现在五果；受、取、有是现在三因；生和老死是未来二果。这种把十二因缘解释成为比较系统的三世轮回说，基本上为以后佛教各派所继承。

不仅如此，不少部派围绕三世轮回的主体即灵魂问题，也就是"谁能作业，谁能受果"[4]问题进行了专门论证，提出了各

1　参见《中阿含经》卷二十四《大因经》、《增一阿含经》卷十二等。

2　在《长阿含经》卷十四《梵动经》中，佛陀把死后有想（灵魂）、无想论列入六十二种邪见之中。

3　有部提出四种缘起观：刹那缘起、连缚缘起、分位缘起、连续缘起。这里是分位缘起。见《大毗婆沙论》卷二十三、《俱舍论》卷九。

4　《俱舍论》卷三十。

种不同的看法。他们的争论主要有两个问题：一是"补特伽罗"的有无问题；二是"中有"的有无问题。

　　所谓"补特伽罗"（pudgala），也译作"众生""人""数取趣"等，在这里是指业报的承担者和轮回的主体的"我"，即灵魂。从现有资料看，对于有无补特伽罗的争论主要在上座部系统各部派之间进行。犊子部和正量部对于客观世界还是承认的，同时认为：

　　　　补特伽罗非即蕴离蕴，依蕴、处、界，假施设名[1]。

　　这是说，精神主体的灵魂是存在的，它与组成人身的五蕴既不是合而为一，也不是互相分离的；由于它与五蕴和构成人身与环境的十二处、十八界存在这种不即不离的关系，不妨暂时叫它作"非即蕴离蕴补特伽罗"。然而，

　　　　诸法若离补特伽罗，无从前世转至后世；依补特伽罗，可说有移转[2]。

　　可见，补特伽罗是业报轮回的主体。

1　［印］世友：《异部宗轮论》。
2　［印］世友：《异部宗轮论》。

化地部认为，如果一个人修行到阿那含位（小乘四果之一，也称"不还果"，即不再生欲界[1]）而死，那么他的灵魂可停留在无色界[2]最高一个境界（"有顶天"）。这个灵魂叫作"齐首补特伽罗"。

经量部认为，人体内部有叫作"一味蕴"的命根（灵魂），以它为中心长出"根边蕴"维持人的生命。"一味蕴"只是由受、想、行、识四蕴组成，"无始来展转和合，一味而转，即细意识，曾不间断"[3]。它细微难言，可称为"胜义补特伽罗"，而组成人体的基本元素（"诸蕴"）正是通过它转到后世的。因此本派也叫作"说转部"。它所说的"一味蕴"后来被瑜伽行派（在中国为法相宗）吸收发展成为"阿赖耶识"（根本识）。

上述犊子部等公开承认有"我"的观点不仅受到当时说一切有部的反对，也特别受到后来大乘佛教的批判。大乘佛教把犊子部等贬为最低级的佛教，称之为"法我俱有宗"。在他们看来，既承认客观世界，又公开承认有我，这对弘传佛教出世的教义是极端不利的，会导致人们执意追求现实生活和个人出路，迷恋种种利益得失，造成无穷的烦恼。因此，虽然大乘佛教各

1 佛教宣称生命体有五种（或六种），即天、人、畜生、饿鬼、地狱五道（加上阿修罗为六道），此即构成有情欲的"欲界"。
2 佛教"无色定"包括：空无边处、识无边处、无所有处、非想非非想处，为"无色界"的四个境界。
3 参见《异部宗轮论》和《异部宗轮论述记》。

派实际上都接受了灵魂转世的思想，但对于犊子部等公开鼓吹的"法我俱有"论却持批判态度。

说一切有部虽然批判犊子部的补特伽罗说，但却主张有"世俗补特伽罗"或"假我"存在。他们说：

> 有情但依现有执受相续假立，说一切行皆刹那灭，定无少法能从前世转至后世；但有世俗补特伽罗说有移转，活时行摄；即无余灭，无转变诸蕴[1]。

唐代玄奘的弟子窥基解释说：

> 定无少法能从先世至后世等，以我无故；若说假我，可有移转[2]。

这是说，从佛教教义（"圣义"、胜义谛）来说，有情众生由五蕴聚合而暂时存在，组成人身的各种元素刹那生灭，绝没有任何东西转至后世；但从一般人常识（"世俗义"）来说，确实有"我"（灵魂）存在，虽然这个"我"也不真实，但只有承认它才谈得上有轮回转世。只有人们达到彻底解脱（"无余灭"

---

1 ［印］世友：《异部宗轮论》。

2 玄奘述，窥基记：《异部宗轮论述记》。

即无余涅槃）才能真正摆脱生死轮回。

他们还认为，"以执有我，则堕常边；若执无我，便堕断见"[1]，而"常见"（说"死后常住"）、"断见"（"死后断绝"）都是偏执的"邪见"，这对佛教来说是不能允许的，因此，只能假设有我（"假我"），才有利于扩大佛教的影响。《俱舍论》卷三十接着说："如燎原火，虽刹那灭，而由相续，说有移转。如是蕴聚，假说有情（'有情'即'我'），爱取为缘，流转生死。"认为这种说法才符合佛教法的真义。

说一切有部虽然反对公开承认有真补特伽罗存在，但却竭力主张有"中有"存在。所谓"中有"（antarā-bhava），也译作"中阴""中蕴"，因说它以"香"为食，也称为"食香"（gandharva）或"香神"（乾闼婆），是指生命体死后到来世转生之前的灵魂，根据生时的善恶业因转生于五道（或六道）[2]中的不同地方。大众部系统各派一般都否认中有存在，认为"死此生彼，既无中间隔，前灭后即生"[3]，没有今生来生之间的灵魂。但说一切有部却认为不能否认中有存在。《大毗婆沙论》卷一百一十九卷介绍说：

---

1 《俱舍论》卷三十。

2 即前面"欲界"注中讲的五道（或五趣）、六道。

3 玄奘述，窥基记：《异部宗轮论述记》。

　　问：何故作此论？答：为止他义显己义故。谓或有说：无有中有。或复有说：虽有中有，而生恶趣者无。或复有说：生恶趣都虽有中有，或生地狱者无。或复有说：生地狱虽有中有，而造无间业（杀父母等"五逆"罪）者无。或复有说，先造无间业者虽有中有，而中有中不受无间异熟（下地狱的果报）。或复有说，虽住中有，亦受无间异熟，而但受四蕴，不受色蕴。欲遮（"破斥""止"）此种种僻执，显有中有，于有色界一切生处无不皆有，于中亦受色蕴异熟。由此因缘，故作斯论。

　　可见，当时各部派对于"中有"问题的争论相当激烈。说一切有部认为，在欲界、色界[1]都有中有，它是生死轮回的中间环节，没有中有，三世轮回理论就难以成立。他们把生命过程分为四个环节：一、中有；二、生有，生的刹那间；三、本有，生与死之间；四、死有，断气之前。在他们看来，不仅人如此，连他们所谓天神、鬼怪也是如此。他们描绘说中有的形状像个五六岁的小孩，但"轻细难见"，"一切墙壁崖树等皆不能障碍"，少经七日，多经四十九日就去投生。

1　佛教把"四静虑"或"四色定"达到的四个精神境界称"色界"。这四个精神境界即"四禅天"，可细分为十六天或十八天，这里不详加解释。欲界、色界、无色界统称为"三界"。

　　入母胎时，要由三事俱现前，一者母身是时调适，二者父母交爱和合，三者健达缚（或译乾闼婆，意译食香，即中有）正现前[1]。

这样就会转入来世。

既然生命体要在"五道"中轮回，那么，每个生命体死后的中有到底是生天上，还是下地狱？还是成饿鬼，变畜生、再做人？据说这要看他前世的善恶行为。

　　修善行者临命终时，见妙堂园林，池沼伎乐……似欲相迎；作恶行者临命终时，见崄沟壑、猛火烟焰、刀山剑树……似欲相迎……修善行者……从此命终生于天上……作恶行者……以此命终生于地狱。彼本有位有此移转，非中有位，故不违理[2]。

那么，死后如果转生人间又如何呢？为什么有的人一生下来就荣华富贵，有的人一生贫贱呢？他们认为这一切也是由人们的前世行为决定的，而不在于现实的社会原因。他们主张有"善业"者死后定得好报：

1　参见《大毗婆沙论》卷六十九、卷七十，《俱舍论》卷八。
2　《大毗婆沙论》卷六十九。

或生大刹帝家，或生大婆罗门家，或生大长者家，或生随一（任何）大富贵家……丰饶财宝、仓库盈溢，具大宗叶，多诸眷属，僮仆作使，象马辇舆，恒受快乐[1]。

而所谓作"恶业"者，则：

生人中贫穷下贱，多诸苦恼……作旃陀罗、补羯婆等，造秽恶业[2]。

自从佛教问世以来，这种因果报应、轮回转世的教义在社会广大民众中具有最广泛、最深远的影响。应当指出，佛教提倡的通过施舍、持戒、仁慈、不贪、不嗔、不偷盗，倡导"五戒""十善"等"修善积德"的道德说教，在不同历史时期对推广社会文明公德，维护社会稳定起过重大的作用。然而也毋庸讳言，这种带有宿命论色彩的理论在特定社会环境下也会带来某些消极的影响。

---

1 《大毗婆沙论》卷八十二。
2 《大毗婆沙论》卷一百七十五。旃陀罗，贱民，一般指屠夫；补羯婆，贱民，指清粪夫之类。

四、关于解脱和修行的理论

部派佛教在原始佛教基本教义的基础上对包括"戒、定、慧"三学在内的解脱修行理论进行种种极为细致乃至烦冗的分析和论证，提出了难以数清的宗教概念和术语，其中一个重要的方面是关于禅定中的"观法"的，还有关于修行的"果位"的。

本文不拟详述这一切方面，仅就其中介绍两点。

（一）大众部系统的"心性本净"说

按照原始佛教"十二因缘"的理论，人是由于前世无知（痴、无明）造下业因才转生此世的，从一出母胎就有贪、瞋、痴的本性；只有通过严格的佛教修行，才能达到心净解脱。佛陀曾把主张"无因无缘，众生清净"的观点斥为"邪见"[1]。虽然他没有明确地论证人性问题，实际上是不主张"心性本净"说的。到部派佛教时期，佛教内部对于人解脱的内在根据进行了探讨，主张革新教义的大众部系统的部派提出了"心性本净"说，认为：

心性本净，客尘随烦恼之所杂染，说为不净[2]。

---

1 《杂阿含经》卷三。
2 ［印］世友：《异部宗轮论》。

是说人心本来是清净的，只是由于受到后天贪爱等情欲（客尘）的影响才变得污染了。对此有人提出质疑：

> 问：有情无始有心称本性净，心性本无染，宁非本是圣？
>
> 答：有情无始心性亦然，有心即染，故非是圣。
>
> 问：有心即染，何故今言心性本净，说染为客？客、主齐故。
>
> 答：后修道时，染乃离灭，唯性净在，故染称客[1]。

在这里，他们回答的虽然还有含糊的地方，如说"有心即染"，但又强调通过"修道"可以把污染清除，达到心净解脱。这个理论在佛教史上是有重大意义的，它实际解决了所谓人生解脱的内在根据问题。原始佛教和上座部系统的不少部派主张严格的持戒修行，并且认为一个人能否解脱还不仅仅取决于今世，至于成佛那更是不可能的。后来大乘佛教为了争取更多信众，扩大佛教的社会影响，有意简化修证程序，提出"一切众生，悉有佛性"的思想，主张只要领悟自心本具与佛一样的清净本性，消除心中不符合佛教教义的东西，人人皆可成佛。他们还说：

1　玄奘述，窥基记：《异部宗轮论述记》。

心性清净，为客尘染。凡夫未闻故，不能如实知见，亦无修心。圣人闻故，能如实知见，亦有修心[1]。

就是说，凡夫如能知道自己心性本来清净，进行修道，也可解脱。

应当说，大众部的"心性本净"说为以后大乘佛教"一切众生，悉有佛性""悉能成佛"的主张奠定了理论基础。

（二）说一切有部的"四谛观"

原始佛教的基本教义是四谛、八正道、十二因缘，主要修行方法是通过坐禅静虑领悟这些基本教义，并在生活中实践这些教义，为此提出了四念住（念身不净、念受苦、念心无常、念法无我）和四正勤（断除已生恶行、禁止新生恶行、未做善行要做、已做善行要继续做）等。上座部系统基本上继承了这些教义和修行方法，但在理论上做了许多解释和深入论证。在这其中，以说一切有部最为突出，他们特别重视四谛，把四谛作为"戒、定、慧"三学的基础，提出了坐禅观察体验四谛之理的过程和层次，并把这种"观法"与修行果位联系起来。这里仅介绍其"四谛观"的梗概内容。

说一切有部认为佛教著作和教义虽然很多，但可采取由繁

1　此应为大众部观点。参见《舍利弗阿毗昙》卷二十七。

入简的方法，最后抓住佛教最基本的道理——四谛。《大毗婆沙论》卷七说，如果读佛经、律、论三藏感到厌倦了，那么就只了解佛典的要点十八界、十二处、五蕴就行了；如果对此也一一弄通了，那就只领会"四念住"就行了。因为四念住可以基本概括上述几个方面的内容，又可归之为观察四谛之理。它说：

　　观察此四圣谛时，立为三分，谓名故、自相故、共相故。名者，谓此名苦谛，乃至此是道谛；自相者谓此是苦谛自相，乃至此是道谛自相。共相者，谓四行相。

　　所观苦谛四种共相：一、苦；二、非常；三、空；四、非我，四行相。

　　所观集谛四种共相：一、因（贪爱是苦因）；二、集（贪爱是苦集）；三、生（贪爱引起苦）；四、缘（贪爱是苦的助缘）、四行相。

　　所观灭谛四种共相：一、灭（灭苦恼）；二、静（灭苦恼后清静）；三、妙（达到美妙境界）；四、离（脱离生死苦恼），四行相。

　　所观道谛四种共相：一、道（八正道）；二、如（合乎正理）；三、行（通往理想境界）；四、出（超脱生死）。彼缘此谛修智修止……[1]

1　《大毗婆沙论》卷七。

　　此即为四谛的"十六行相"。可见，说一切有部把观察四谛作为领会佛教基本教义的重要方式和过程。

　　接着，本书继续介绍观四谛的程序，即观四谛中每一个谛时都应当先观察联想欲界，然后观察联想色界、无色界，这样来领会四谛之理。他们把观察四谛分为十六个程序，得到十六种智慧，称为"十六心"。苦、集、灭、道四谛各有四心，即"法智忍""法智""类智忍""类智"。如观苦谛时，先观欲界苦，断欲界的错误见解（"见惑"），此为"苦法智忍"；证苦谛之理为"苦法智"；再观色界、天色界苦，断此二界的错误见解，此为"苦类智忍"；证此二界苦谛之理为"苦类智"。其他三谛观法以此类推，共"十六心"。称前十五心为"见道"，后一心为"修道"。见道为修成"圣位"的预备阶段，称为"预流向"；入"修道"后才逐渐修成"圣位"，最终达到解脱，得阿罗汉果[1]。

　　然而一个人能否达到解脱，绝不是通过一次禅观或修行即可达到，甚至也不是一生两生可以达到。说一切有部宣称，首先要真心"欣求涅槃"，通过施舍、持戒等行为在心中"种植解脱种子"；然后，最快也要经过三生才有可能达到解脱，而有的

1　参见《大毗婆沙论》卷七、《俱舍论》卷二十二等。

人"或经一劫[1]，或经百劫，或经千劫"也不能解脱……[2]

仅从以上介绍可以看到，说一切有部主张累世修行，并以达到个人解脱（成阿罗汉）为目的。这种解脱修行的理论难免令信众望而生畏，不仅与以后大乘佛教相比是保守的，就是与同时代的大众部相比也是保守的。说一切有部的经院哲学在所有部派中是最突出的。虽然它在大乘佛教产生以后仍存在很长时间，但由于它的宗教哲学还在一定程度上承认有客观世界（"法有"）及解脱修行理论的保守、烦琐，不能适应时代需要而扩大佛教在社会上的影响。

综上所述，部派佛教是在印度奴隶制统一国家逐渐形成，原始佛教取得迅速发展的历史条件下产生的，是佛教发展史上一个重要时期。在新的历史时期，各个佛教部派提出了各种不同的主张，彼此进行了激烈的争论，但其目的都是为了调节和充实佛教的教义理论，以不断适应时代发展和社会民众的需要。

部派佛教在佛教教义方面提出了一些新的理论，对以后大乘佛教的兴起和发展有直接影响。大众部系统关于世界空寂的理论对大乘空宗——般若中观学派有很大影响，而它的带有神秘色彩的佛陀观和"心性本净"说则为大部分大乘派别继承。

1　劫，佛教认为世界不断毁灭，不断形成，每一次毁灭与形成之间的周期为一劫，可概释为"大时"。

2　《大毗婆沙论》卷七。这里为尽可能避免枯燥，仅作简单介绍，许多宗教术语未涉及。

上座部系统说一切有部对于世界万物，特别是对于心理现象（"心所"）的分析，经量部的"一味蕴"和"转世"说，则为以后大乘有宗——瑜伽行派（在中国为法相唯识宗）直接继承。

　　自然，由于时代不同，大乘佛教无论在哲学上还是在教义方面都有许多新的发展，编撰了更加庞大的三藏文献体系。

附：

```
                                    ┌─ 一说部
                                    ├─ 说出世部
                                    ├─ 鸡胤部（灰山住部）
                                    │
                                    │─ 多闻部
                    ┌─ 大众部────────├─ 说假部
                    │   100—200 年   │
                    │                ├─ 制多山部
                    │                ├─ 西山住部
                    │                └─ 北山住部
                    │                   200 年以后
释迦牟尼佛          │
灭后 100 年────────┤                                 ┌─ 法上部
                    │                                 ├─ 贤胄部
                    │                 ┌─ 犊子部────────├─ 正量部（三弥底部）
                    │                 │                └─ 密林山部
                    │                 │
                    │  ┌─ 说一切有部──├─ 化地部（密沙塞部）── 法藏部（法密部）
                    └──┤   200—300 年  ├─ 饮光部（迦叶臂耶部）
                       │                └─ 经量部（说转部）
                       │                   300 年以后
                       │
                       └─ 雪山部
```

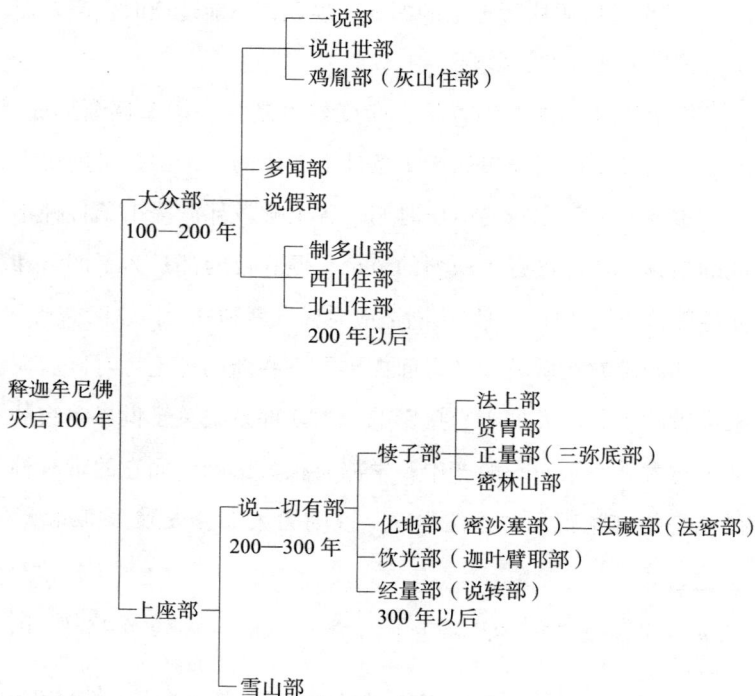

北传佛教所传"部派佛教"二十部示意图

小乘和大乘

在佛教发展史上，原始佛教与部派佛教在教义上属于同一个体系，被后来兴起的大乘佛教统贬为"小乘佛教"。

何为大乘、小乘？"乘"意为运载、乘载。所谓"大乘"，梵文是 Manāyāna（音译：摩诃衍那），意为大的乘载物（船、车，也可引申为道路），据称能运载无量众生从生死苦恼的此岸到达觉悟解脱的涅槃彼岸。"小乘"，梵文是 Hinayānā（音译：希那衍那），意为狭小的乘载物。大乘称它只能运载少量众生达到涅槃彼岸。此后，大乘又进而将小乘分为"声闻乘"和"缘觉乘"，称为"二乘"。"声闻乘"是指听闻佛宣述四谛之教而达到觉悟者及四谛等教义。"缘觉乘"是指通过独自观想"十二因缘"而达到觉悟者及"十二因缘"之法，也称"独觉乘""辟支佛乘"。

按照《法华经》卷二《譬喻品》的说法：

> 若有众生，内有智性，从佛世尊闻法信受，殷勤精进，欲速出三界，自求涅槃，是名声闻乘……
>
> 若有众生，从佛世尊闻法信受，殷勤精进，求自然慧，乐独善寂，深知诸法因缘，是名辟支佛乘……
>
> 若有众生，从佛世尊闻法信受，勤修精进，求一切智、

佛智、自然智、无师智、如来知见、力、无所畏，愍念安
乐无量众生，利益天人，度脱一切，是名大乘……

这里"从佛世尊闻法信受"中的"佛世尊"，实际是指此经
卷五《如来寿量品》所说的"成佛已来甚大久远"之佛（集法、
报、应三身为一体），已不是历史上的释迦牟尼佛。然而经文还
是扼要指出了三乘佛教基本特色的：声闻乘"欲速出三界，自
求涅槃"（求速自觉出世，涅槃解脱）；辟支佛（缘觉）乘"乐
独善寂，深知诸法因缘"（独自观悟因缘之法）；大乘"愍念安
乐无量众生，利益天人，度脱一切"（自觉并觉他，旨在普度
众生）。

从佛教的创立和发展历史可以清楚看到，小乘佛教实际是
大乘佛教的基础，大乘佛教是小乘佛教发展的产物。在大乘佛
教兴起之后，小乘佛教并没有消亡，而是在很长的时期与大乘
佛教并行传播和发展。这从东晋法显《佛国记》、唐代玄奘《大
唐西域记》、义净《南海寄归内法传》等记述他们赴印求法历程
的著述，以及南朝梁僧佑《出三藏记集》、唐智升《开元释教
录》等历代译经目录中，可以得到清楚的了解。

即使到现在，小乘佛教（这里不含贬义）仍在斯里兰卡、
泰国、缅甸、老挝、柬埔寨等南亚、东南亚各国盛行，相对于
以中国为中心的北传汉传佛教，统称"南传佛教"，若按佛典用
语也称"巴利语系佛教"。小乘佛教也适应时代和各国国情发生

了很大变化，迄今对这些国家的政治、文化、教育和习俗有很大影响。

中国佛教拥有"三大语系佛教"，即汉语系佛教、藏语系佛教和巴利语系佛教，其中巴利语系佛教流行于云南西双版纳傣族自治州等地。

大乘佛教不属于本书论述的范围，然而为了让读者对佛教有个完整的了解，从而对佛教起源和早期发展有比较深入的了解，这里也对大乘佛教的起源和发展情况做概略的介绍。

公元 1 世纪前后，即在释迦牟尼佛入灭 500 年之后，大乘佛教开始兴起于古印度南部，然后传播到古印度的西部和北部[1]，至贵霜王朝迦腻色迦王（约 2 世纪中叶）在位时得到很大发展。

随着原始佛教的广泛传播和兴盛，在进入部派佛教时期之后，以说一切有部为代表的部派在对原始佛教教义理进行系统诠释和发挥过程中，将佛教义理、修行方法阐释得日益复杂，以至趋于细碎和烦琐，从而导致愈益脱离普通信众。此时，带有自由超脱色彩和更多神话要素的大众部所诠释的教义得到迅速传播，受到信众的欢迎。大乘佛教就是在大众部的教义基础

---

1 《般若经》是大乘佛教的早期经典。后秦鸠摩罗什译《摩诃般若经》卷十三记述，"般若波罗蜜"先在"南部国土"流传，然后从南方转至西方，从西方转至北方。由此可以推测大乘佛教形成和早期传播的情况。

上创立的，在发展中又受到印度民间宗教信仰及希腊、伊朗文化的影响，在对于宇宙万物的本质、人的心性及关于修行解脱等问题的论证中具有更丰富、深刻的哲学思辨成分。大众部曾盛行于古印度南部，后来趋于消亡，然而它在大乘佛教创立和早期传播起到了重要作用。

在原始佛教和嗣后的部派佛教时期，在家居士信众是僧团的外围护法势力，他们在经济上资助僧团的日常生活和传教活动，并且负责维护寺院、佛陀生前遗迹和佛塔等场所。这些在家居士是促成大乘佛教形成的重要社会力量。他们对佛的崇奉和膜拜，对佛一生业绩的传播和神化，结合日常生活对教义的解释和发挥，都对大乘佛教的形成有直接推动作用。

公元4世纪在摩揭陀国兴起笈多王朝，印度开始进入封建制社会。此后大乘佛教进入鼎盛时期，而到7世纪形成密教之后，大乘佛教逐渐没落。至13世纪初由于信奉伊斯兰教的民族的到来，佛教在古印度本土趋于消亡。

大乘佛教在历史发展中大体经历了如下三个阶段。

一、初期阶段（1世纪至4世纪）

早期大乘基本经典有《般若经》《法华经》《华严经》《无量寿经》《维摩诘经》《般舟三昧经》等，而以《般若经》影响最大。

《般若经》有篇幅不同的小品、大品经，主张"诸法性空"，意为一切现象在本质上空幻不实，同时主张"中道"思想，谓空与世界万有相即不二，所谓"色即是空，空即是色"；同时提出包括"布施、持戒、忍辱、精进、禅定、智慧"的"六波罗蜜（六度）"，作为大乘修行者"菩萨"必修之道，称之为"菩萨行"或"菩萨道"，是构成大乘佛教教义的重要理论基础。

《法华经》全称《妙法莲华经》，主张"会三归一"，主张会通声闻、缘觉二乘（小乘）和菩萨乘（大乘）"三乘"，皆归之于"一佛乘"；认为人人具有佛之"知见"，皆可觉悟成佛，并且致力沟通佛法与世间，提出"俗间经书、治世语言、资生业等皆顺正法"[1]。

《无量寿经》宣述西方"安乐世界"阿弥陀佛的信仰，说心念和口念阿弥陀佛的名号即可以在死后"往生"安乐（极乐）世界。

《华严经》讲大乘修行应遵循的宗旨、方法和可以达到的阶位，强调修持"六度"；同时宣述法界（特指真如佛性）缘起及佛与众生、世界事物的大与小、时间的古与今等相融无碍，并提出"三界虚妄，但是心作""心佛及众生，是三无差别"[2]及"佛

---

1 《法华经》卷六《随喜功德品》。

2 《华严经》卷二十五《十地品》、卷十《夜摩天宫菩萨说偈品》。

法世间法等无差别，世间法入佛法，佛法入世间法"[1] 等思想，对后世影响很大。

在大乘初期的著名论师有龙树（约 150—250）及其弟子提婆。他们在阐释《般若经》思想的基础上建立了大乘中观学派。龙树著有《中论》《十二门论》和《大智度论》，提婆著有《百论》。这些论著以一切皆空的思想为基础，论证世界万物不生不灭，不常不断，不一不异，不来不出的中道观点，并对外道（佛教以外的学说或教派）、小乘的观点进行批评。

中观学派主张的真（真谛、出世间、佛与菩萨、彼岸、涅槃境界等）、俗（俗谛、世俗社会、现实人生、生死烦恼等）相即与不二的观点，所谓"不离于生死而别有涅槃"等说法，旨在缩小佛教教义中的"世间"与"出世间"的距离，对后世佛教借助这种思想深入社会民间及进行现实主义变革有很大的影响。

大乘佛经虽皆标榜是佛所说，然而从时间和内容来看，绝非创立原始佛教的释迦牟尼佛所说。小乘佛教僧众最早对此提出过质疑。据印度无著所著《大乘庄严经论》卷一记载，他们指出"声闻乘是佛说"而"大乘非佛说"。类似说法，在中国佛教史书中也有记载。例如，南朝梁慧皎所著《高僧传》卷四《朱士行传》记载，3 世纪时三国魏的朱士行西行求法，在于阗求得大品般若经的《放光般若经》梵文本，竟受到当地小乘僧

---

1 《华严经》卷二十五《十地品》、卷十一《十行品》。

众的责难。他们上告阗王说："汉地沙门欲以婆罗门书惑乱正典。"[1]此外，在一些大乘佛经中也载有诸如菩萨"承佛神力"或"承佛威神"而演说大乘佛法的记述，也当是这种情况的反映。

应当指出，大乘佛经是信奉大乘佛法的僧俗信众以佛的名义，在以往佛法基本宗旨和理论的基础上编述的，是佛教适应时代进步和信众信仰需要而进行的重大创新，从而将佛教与时俱进的发展推向新的起点，开辟了佛教传播和发展历史的新纪元。

二、中期阶段（约 4 世纪末至 6 世纪）

大约在 4 世纪至 5 世纪在古印度形成《大涅槃经》《胜鬘经》《解深密经》《楞伽经》等大乘佛教重要经典。

这些经典在宣传一切皆空思想的同时，又增加了新的内容：一方面对大众部的"心性本净"思想做了重大发展，主张一切众生生来就具有与佛一样的本性，称之为佛性（意为成佛的内在依据或成佛基质），一切众生皆可成佛；另一方面对《法华经》中的所说"会三归一"、各类众生皆能成佛的说法做了系统的论证。这一时期的大乘佛教经典的共同特点是从各个不同的角度对心性问题做比较深入和集中的论述。

在这一时期兴起的大乘佛教学派是法相唯识学派，也称瑜

1　慧皎：《高僧传》卷四《朱士行传》。

伽行派。早期的唯识学者有弥勒（或认为此为假托弥勒菩萨，实无其人）、无著、世亲三人。

唯识学派的代表性著作有：署名是弥勒述、无著记的《瑜伽师地论》；无著的著作《大乘庄严经论》《辨中边论》《摄大乘论》《显扬圣教论》《阿毗达磨集论》等；世亲的著作《摄大乘论论释》《十地经论》《辩中边论》《唯识二十论》《唯识三十颂》等。这些著作是在对《解深密经》《胜鬘经》《楞伽经》等经所宣述的心性思想做了深入论证的基础上，构建了系统的理论性很强的唯识学说。

唯识学说的基本内容是认为世界万有和一切人的正常认识皆虚幻不实，它们皆不过是"唯识"所变。这一学说论述：具有变现世界万有功能的是人的心识。心识共有八种，除眼、耳、鼻、舌、身、意"六识"之外，还有第七识"末那识"、第八识"阿赖耶识"。末那识是沟通前六识和第八识阿赖耶识的，为第六意识所依。末那识将阿赖耶识执为"自我"，能够分辨自我与外物及是非、善恶，相似于现代所说的主体意识与思辨功能。心识中最重要的是第八阿赖耶识，被认为是生命的主宰，相当于现代用语中的精神或灵魂。认为阿赖耶识藏有种种精神性的"种子"（实指种种精神功能），是形成一切物质的和精神的现象的本原。按照唯识学说的主张，修行者只有经过艰难复杂的"转识成智"修行，舍弃原在阿赖耶识所藏的一切情欲烦恼种子，才能在非世人可以计算的久远未来——"三阿僧祇劫"达到觉悟解脱。

　　唯识学派学者陈那是世亲的弟子，对唯识学说和佛教逻辑"因明"学有所发展。在陈那之后有无性、护法等人。5 世纪以后，位于印度西北的那烂陀寺（在今比哈尔邦）是唯识学派的传法中心。7 世纪唐朝高僧玄奘到印度教求法，就是在这里跟护法的弟子戒贤学习法相唯识学说的。玄奘所翻译的唯识学说派的重要论书《成唯识论》主要介绍的是护法的观点。

　　在这一时期，大乘中观学派的著名论师有佛护和清辨。佛护著有《中论颂注》，运用龙树"随应破"的论证方法揭示论敌结论不能成立而又回避正面提出主张（破而不立）的论战作法，借以阐释发挥龙树的诸法"自性空"的思想。以佛护为代表的中观学派被称中观随应破（或应成）派，嗣后的学者有月称、寂天等。

　　清辨著有《般若灯论》《中观论颂》《大乘掌珍论》等，在诠释中观思想过程中采取因明比量（推论）的方式提出自己的主张。以他为代表的学派被称中观自立量（或自续）派。其后论师有寂护、莲华生等。

三、后期阶段（7 世纪至 13 世纪初）

　　8 世纪以后，信奉伊斯兰教的阿拉伯国家开始向印度扩张。此后，在今阿富汗先后兴起的信奉伊斯兰教的突厥人伽色尼王朝、廓尔王朝相继多次入侵印度。进入 12 世纪以后，廓尔王朝占领了孟加拉、比哈尔等，统治了北印度，并以德里为中心建立了德里苏丹王朝。

在这个动荡不安的时期，印度曾兴盛过密教。

密教所依据的主要经典有《大日经》《金刚顶经》等，奉法身佛（佛法的抽象化、人格化）"大日如来"为最高本尊，同时以不同语句宣述大日如来与释迦牟尼佛乃至大乘一切佛、菩萨一体不二，相即为一。密教自称是大日如来所说之教，意蕴秘奥、深奥、秘密，难为人知，故得名，而称由无数"应身"或"化身"所说的教法是"显教"，意为浅显、浅略之教。

密教实际是大乘佛教发展的后期形成的教派，在教义思想方面既吸收了大乘佛教的中观、唯识学说，又吸收了源自婆罗门教的印度教和印度民间信仰的某些成分，以重视梵字（真言）咒语、祭祠、各种仪规和富有神秘色彩的教义为特色。后期密教甚至也吸收了印度教性力派的做法，将男女性行为也引入教义和修行方法之中，形成"左道密教"，因而日趋堕落。

这个时期，在孟加拉、奥里萨一带立国的波罗王朝曾支持密教，建立超岩寺（或译超行寺）作为密教道场，连著名的那兰陀寺也成为密教传法中心之一。

四、大乘佛教与小乘佛教的比较

仅从以上对大乘佛教兴起和发展的概述不难看到，大乘与小乘虽皆称佛教，然而彼此之间是存在很大差别的。正是由于这些差别，构成了二者的不同的特色。

（一）对佛看法的不同

原始佛教尊释迦牟尼为教主，虽认为他在品性、智慧、学问、能力等方面有超人之处，但仍将他看作是现实生活中的人、圣人。到了部派佛教时期，上座部系统基本上仍沿袭原始佛教这种看法，而大众部系统已开始将佛予以神化。

在大乘佛教形成之后，在对佛的神化方面出现与大乘佛教思想相适应的一些新说法，最有影响的莫过于佛有法、报、应（化）三身的说法。所谓"法身佛"，实际是佛法原则、精神的绝对化和人格化，在很多场合与大乘佛教所说的"佛性""法性""真如""实相"等等同，无形无相，无时不在，无所不在。"报身佛"是基于"菩萨之道"的教义，谓菩萨经无数劫发愿修行——"庄严国土，成就众生"或"教化众生，庄严国土"感应所得的果报之身，以大定（凝心寂静入定）、大慧（深入法界，体悟实相）、大悲（誓愿济世救苦）为体，有其相应的佛国净土。化身或应身，是指法身佛应机显化于"婆娑（实指现实）世界"教化众生之身，释迦牟尼佛即为化身之一（然而也被解释为三身一体者）。化身或应身佛与报身佛在数量上皆是无尽的。

大乘佛经记述，在四维上下，到处有佛，佛国净土无数，最著名的有西方无量寿佛的极乐世界、东方阿閦佛的香积世界、东方药师佛的净琉璃世界、南方宝相佛的欢喜世界、北方微妙声佛的莲花庄严世界等。

（二）佛法理论的差异

原始佛教以四谛学说为基本教义，要求通过修证"八正道"而达到对四谛的体认和领悟；部派佛教中上座部诸派对此做了深入系统的论证和发展；大乘佛教则提出各种体系庞大并带有深奥哲学思辨色彩的理论。

从大的方面来说，有的大乘学说侧重于世界本体论的论证，如般若类经典及中观学派的《中论》等，论证"诸法性空"、中道实相等。有的则强调心性的本体地位和在修行解脱中的作用：如《华严经》《楞伽经》等宣说"三界唯心"及如来藏自性清净心是解脱之因；《大涅槃经》宣称一切众生皆有佛性，皆能成佛。也有的注重于心性分析，论证如何舍染返净、"转识成智"的心理修证过程，如《解深密经》和《瑜伽师地论》及杂糅护法诸师之说的《成唯识论》等。

大乘佛教以"六度"为基本修行方法，尤其重视其中的禅定和智慧，但因各派侧重的理论不同，对修行方法也有不同的要求。

（三）小乘、大乘的修行果位

包括原始佛教、部派佛教在内的小乘佛教在修证果位方面皆以阿罗汉为最高果位，而大乘佛教则以修证成佛为最高目标。前面已经介绍，阿罗汉意为断除一切欲望烦恼，摆脱生死轮回，应受众生供养的觉悟者。

然而大乘却认定，以阿罗汉作为最高修证果位是求"自利"而不是"利他"。大乘修行者为"菩萨"，不仅"自利"而且以"利他"自任，所谓"上求菩提，下化众生"，实践"大慈大悲"（让众生得乐脱苦）的"菩萨道"，在普度一切众生之前"不中道涅槃""中途寂灭"。菩萨通过漫长艰苦卓绝的修行，体证真如，则可成佛。"佛"的含义是"自觉觉他"，达到"觉行圆满"。

关于菩萨成佛须经过多少次第阶位，经过多长时间？在大乘佛经中记载不一。如果按照后秦竺佛念所译《菩萨璎珞本业经》的记述，菩萨须经过预备阶段（外凡、内凡）的四十阶位（四十心），即十信位、十住位、十行位、十回向位[1]之后，进入

1　十信：信心、念心、精进心、慧心、定心、不退心、回向心、护法心、戒心、愿心；十住：发心住、治地心住、修行心住、生贵心住、方便心住、正心住、不退心住、童真心住、法王子心住、灌顶心住；十行：欢喜心行、饶益心行、无嗔恨心行、无尽心行、离痴乱心行、善现心行、无著心行、尊重心行、善法心行、真实心行；十回向：救护一切众生离相回向心、不坏回向心、等一切佛回向心、至一切处回向心、无尽功德藏回向心、随顺平等善根回向心、随顺等观一切众生回向心、如相回向心、无缚解脱回向心、法界无量回向心。

菩萨的十地位[1]，方可经等觉（最高位次的菩萨，所谓"金刚慧
幢菩萨"，等同于佛），进入妙觉（"第一无极，湛若虚空"，相
当于佛的法身）。晋译《华严经》记述，菩萨经十住、十行、十
回向之后，进入菩萨十地，然后方可成佛。至于成佛经过的时
间，是用不可计量的"劫（大时）"作单位的，据称"其数百
劫，乃得等觉"，然后"住寿万劫，化现成佛"[2]。"劫"有小劫、
中劫、大劫、"阿僧祇（无数）劫"之分，不管哪种劫，皆非数
字可以计算，意味着成佛是遥遥无期的。

在这点上，虽然为后世佛教深入民众传播带来问题，然
而也为佛教创新发展留下广阔的空间。佛教传入中国，在实现
中国化过程中形成天台宗、华严宗和禅宗等富有民族特色的宗
派，他们皆提出自己的成佛论。其中的禅宗，以其"佛是自性
作""自性迷，佛即是众生；自性悟，众生即是佛""即心是佛"
等思想[3]，向大乘佛教注入面向民众的现实主义精神，从而将大
乘佛教推向新的高度，拓宽发展的道路。

应当指出，大乘佛教所倡导"大慈大悲"的"菩萨道"和
"利他""觉他"等思想，虽是从宗教理论的意义上讲的，然而

1　十地：四无量心、十善心、明光心、焰慧心、大胜心、现前心、无生心、不思
　　议心、慧光心、受位心。

2　《菩萨璎珞本业经》卷下《佛母品》、卷上《贤圣学观品》。

3　杨曾文：《唐五代禅宗史》（社科学术文库版）第五章第一节及第七章第一节，
　　中国社会科学出版社，1995 年。

即使在劝导信众参与现实社会生活、利益群生等方面，也是超越于原来的小乘佛教的。

此外，大乘佛教对佛国净土（如西方安乐净土、兜率天净土）、菩萨（如观世音、弥勒、文殊、普贤、地藏）的信仰方面，既有经典，也有通俗宣传，得到信众广泛接受。这些也是以往小乘佛教所没有的。

佛教发源于古印度，经历了从原始佛教、部派佛教到大乘佛教的演变，反映了佛教顺应时代和民众信仰要求而发生的重大发展。佛教从印度传到亚洲一些国家和地区以后，无论是小乘还是大乘，皆在传播过程中发生了新的变化和发展。

参考资料
摘编

一、古印度奴隶制社会

（一）奴隶制国家土地国有制和土地分封情况

《阿含经》称统御天下的国王为带有神秘色彩的"转轮圣王"，说转轮圣王"统领一切地，乃至大海"。如：

"人寿八万岁时有王名高罗婆，聪明智慧为转轮王，有四种军整御天下……统领此一切地乃至大海……"

（《中阿含经》卷三十《教昙弥经》）

"犹如转轮王，群臣所围绕，悉领一切地，乃至于大海。"

（《中阿含经》卷二十九《请请经》）

"拘萨罗斯惒提……尔时斯惒提中有王名蜱肆，极大丰乐，资财无量，畜牧产业不可胜计，封户食邑种种具足。斯惒提邑泉池草木，一切属王，从拘萨罗王波斯匿之所封授。"（刹帝利种姓）

（《中阿含经》卷十六《王相应品蜱肆经》）

"尔时弥萨罗有梵志[1]名曰梵摩，极大富乐，资财无量，畜牧产业，不可称计，封户食邑，种种具足丰饶。弥萨罗乃至水

1　梵志，即婆罗门。

草木，谓摩揭陀王未生怨（阿阇世王）鞞陀提子特与梵封。"（婆罗门种姓）

（《中阿含经》卷四十一《梵摩经》）

拘萨罗国斯波醯村

"此村丰乐，民人众多，树木繁茂，波斯匿王别封此村与婆罗门弊宿，以为梵分。"

（《长阿含经》卷七《弊宿经》）

拘萨罗国郁伽罗村

"其村丰乐，人民炽盛，波斯匿王即封此村与沸伽罗婆罗婆罗门，以为梵分。"

（《长阿含经》卷十三《阿摩昼经》）

"世尊告曰：须闲提，犹如居士、居士子，极大富乐，资财无量，多诸畜牧，封户食邑，诸生活具，种种丰饶……"（吠舍种姓）

（《中阿含经》卷三十八《须闲提经》）

"犹如居士、居士子，极大富乐，多有钱财，畜牧产业，不可胜计，封户食邑，米谷丰饶，及若干种诸生活具，奴婢象马，其数无量。"

（《中阿含经》卷五十《加楼乌陀夷经》）

"犹人大富自说不富，亦有国封说无国封，又有畜牧说无畜牧，若欲用时，则有金银真珠、琉璃、水精、琥珀，有畜牧米谷，亦有奴婢。"

（《中阿含经》卷二十三《知法经》）

（二）奴隶主驱使农民、奴隶经营农业和畜牧业情况

"尔时耕田婆罗豆婆遮婆罗门，五百具犁耕田，为作饮食……"

（《杂阿含经》卷四）

佛弟子大迦叶，其父迦毗罗是罗阅城的大婆罗门

"饶财多宝，不可称计，有九百九十九头耕牛田作。"

（《增一阿含经》卷二十《声闻品》）

"摩伽陀国王舍大城，有一聚落，其聚落名摩诃娑陀罗，彼处有一婆罗门村，其村还名摩诃娑陀罗，而彼村内有一大富婆罗门名尼拘卢陀羯波，彼大长者，巨富多饶财，多有驱使，乃至其家，犹如北方毗沙门天宫宅无异，而彼长者大婆罗门，领五百村，处分驱使，受其节度。尔时摩伽陀国频头婆罗王有一千具犁牛耕地，彼婆罗门止少一具，不满一千……所有六畜，不可知数……其金钱藏，一切合有二十五窖……"（此婆罗门即大迦叶之父，领五百村，国王亦有自属领地。）

（《佛本行集经》卷四十五《大迦叶因缘品》）

某婆罗门曾为国王贵臣，后被逐到异国，被旧友某婆罗门收留监督奴隶耕作

"梵志心念，此人所诵，今已废忘，无所能化，能令田作，辄给奴子及犁牛，见梵志耕种，苦役奴子，酷令平地走使东西，奴子无聊，欲自投水，往到河侧，则得一双七宝之履。心自念言，欲给大家（指田主），大家无恩，欲与父母，必卖啖食，梵志困

我，役使无赖，吾当奉承，以展上之，可获宽恣。"（督奴田耕）

（《生经》卷一《佛说五仙人经》）

"波罗奈城，有一尊者，名曰所守，是梵志种也……为王所敬……多所娱乐，令王欣愕，王大欢喜，多所赐遗，恣其所欲。梵志白王，我当归家，自问其妇，欲何志求……妇问梵志，君何所愿，其夫答曰：我愿一县；其妇答曰：用县邑求，我愿得百种璎珞庄饰，臂钏步瑶之属，种种衣服，奴婢乳酪……其子答曰：我之所愿，不用步行，得乘车马，与王太子大臣俱游……其女对曰：我所求者，欲得珠宝……于是梵志又问奴婢，欲何志求，奴言，欲得车牛、覆田耕具；婢曰：欲得碓磨，舂栗砲面以安……梵志还诣王所，具足为王本末说……其王各皆以赐，各各如志愿。"（婆罗门，求县邑；妻，求首饰奴婢；奴，求耕牛及车具；婢，求碓磨）

（《生经》卷五《佛说梵志经》）

"摩揭陀大臣雨势（当为王田管理人），遣瞿默目捷连田作人，往至竹林加兰哆园……尔时摩揭陀大臣雨势慰劳田作人，往诣瞿默目捷连田作人所……遥见尊者阿难坐在梵志瞿默捷连田作人中。"

"有梵志大长者，名曰无恚，极大富乐，资财无量，畜牧产业，不可胜计，封户食邑，种种具足……有子名优多罗摩纳……有善朋友名难提波罗陶师……归佛、归法、归比丘众……离治生、断治生、弃舍称量及半斛，弃舍受货，不缚束人，不望折斗量，不以小利侵欺于人……离受寡妇童女，断受寡妇童女……离受奴婢，断受奴婢……离受鸡猪，断受鸡猪……离受田业店肆，断受田业店肆……离受生稻麦豆，断受生稻麦豆……手离铧锹，不自掘地，亦不教他……"（奴隶主经营）

（《中阿含经》卷三十六《瞿默目捷连经》）

（三）奴隶是奴隶主的财产，可以任意处置

"阿难，如此鹿子母堂，空无象马牛羊、财物、谷米、奴婢，然有不空，唯比兵众。"（奴隶是财产之一）

（《中阿含经》卷四十九《小空经》）

"云何病法也……象马牛羊、奴婢、钱财、珍宝、米谷是病害法。"

（《中阿含经》卷五十六《罗摩经》）

"旗下俘获的、食奴、家生的、买得的、受赠的、祖传的和服刑奴，以上为奴隶的七个来源。"（奴隶来源）

（《摩奴法论》第八章第 415 则 [1]）

舍卫城须达多对佛说：

"若人卖奴婢者，我辄往彼语言贤者，我欲买人，汝当归

1　在《古印度吠陀时代和列国时代史料选辑》中这段文字是这样："在旗下被俘的，为了给养的奴隶，在家中生的、买来的、赠予的，继承的和由于处罚而为奴的——七种奴隶是这样。"

佛、归法、归比丘僧，受持禁戒，随我教香，辄受五戒，然后随价而买，不随我教，则所不取；若佣作入，亦复先约受三归五戒……"（奴隶买卖）

（《杂阿含经》卷四十七）

昔叶波国王太子须大拏因施舍无度被逐山中，又把两儿施给一穷梵志

"妻睹儿曰：奴婢不尔……手足悦泽，不任作劳，急行衔卖，更买所使……天惑其路，乃之本土……王呼梵志将儿入宫……曰：卖儿几钱？梵志未答，男孙勤曰：男直银钱一千，特牛百头；女直金钱二千，牸牛二百头……梵志曰：直银钱一千，特牛牸牛各百头，惠尔者善，不者自已。王曰：诺。即雇如数。"

（《六度集经》卷二）

"昔时有居士妇名鞞陀提，极大富乐，多有钱财，畜牧产业，不可胜计，封户食邑，米谷丰饶……有婢名黑……黑婢卧至晡时乃起，夫人呼曰：黑婢何以乃至晡时起，既不自作人亦不教作……手执大杖，以打其头，头破血流……"（毒打奴婢）

（《中阿含经》卷五十《牟梨破群那经》）

舍卫国中有长者子，因婢送饭施给佛和舍利费、目犍连

"极大嗔恚，以杖而打，即时命终。"（打死奴婢）

（《杂宝藏经》卷五）

二、婆罗门教关于奴隶制种姓制的规定

王舍城竹林加兰哆园，郁瘦歌逻梵志问曰：

"瞿昙，梵志为四种姓施设四种奉事……梵志为梵志施没奉事，梵志应奉事梵志，刹利（即刹帝利）、居士（即吠舍）、工师（手工业者，即首陀罗）亦应奉事梵志……此四种姓应奉事梵志……梵志为刹利施设奉事，刹利应奉事刹利，居士、工师亦应奉事刹利……此三种姓应奉事刹利……梵志为居士施设奉事，居士应奉事居士，工师亦应奉事居士……此二种姓应奉事居士……梵志为工师施设奉事，工师应奉事工师，谁复下贱应施设奉事工师，唯工师奉事工师。"（"施设"即规定，"奉事"即义务）

郁瘦歌逻梵志曰：

"梵志为四种姓施设四种自有财物……为梵志施设乞求自有财物……为刹利施设弓箭自有财物……为居士施设田作自有财物……为工师施设麻自有财物。"（为四姓分别施设：乞求、弓箭、田作、麻）

（《中阿含经》卷三十七《郁瘦歌逻经》）

生闻梦志问佛：刹利、居士、妇人、偷劫者、梵志、沙门何欲、何行、何立、何依、何讫。佛答：

"刹利者欲得财物，行于智慧，所立以刀，依于人民，以自在为讫。"

"居士欲得财物，行于智慧，立以技术，依于作业，以作业

竟为讫。"

"妇人者欲得男子，行于严饰，立以儿子，依于无对，以自
在为讫。"

"偷劫者欲不与取，行隐藏处，所立以刀，依于暗冥，以不
见为讫。"

"梵志者欲得财物，行于智慧，立以经书，依于斋戒，以梵
天为讫。"

"沙门欲得真谛，行于智慧，所立以戒，依于无处，以涅槃
为讫。"

（《中阿含经》卷三十七《何欲经》）

拘萨罗波斯匿王问四种姓，佛曰：

"此有四种，刹利、梵志、居士、工师，此有胜如，有差别
也。刹利、梵志种，此于人间为最上德，居士、工师种，此于
人间为下德也。"

（《中阿含经》卷五十九《一切智经》）

"舍卫城中有婆罗门五百人，五百人相将俱出城，自至其
田庐，相与共坐讲议言，本初起地上人时，皆是我曹婆罗门
种，第二种者刹利，第三种者田家，第四种者工师，我曹种最
尊，初起地上作人时，皆是我曹种，初生时从口中出，今世人
反从下出。在天下者，我曹种为最尊，我曹种皆是第七梵天子
孙，佛反言天下一种耳。佛皆持我曹种与刹利、田家、工师种
等；我曹种死皆上梵天。佛反持我曹种与凡人等。"（梵志从梵

天口出）

"我曹种道说与刹利、田家、工师种异，言我曹种是梵天子孙，我曹先祖初生时皆从口出，死皆上天。"（死后升梵天）

（东晋竺昙无兰译《梵志頞波罗延问种尊经》）

"摩纳（少年婆罗门）白佛言，世有四姓，刹利、婆罗门、居士、首陀罗，其彼三姓，常尊重恭敬、供养婆罗门……"

（《长阿含经》卷十三《阿摩昼经》）

"何等为方便具足？谓善男子种种工巧业处，以自营生，谓种田、商贾；或以王事，或以书疏算画，于彼工巧业处，精勤修行，是名方便具足。"（吠舍与首陀罗以自营生）

（《杂阿含经》卷四）

舍卫国，拘萨罗王波斯匿王问佛"应施何处得大果报？"佛答：

"譬如此国临阵战斗，集诸战士，而有一婆罗门子，从东方来，年少幼稚，柔弱端正，肤白发黑，不习武艺，不学方策，恐怖退弱，不能自安，不忍敌观，若刺若射，无有方便，不能伤彼。云何大王，如此士夫，王当赏不？王白佛言，不赏世尊。如是大王，有刹利童子从南方来，鞞舍童子从西方来，首陀罗童子从北方来，无有伎术，皆如东方婆罗门子，王当赏不？王白佛言不赏……佛告大王，此国集军临战斗时，有婆罗门童子从东方来……善学武艺，知斗战法，勇健无畏，苦战不退，安住谛观，适戈能伤，能破巨敌，云何大王，如此战士，加重赏不？王白佛言，重赏世尊。如是刹利童子从南方来、鞞舍童子从西方来，首陀罗童子从北方来……皆如东方婆罗门子，如是战士，王当赏不？王白佛言，重赏世尊。"（四姓皆可当兵作战，有功皆可受赏）

（《杂阿含经》卷四十二）

"尊者摩诃迦旃延在稠林中住，时摩偷罗国王，是西方王子，诣尊者摩诃迦旃延所……问尊者摩诃迦旃延：婆罗门自言，我第一，他人卑劣，我白余人黑，婆罗门清净，非非婆罗门，是婆罗门子从口生，婆罗门所化，是婆罗门所有……此义云何？"

"尊者摩诃迦旃延语摩偷罗王言：大王，此是世间言说耳……大王当知，业真实者，是依业者……大王，汝为婆罗门王，于自国土，诸婆罗门、刹利、居士、长者此四种人悉皆召来，以财以力，使其侍卫，先起后卧，以诸使令，悉如意不？答言如意。复问，大王、刹利为王，居士为王，长者为王，于自国土，所有四姓，悉皆召来，以财以力，令其侍卫，先起后卧，及诸使令，皆如意不？答言如意。复问，大王，如是四姓，悉皆平等，有何差别？"（可提出四姓皆可为王的看法，表明种姓制观念的变化）

"又问如果四姓有偷盗者，当如之何？"

"王白尊者摩诃迦旃延：婆罗门中有偷盗者，或鞭或缚、或驱出国、或罚其金、或截手足耳鼻、罪重则杀。及其盗者，然婆罗门则名为贼。"（对其他种姓亦然，此略）

（《杂阿含经》卷二十）

"佛在舍卫国祇树给孤独园，时波斯匿王忿诸国人，多所囚执，若刹利、若婆罗门、若鞞舍、若首陀罗、若旃陀罗，持戒犯戒，在家出家，悉皆被录，或锁或扭械，或以绳缚。"（波斯匿王，传说原出自首陀罗种姓，被迦毗罗卫国释迦族骂为"婢子"，在当国王后当升为刹帝利种姓）

（《杂阿含经》卷四十六）

"11. 唯布路沙，既被切割，多少部分，如何划分？其口为何，两手何用？尚有两腿，两脚何名？

12. 其口转化，为婆罗门，两手制成，拉阇尼亚（武士瓦尔那）；尚有两腿，是为吠舍；至于两脚，作首陀罗。"

（前6世纪形成的《梨俱吠陀》）

"主梵天规定了他们的职业和义务。不过，当四个瓦尔那的结构在一切方面都已完成的时候，人们还不曾就开始执行这些义务而无所迷惑。他们不按瓦尔那的义务生活，并且互相敌对。主梵天知道事情是这样以后，就命令刹帝利进行统治，惩罚犯罪，并且从事战争。主指示婆罗门从事祭祀、科学和收取赠礼。他把畜牧业、商业和农业交给了吠舍，而首陀罗，主则命令从事手工业与作奴仆。"

（成书于公元初几世纪，记古代传说的《伐育·普兰那》[1]）

第一章31："为了诸界的繁荣，他（梵天）从口、臂、腿和

---

1 《世界通史资料选辑（上古部分）》，商务印书馆，1964年。

双脚生出婆罗门、刹帝利、吠舍和首陀罗。"

88："他把教授吠陀、学习吠陀、祭祀、替他人祭祀、布施和接受布施派给婆罗门。"

89："他把保护众生、布施、学习吠陀和不执著于欲境派给刹帝利。"

经商、放债和施与施舍物，祭祀，学习吠陀及节制现世享乐

90："他把牧畜、布施、祭祀、学习吠陀，经商、放债和务农派给吠舍。"

91："那位主给首陀罗只派一种业：心甘情愿地侍候上述种姓。"

（《摩奴法论》）

三、原始佛教的社会种姓观

（一）富有神话色彩的社会和种姓起源论

"有时此世皆悉败坏，此世坏时若有众生生晃昱天（或作光音天），彼于其中妙色意生，一切支节诸根具足，以喜为食，自身光明，升于虚空，净色久往……有时此大地满其中水，彼大水以风吹搅，结构为精，合聚和合，从是生地味，有色香味……有时此世还复成时，若有众生生晃昱天，寿尽业尽福尽，命终生此为人，生此间已，妙色意生……尔时世中无有日月，亦无星宿，无有昼夜……无父无母，无男无女，又无大

家，复无奴婢，唯等众生。于是有一众生，贪饕不廉，便作是念，云何地味？我宁可以指抄此地味尝。彼时众生便以指抄此地味尝……众生以手撮此地味食也，如是如是，身生转厚转重转坚，若彼本时有清净色，于是便灭，自然生暗……若生暗者，必生日月，生日月已便生星宿……便有月半月，有时有岁（自然、社会的形成）……众生食地味多者便生恶色，食地味少者便有妙色……因色胜如而生轻慢及恶法，故地味便灭……地味灭后……生地肥有色香味……彼食此地肥，住世久远……地肥灭已……生婆罗有色香味……婆罗灭后……生自然粳米，白净无皮，亦无糠薮，长四寸，朝刈暮生，暮刈朝生……众生食此自然粳米已，彼众生便生若干形。或有众生而生男形，或有众生而生女形（晃昱天——众生——食地味——日月星宿——众生食地味、地肥、婆罗、粳米——有男有女）……彼众生更相视已则更相染……相爱着已，便行于欲……若有众生欲得行此不净行者，彼便作家，而作是说，此中作恶……于中有一懒惰众生……我今何为日日常取自然粳米，我宁可并取一日食直耶？……宁可并取七日食未来耶？……刈至七日，亦生皮糠，随处刈处即便不生……于是众生等造作田种，竖立标牓，于中有一众生自有稻谷，而入他田取他稻……复至再三窃取他稻，其主亦至再见已，便以拳扠牵诣众所……于是彼诸众生共聚集会，极悲啼泣而作是语：我等生恶不善之法，谓守田也……因守田故，便共净讼，有失有尽，有相道说，有拳相扠，我等宁可于

其众中举一端正形色极妙最第一者立为田主，若可诃者当令彼
诃，若可摈者当令彼摈，若我曹等所得稻谷，当以如法输送与
彼。于是彼众生中若有端正形色极妙最第一者，众便共举立为
田主，若可诃者彼便诃责，若可摈弃者彼便摈弃，若有稻者便
以如法输于彼……是田主谓之刹利也。（——成家——盗窃——
守田——诤讼——共立田主刹帝利）令如法乐众生，守护行戒
是王，是王谓之王也……于是彼异众生以守为病……便弃舍守，
依于无事，作草叶屋而学禅也。彼从无事，朝朝平旦，入村邑
王城而行乞食，彼多众生见便施与，恭敬尊重……此诸尊舍害
恶不善法，是梵志，是梵志谓之梵志也，彼众生学禅不得禅，
学苦行不得苦行，学远离不得远离，学一心不得一心，学精进
不得精进，便舍无事，还村邑王城，作四柱屋，造立经书……
此诸尊等更学博闻，不复学禅……是博闻谓之博闻（'在家婆罗
门'）……是谓初因初缘世中有梵志种……于是彼异众生，各
诣诸方，而作田业……谓之鞞舍……是谓初因初缘世中有鞞舍
种……世中有此三种姓已，便知有第四沙门种耶……自厌憎恶
不善法，剃除须发，着袈裟衣，至信舍家无家学道……便作沙
门，行于梵行。"［——婆罗门（梵志）——吠舍（居士）——
首陀罗（工师）——沙门］

（《中阿含经》卷三十九《婆罗婆堂经》[1]）

---

1 《长阿含经》卷二十二《世本缘品》所讲社会种姓起源与此相似。

（二）"四姓平等"的种姓主张

"时波斯匿王来诣佛所，稽首佛足，退坐一面，白佛言：云何世尊，为婆罗门死还生自姓婆罗门家，刹利、鞞舍、首陀罗家耶[1]？"

"佛言：大王，何得如是。大王当知，有四种人。何等为四：有一种人从冥入冥，有一种人从冥入明，有一种人从明入冥，有一种人从明入明。大王，云何为一种人从冥入冥，谓有人生卑姓家，若生旃陀罗家、渔猎家、竹作家、车师家，及余种种下贱工巧业家，贫穷短命，形体憔悴，而复修行卑贱之业，亦复为人下贱作使，是名为冥。处斯冥中复行身恶行，行口恶行，行意恶行，以是因缘，身坏命终，当生恶趣，堕泥犁（地狱）中，犹如有从暗入暗……"（从冥入冥。冥指暗、恶；明指善）

"云何名为从冥入明。谓有世人生卑姓家，乃至为人作诸鄙业，是名为冥。然其彼人于此冥中，行身善行，行口善行，行意善行，以是因缘，身坏命终，生于善趣，受天化生，譬如有人登床跨马，从马升象……"（从冥入明）

"云何有人从明入冥？谓有世人生富乐家，若刹利大姓、婆罗门大姓家、长者大姓家，及余种种富乐家生，多诸钱财，奴婢客使，广集知识，受身端正，聪明黠慧，是名为明。于此明

---

1 意谓刹利、鞞舍、首陀罗三姓死后还生自姓；婆罗门教宣称四姓世世轮回，种姓不变。佛论四姓在根据不同的善恶业报接受相应的轮回果报上是完全平等的。

中，行身恶行，行口恶行，行意恶行，以是因缘，身坏命终，生于恶趣，堕泥犁中……"（从明入冥）

"云何有人从明入明？谓有世人生富乐家，乃至形象端正，是名为明，于此明中，行身善行，行口善行，行意善行，以是因缘，身坏命终，生于善趣，受天化生……"（从明入明）

（《杂阿含经》卷四十二）

"四姓悉皆平等，有何差别！"

（《杂阿含经》卷二十）

"四大河入海已，无复本名字，但名为海。此亦如是，有四姓。云何为四？刹利、婆罗门、长者、居士种，于如来所剃除须发，着三法衣（僧衣、袈裟），出家学道，无复本姓，但言沙门释迦子。所以然者，如来众者，其犹大海，四谛其如四大河，除去结使（诸种烦恼），入于无畏涅槃城。是故，诸比丘！诸有四姓，剃除须发，以信坚固，出家学道者，彼当灭本名字，自称释迦弟子。所以然者，我今正是释迦子，从释种中出家学道。比丘当知，欲论生子之义者，当名沙门释种子是。"

（《增一阿含经》卷二十一《苦乐品》）

四、佛教创立时期的婆罗门和诸外道情况

（一）婆罗门的宗教活动

伽弥尼对佛讲：

"梵志自高，事若干天，若众生命终者，彼能令自在往来善处，生于天上。"

（《中阿含经》卷三《伽弥尼经》）

"若有正称说梵志者，为父母所举，受生清净，至七世父母不绝种族，生生无恶，博总持，诵过四典经，深达因缘正文，戏五句说……彼四十八年行童子梵行，欲得经书，诵习典经己，为供养师乞求财物，如法非不如法……"[1]

（《中阿含经》卷四十《头那经》）

"梵志设第一真谛法，有大果报，有大功德，作福得善，第二诵习，第三热行，第四苦行……第五梵行……世尊问曰：摩纳（年少婆罗门），若昔有梵寿终命过，诵持经书，流布经书，诵习典经，一曰夜吒，二曰婆摩，三曰婆摩提婆，四曰毗奢蜜哆罗，五曰夜婆犍尼，六曰应疑罗婆，七曰婆私吒，八曰迦叶，九曰婆罗婆，十曰婆恕，谓今诸梵志即彼具经诵习持学。彼颇作是说，我此五法于现法中自知自学觉，自作证见，施设果耶？……"

（《中阿含经》三十八《鹦鹉经》）

佛伽罗娑婆罗门

"此婆罗门七世已来父母真正，不为他人所轻毁，三部旧

1　婆罗门一生有四个行期：①梵行期，儿童在一定时期从师学习四吠陀；②家居期，过世俗生活，结婚，从事社会职业；③林栖期，老年时隐居于森林从事苦行；④遁世期，云游四方，过出家乞士生活。

典，讽诵通利，种种经书皆能分别，亦能善解大人相法，祭祀仪礼，有五百弟子，教授不废。"

（《长阿含经》卷十三《阿摩昼经》）

"时婆悉咤白佛言：诸有三明（三吠陀）婆罗门说种种道，自在欲道，自作道，梵天道，此三道者尽向梵天……佛言：……三明婆罗门见日月游行出没之处，叉手供养，而不能说此道真正，当得出要，至日月所……彼为五欲所染……所系缚，正使奉事日月水火，唱言扶接我去生梵天者，无有是处。"

（《长阿含经》卷十六《三明经》）

水净梵志

"语世尊曰，瞿昙，可诣多水河浴。世尊问曰：梵习，若诣多水河浴者，彼得何等？梵志答曰：瞿昙，彼多水河浴者，此是世间斋洁之相，度相，福相。瞿昙，若诣多河浴者，彼则净除于一切恶。"

（《中阿含经》卷二十三《水净梵志经》）

佛在拘萨罗

"时有长身婆罗门，作如是邪盛大会，以七百特牛（公牛）行列系柱，特、牸（母牛）、水牛及诸羊犊、种种小虫悉皆系缚，办诸饮食、广行布施，种种外道，从诸国国，皆悉来集邪盛会所……时长身婆罗门……乘白马车，诸年少婆罗门，前后导从，持金柄伞盖，持金澡瓶，出舍卫城……"

（《杂阿含经》卷四）

　　"时婆罗门欲设大祀，办五百特牛，五百犉牛，五百持犊，五百犉犊，五百羖羊（黑色公羊），五百羯羊（去势的公羊），欲以供祀。"

（《长阿含经》卷十五《究罗檀头经》）

（二）各种外道的苦行

　　"师子大臣便不辞尼乾，即往诣佛，共相问讯，却坐一面，而作是语：我闻沙门瞿昙宗本不可作，亦为人说不可作法。瞿昙！若如是说，沙门瞿昙宗本不可作，亦为人说不可作法，彼不谤毁沙门瞿昙耶？彼说真实耶？彼说是法耶？彼说法如法耶？于如法无过、无难诘耶？……

　　世尊答曰……师子！云何复有事因此事故，于如实法不能谤毁，沙门瞿昙宗本苦行，亦为人说苦行之法？

　　或有沙门梵志，裸形无衣，或以手为衣，或以叶为衣，或以珠为衣。或不以瓶取水，或不以魁（勺子头，实指勺）取水。不食刀杖劫抄之食，不食欺妄食，不自往，不遣信，不来尊，不善尊，不住尊。若有二人食，不在中食，不怀妊家中食，不畜狗家食，设使家有粪蝇飞来，便不食也。不啖鱼，不食肉，不饮酒，不饮恶水，或都无所饮，学无饮行。或啖一口，以一口为足，或二口、三、四乃至七口，以七口为足。或食一得，以一得为足，或二、三、四乃至七得，以七得为足。或日一食，以一食为足，或二、三、四、五、六、七日、半月、一月一食，

以一食为足。或食菜茹，或食稗子，或食穄米，或食杂或食杂
麺，或食头头逻食，或食粗食。或至无事处依于无事，或食根，
或食果，或食自落果。或持连合衣，或持毛衣，或持头舍衣，
或持毛头舍衣，或持全皮，或持穿皮，或持全穿皮。或持散发，
或持编发，或持散编发。或有剃发，或有剃须，或剃须发，或
有拔发，或有拔发，或拔须发。或住立断坐，或修蹲行。或有
卧刺，以刺为床。或有卧果，以果为床，或有事水，昼夜手抒。
或有事火，竟昔然之。或事日月、尊祐大德，叉手向彼，如此
之比受无量苦，学烦热行……

师子！有此苦行我不说无。师子！然此苦行为下贱业，至
苦至困，凡人所行，非是圣道。"

（《中阿含经》卷四《师子经》）[1]

（三）各种外道的哲学、宗教观点

1. 外道二十二见

一时佛在舍卫围树给孤独园。尔时世尊告诸比丘：何所有
故，何所起，何所系著，何所见我，令诸众生作如是见如是说：

（1）"我胜、我等、我卑……"

---

[1] 关于苦行，亦见《中阿含经》卷二十六《优昙婆罗经》。《长阿含经》卷十六《裸
形梵志经》所载苦行与此稍异，可对照参考。

（2）"有胜我者、有等我者、有卑我者……"

（3）"无胜我者、无等我者、无卑我者……"

（4）"有我、有此世、有他世、常恒不变易法，如尔安在……"

（5）"如果我彼一切不二，不异不灭（或作'减'）……"

（6）"无施、无会、无说，无善趣恶趣业报、无此世他世、无母无父，无众生，无世间阿罗汉正到正趣，若此世他世见法自知，身作证具足在，我生已尽，梵行已立，所作已作，自知不受后有……"

（7）"无力、无精进、无力精进，无士夫方便，无士夫精勤，无士夫方便精勤，无自作，无他作，无自他作，一切人，一切众生，一切神，无方便，无力，无势，无精进，无堪能定分，相续转变，受苦乐六趣……"

（8）"诸众生此世活，死后断坏无所有，四大和合士夫，身命终时，地归地，水归水，火归火，风归风，根断空转。舆床，弟子四人持死人，往冢间，乃至未烧可知，烧然已，骨白鸽色立……"

（9）"众生烦恼，无因无缘……"

（10）"众生清静，无因无缘……"

（11）"众生无知无见，无因无缘……"

（12）"谓七身非作，非作所作，非化，非化所化，不杀不动，坚实。何等为七？所谓地身、水身、火身、风身、乐、苦、命。此七种身，非作、非作所作，非化、非化所化，不杀不动，坚实，不转不变，不相逼迫，若福若恶，若福恶，若苦若乐，若苦乐，若土枭土首，亦不逼迫世间，若命若身七身间间，容刀往返，亦不害命，于彼无杀无杀者，无系无系者，无念无念者，无教无教者……"

（13）"作教作断，教断煮，教煮杀，教杀害众生，盗他财，行邪淫，知言，妄语，饮酒，穿墙断锁偷盗，复道害村害城害人民，以极利剑轮剿割斫，截作大肉聚。作如是学，彼非恶因缘，亦非招恶。于恒水南杀害而去，恒水北作大会而来，彼非因缘福恶，亦非招福恶。惠施调伏护持，行利同利，于此所作，亦非作福……"

（14）"于此十四百千生门，六十千六百五业，三业，二业，一业，半业，六十二道迹，六址二内劫，百二十泥犁，百三十根，三十六贪界，四十九千龙家，四十九千金翅鸟家，四十九千邪命外道，四十九千外道出家，七想劫，七无想劫，七阿修罗，七毗舍遮，七天，七人，七百海，七梦，七百梦，七崄，七百崄，七觉，七百觉，六生，十增进，八大土地。于此八万四千大劫，若愚若智，往来经历，究竟苦边。彼无有沙门、婆罗门，作如是说：我常持戒，受诸苦行，修诸梵行，不熟业者令熟，已熟业者弃舍。进退不可知，此苦乐常往，生死定量，譬如缕丸掷著空中，渐渐来下，至地自住，如是八万四千大劫，生死定量，亦复如是……"

（15）"风不吹，火不燃，水不流，箭不射，怀妊不产，乳不构，日月若出若没，若明若暗不可知……"

（16）"此大梵在造作，自然为众生父……"

（17）"色是我，余则虚名；无色是我，余则虚名；色非色是我，余则虚名；非色非无色是我，余则虚名。我有边，余则虚名；我无边，余则虚名；我有边无边，余则虚名；我非有边，非无边，余则虚名。一想种种想，多想无量想。我一向乐，一向苦，若苦若乐，不苦不乐，余则虚名……"

（18）"色是我，余则妄想；非色非非色是我，余则妄想。我有边，余则妄想；我无边，余则妄想；我非有边，非无边，余则妄想；我一向乐，一向苦，若苦若乐，不苦不乐……"

（19）"我世间常，世间无常，世间常无常，世间非常非非常。世有边，世无边，世有边无边，世非有边非无边。命即是身，命异身异。如来死后有，如来死后无，如来死后有无，如来死后非有非无……"

（20）"世间我常，世间我无常，世间我常无常，世间我非常非无常。我苦常，我苦无常，我苦常无常，我苦非常非无常。世间我自作，世间我他作，世间我自作他作，世间我非自作非他作，非自非他无因作。世间我苦自作，世间我苦他作，世间我苦自他作，世间我苦非自非他无因作……"

（21）"若无五欲娱乐，是则见法涅槃。若离恶、不善法，有觉有观，离生喜乐，入初禅及至第四禅，是第一义般涅槃……"

（22）"若粗四大色断坏无所有，是名我正断；若复我欲界断坏，死后无所有，是名我正断；若复我色界死后断坏无所有，是名我正断；若得空入处、识入处、无所有入处、非想非非想入处，我死后断坏无所有，是名我正断……"

（《杂阿含经》卷七）

2. 外道六十二见

（1）关于这去的观点（本劫本见）十八种

第一，关于自我与世界的常住论（"我及世间常存"）四种。

其一、"我以种种方便入定意三昧，以三昧心忆二十成劫败劫，其中众生不增不减，常聚不散。我以此知，我及世间是常，此实余虚。"

其二、"我以种种方便入定意三昧，以三昧心忆四十成劫败劫，其中众生不增不减，常聚不散。我以此知，我及世间是常，此实余虚。"

其三、"我以种种方便入定意三昧，以三昧心忆八十成劫败劫，其中众生不增不减，常聚不散。我以此知，我及世间是常，此实余虚。"

其四、"或有沙门婆罗门有捷疾捐智，善能观察，以捷疾相智方便观察，谓为审谛，以已所见，以已辩才作是说言，我及世间是常。"

第二，关于自我与世界半常半无常论四种。

其一，"或有是时，此劫始成，有余众生福尽命尽行尽，从光音天命终生空梵天中，便于彼处生爱著心，复愿余众生共生此处。此众生既生爱著心已，复有余众生命行福尽，于光音天命终来生空梵天中，其先生众生便作是念，我于此处是梵大梵，我自然有，无能造我者，我尽知诸义，典千世界，于中自在，最为尊贵，能为变化，微妙第一，为众生父，我独先有，余众生后来，后来众生我所化成。

其后众生复作是念，彼是大梵，彼能自造，无造彼者，尽知诸义，典千世界，于中最为尊贵，能为变化，微妙第一，为众生父。彼独先有，后有我等。我等众生，彼所化成。

彼梵众生，命行尽已，来生世间，年间长大，剃除须发，服三色衣，出家修道，入定意三昧，随三昧心自识本生，便作是言：彼大梵者能自造作，无造作彼者，尽知诸义，典千世界，于中自在，最为尊贵，能为变化，微妙第一，为众生文，常住不变；而彼梵化造我等，我等无常，变易不得久住，是故当知，我及世间半常半无常。"（梵天常住，自我无常）

其二，"或有众生喜戏笑懈怠，数数戏笑以自娱乐，彼戏笑娱乐时，身体疲极便失意，以失意便命终，来生世间，年渐长大，剃除须发，服三法衣，出家修道。彼入定意三昧以三昧心自识本生，便作是言：彼余众生不数生，不数戏笑娱乐，常住彼处，永住不变，由我数戏笑故，致此无常为变易法，是故我

知，我及世间半常半无常。"（在梵天的众生常住，因爱欲生世间的众生无常）

其三、"或有众生展转相看已，便失意，由此命终来生世间，渐渐长大……出家修道，入定意三昧，以三昧心识本所生，便作是言：如彼众生以不展转相看，不失意，故常住不变。我等于彼数相看已，便失意，致此无常为变易法。我以此知，我及世间半常半无常，此实余虚。"（与上略同）

其四、"或有沙门婆罗门，有捷疾相智，善能观察，彼以捷疾观察相智，以己智辩言：我及世间半常半无常，此实余虚。"（概而论之）

第三，关于自我与世界有限无限的理论（我及世间有边无边）四种。

其一、"我以种种方便入定意三昧，以三昧心观察世间有边，是故知世间有边，此实余虚。"

其二、"……世间无边，此实余虚。"

其三、"……谓上方有边，四方无边，……世间有边无边，此实余虚。"

其四、"……我及世间非有边非无边，此实余虚。"

第四，关于过去的诡辩论（于本劫本见异问异答）四种。

其一、"或有沙门婆罗门，作如是论，作如是见，不知善恶

有报耶？善恶无报耶？我以不见不知故，作如是说，善恶有报
耶？无报耶？世间有沙门婆罗门，广博多闻，聪明智慧，常乐闲
静，机辩精微，世所尊重，能以智慧善别诸见，设当问我诸深
义者我不能答，有愧于彼，于彼有畏，当以此答以为归依，为洲
为舍，为究竟道。彼没问者，当如是答：此事如是，此事实，此
事异，此事不异，此事非异非不异。"（有无善恶报应，不做肯定
回答）

其二、"或有沙门婆罗门，作如是论，作如是见，我不见，
不知为有他世耶？无他世耶？诸世间沙门婆罗门，以天眼知他
心智，能见远事，已虽近他，他人不见。如此人等能知有他世、
无他世。我不知不见有他世无他世，若我说者，则为妄语，我
恶畏妄语故，以为归依，为洲为舍，为究竟道。彼没问者，当
如是答：此是如是，此事实，此事异，此事不异，此事非异非
不异。"（有无彼岸世界或来世，不做肯定回答）

其三、"或有沙门婆罗门，作如是见，作如是论，我不知
不见，何者为善，何者为不善？我不知不见，如是说是善是不
善。我则于此生爱，从爱生恚，有爱有恚则有受生，我欲灭受
故出家修行。彼恶畏受故，以此为归依，为洲为舍，为究竟道。
彼设问者，当如是答：此事如是，此事实，此事异，此事不异，
此事非异非不异。"（对何为善恶，不做肯定回答）

其四、"或有沙门婆罗门，愚冥暗钝，他有问者，波隋他言
答，此事如是，此事实，此事异，此事不异，此是非异非不异。"

第五，关于自我与世界的无因论（于本劫本见，谓无因而出有此世间）两种。

其一、"或有众生，无想无知，若彼众生起想则便命终，来生世间，渐渐长大，剃除须发，服三法衣，出家修道，入定意三昧，以三昧心识本所生。彼作是语：我本无有，今忽然有，此世间本无今有，此实余虚……因此于本劫本见，谓无因有……"

其二、"或有沙门婆罗门，有捷疾相智，善能观察……已智辩能如是说：此世间无因而有，此实余虚。"

（2）关于未来（末劫）的观点（末劫末见）四十四种

第一，关于死后有想论（于末劫末见生有想论，说世间有想）十六种。

其一、"我此终后，生有色有想，此实余虚。"

其二、"我此终后，生无色有想，此实余虚。"

其三、"我此终后，生有色无色有想，此实余虚。"

其四、"我此终后，生非有色非无色有想，此实余虚。"

其五、"我此终后，生有边有想，此实余虚。"

其六、"我此终后，生无边有想，此实余虚。"

其七、"我此终后，生有边无边有想，此实余虚。"

其八、"我此终后，生非有边非无边有想，此实余虚。"

其九、"我此终后，生而一向有乐有想，此实余虚。"

其十、"我此终后，生而一向有苦有想，此实余虚。"

其十一、"我此终后，生有乐有苦有想，此实余虚。"

其十二、"我此终后，生不苦不乐有想，此实余虚。"

其十三、"我此终后，生有一想，此实余虚。"

其十四、"我此终后，生有若干想，此实余虚。"

其十五、"我此终后，生少想，此实余虚。"

其十六、"我此终后，生有无量想，此实余虚。"

第二，关于死后无想论（于末劫末见生无想论，说世间无想）八种。

其一、"我此终后，生有色无想……"

其二、"我此终后，生无色无想。"

其三、"我此终后，生有色无色无想。"

其四、"我此终后，生非有色非无色无想。"

其五、"我此终后，生有边无想。"

其六、"我此终后，生无边无想。"

其七、"我此终后，生有边无边无想。"

其八、"我此终后，生非有边非无边无想。"

第三，关于死后非想非非想论（于末劫末见生非想非非想论，说此世间非想非非想）八种。

其一、"我此终后，生有色非有想非无想。"

其二、"我此终后，生无色非有想非无想。"

其三、"我此终后，生有色无色非有想非无想。"

其四、"我此终后，生非有色非无色非有想非无想。"

其五、"我此终后，生有边非想非无想。"

其六、"我此终后，生无边非有想非无想。"

其七、"我此终后，生有边无边非有想非无想。"

其八、"我此终后，生非有边非无边非有想非无想。"

第四，关于断灭论（于末劫末见起断灭论，说众生断灭无余）七种。

其一、"我身及四大、六入，从父母生，乳哺养育，衣食成长，摩扪拥护，然是无常，必归磨灭，齐是名为断灭。"

其二、"此我不得，名断灭。我欲界断灭无余，齐是为断灭。"

其三、"此非断灭。色界化身，诸根具足，断灭无余，是为断灭。"

其四、"此非断灭。我无色空处，断灭。"

其五、"此非断灭。我无色识处，断灭。"

其六、"此非断灭。我无色不用处，断灭。"

其七、"此非断灭。我无色有想无想处，断灭。"

第五，关于现在生涅槃论（于末劫末见现在生泥洹论，说众生现在有泥洹）五种。

其一、"我于现在五欲自恣，此是我得现在泥洹。"（以过世

俗生活为现在涅槃）

其二、"此是现在泥洹，非不是，复有现在泥洹微妙第一，汝所不知，独我知耳。如我去欲、恶、不善法，有觉有观，离生喜乐入初禅，此名现在泥洹。"

其三、"此是现在泥洹，非不是，复有现在泥洹微妙第一，汝所不知，独我知耳。如我灭有觉观，内喜一心，无觉无观，定生喜乐，入第二禅，齐是名现在泥洹。"

其四、"复有现在泥洹微妙第一……如我除念，舍喜住乐，护念一心，自知身乐，圣贤所说入第三禅，齐是名现在泥洹。"

其五、"……复有现在泥洹微妙第一……如我乐灭、苦灭，先除忧、喜，不苦不乐，护念清净入第四禅，此名第一泥洹。"

（以上以进入色界四禅为现在涅槃）

"诸有沙门婆罗门于本劫本见，末劫末见各随所见说，彼尽入六十二见中……犹如巧捕鱼师，以细目网覆小池上，当知池中水性之类，皆入网内无逃避处，齐是不过。"

（《长阿含经》卷十四《梵动经》）

（四）六师外道

异学箭毛与佛论说

"瞿昙，我等与拘萨罗围众多梵志，悉共集坐拘萨罗学堂说如是论：鸯伽、摩揭陀国人有大善利，鸯伽，摩揭陀国人得大善利，如此大福田众在王舍诚，共受夏坐，谓不兰迦叶。所以者何？瞿昙，不兰迦叶，名德宗主，众人所师，有大名誉，众所敬重，领大徒众，五百异学之所尊也；于此王舍城共受夏坐。如是摩息迦利瞿舍利子，娑若鞞罗迟子，尼犍亲子，彼复迦栴、阿夷哆鸡舍剑婆利……"

（《中阿含经》卷五十七《箭毛经》）

摩揭陀国阿阇世王访佛

"王白佛言：于现世造福得受现报不乎？佛告王曰：古昔已来颇以此义曾问人乎？王白佛言，我昔曾以此义而问他人，亦问不兰迦叶，云何不兰迦叶，现世作福得受现报乎？……"

（《增一阿含经》卷三十九《马血天子品》）

1. 不兰迦叶（富兰那·迦叶）

"不兰迦叶报我言：王若自作，若教人作，研伐残害，煮灸切割，恼乱众生、愁忧啼哭，杀生，偷盗，淫佚，妄语，逾墙劫夺，放火焚烧，断道为恶。大王，行如此事非为恶也。大王，若以利剑脔割一切众生以为肉聚，弥满世间，此非为恶，亦无罪报。于恒水南脔割众生，亦无有恶报；于恒水北岸为大施会，施一切众，利人等利，亦无福报。

王白佛言：犹如有人问瓜报李，问李报瓜，彼亦如是。我问现得报不，而彼答彼无罪福报……"

（《长阿含经》卷十七《沙门果经》）

"不兰迦叶报我言：无福无施，无今世后世善恶之报，世无阿罗汉等成就者。当我尔时问此受果之报，彼报曰无也，如有人问以瓜义，报以梽理……此梵志已不解我豪族王种所问之义，此人方便，引余事报……我即欲断其头，即不受其语，寻发遣之。"

（《增一阿含经》卷三十九《马血天子品》）

"富兰那迦叶言……我如是见，如是说：无因无缘，众生有垢，无因无缘，从生清静。"

（《杂阿含经》卷三）

2. 末伽梨·拘舍梨

"彼报我言（所问与上同）：大王，无施无与，无祭祀法，亦无善恶，无善恶报，无有今世，亦无后世，无父无母，无天，无化众生，世无沙门、婆罗门平等行者，亦无今世，后世自身作证，布现他人。诸言有者，皆是虚妄。"（这是一种否定一切的观点）

（《长阿含经》卷十七《沙门果经》）

"复至瞿耶楼所而问此义。彼人报我曰：于江右边造诸功德不可称计，于中亦无善恶之报。"

（《增一阿含经》卷三十九《马血天子品》）

"今有大师，名末伽梨拘舍离子，一切知见，怜愍众生犹如赤子，已离烦恼，能拔众生三毒利箭。一切众生于一切法无知见觉，唯是一人独知见觉。如是大师，常为弟子说如是法：'一切众生身有七分。何等为七？地、水、火、风、苦、乐、寿命。如是七法，非化非作，不可毁害。如伊师迦草，安住不动，如须弥山；不舍不作，犹如奶酪，各不诤讼。若苦若乐，若善不善，投之利刀，无所伤害。何以故？七分空中无妨碍故，命亦无害。何以故？无有害者及死者故，无作无受，无说无听，无有念者及以教者。'常说是法，能令众生灭除一切无量重罪。"

（《大般涅槃经》卷十九）

3. 阿夷哆·翅舍钦婆罗

"彼报我言：受四大取命终者，地大还归地，水还归水，火还归火，风还归风，皆悉坏败，诸根归空。若人死时，床舆举身，置于冢间，火烧其骨如鸽色，或变灰土。若愚若智取命终者，皆悉坏败为断灭法。"

（《长阿含经》卷十七《沙门果经》）

"阿夷耑报我言：若于江左杀害众生，作罪无量，亦无有罪，亦无有恶果之报。"

（《增一阿含经》卷三十九《马血天子品》）

4. 波浮陀·迦旃延

"彼答我言：大王，无力，无精进人。无力，无方便，无因无缘众生染著，无因无缘众生清静。一切众生有命之类，皆悉无力，不得自在，无有冤仇定在数中，于此六生中受诸苦乐。"

（《长阿含经》卷十七《沙门果经》）

"复往至波休迦旃延所而问斯义，彼人报曰：唯有一人出世，一人死，一人生，一人往返受其苦乐。时我复作是念，我今所问现世之报，乃将生死来相答。复舍之去。"

（《增一阿含经》卷三十九《马血天子品》）

"谓七身非作、非作所作，非化、非化所化，不杀、不动、坚实。何等为七？所谓地身、水身、火身、风身、乐、苦、命。此七种身非作、非作所作，非化、非化所化，不杀、不动、坚实、不转、不变、不相逼迫。若福、若恶、若福恶，若苦、若乐、若苦乐，若士枭、士首，亦不逼迫世间。若命、若身、七身间间容刀往返，亦不害命，于彼无杀、无杀者，无系、无系者，无念、无念者，无教、无教者。"

（《杂阿含经》卷七）

5. 散若·毗罗梨子（散惹耶·毗罗梨子）

"彼答我言：大王，现有沙门果报。问如是答：此事如是，此事实，此事异,（此事不异）[1]，此事非异非不异。大王，现无沙门果报，问如是答：此事如是，此事实，此事异，此事非异非不异。大王，现有无沙门果报，问如是答：此事如是，此事实，

---

1 据宋、元、明三本，有"此事不异"四字。

此事异，此事非异非不异。大王，现非有非无沙门果报，问如
是答：此事如是，此事实，此事异，此事非异非不异。"

（《长阿含经》卷十七《沙门果经》）

"往问先毗卢持如此之义，彼人报我言：过去者已灭，更不
复生；当来未至，亦复不有；现在不住，不住者即变易。"

（《增一阿含经》卷三十九《马血天子品》）

6. 尼乾子（尼犍子、尼犍陀·若提子）

"彼报我言：大王，我是一切智，一切见，人尽知无余，若
行若住，坐、卧，觉悟无余，智常现前。"

（《长阿含经》卷十七《沙门果经》）

"至尼犍子所而问此义……彼报我言：无因无缘，众生
结缚，亦无有因，亦无有缘，众生著结缚。无因无缘，众生
清净。"

（《增一阿含经》卷三十九《马血天子品》）

尼乾有弟子名释恕破，对佛弟子大目犍连说："大目乾连，
若有此丘身口意护，我见是处因此生不善漏，令生后世……若
有前世行不善行，因此生不善漏，令至后世。"

（《中阿含经》卷三《恕破经》）

"一时佛游释羁瘦，在天邑中。尔时世尊告诸比丘，诸
尼乾等如是见如是说，谓人所受皆因本作，若其故业因苦行
灭，不造新者，则诸业尽，诸业尽已则得苦尽，得若尽已则得

苦边……"

"彼诸尼乾便报我言：瞿昙，我有尊师名亲子尼乾，作如是说：诸尼乾，汝等若本作恶业，彼业皆可因此苦行而得灭尽。若今护身、口、意，因此不复更作恶业也。

我复问彼诸尼乾曰：汝等信尊师亲子尼乾不疑惑耶？

彼答我言：瞿昙，我信尊师尼乾无有疑惑。

我复语彼诸尼乾曰：有五种法现世二报，信、乐、闻、念、见善观，诸尼乾人自有虚妄言，是可信，可乐，可闻，可闻，可念，可见善观耶？

彼答我言：如是瞿昙。

我复语彼诸尼乾曰：是虚妄言，何可信，何可乐，何可闻，何可念，何可善观？若诸尼乾作是说者，于如法中得五诘实，为可憎恶。云何为五？

今此众生所受苦乐皆因本作。若尔者，诸尼乾等本作恶业。所以者何？因彼故诸尼乾于今受极重苦。是尼乾第一可憎恶。

复次，众生所受苦乐皆因合会。若尔者，诸尼乾等本恶合会。所以者何？因彼故诸尼乾于今受极重苦。是谓尼乾第二可憎恶。

复次，众生所受苦乐皆因为命。若尔者，诸尼乾本恶为命。所以者何？因彼故诸尼乾于今受极重苦。是谓尼乾第三可憎恶。

复次，众生所受苦乐皆因见也。若尔者，诸尼乾等本有恶见。所以者何？因彼故诸尼乾于今受极重苦。是谓尼乾第四可憎恶。

　　复次，众生所受苦乐皆因尊佑造，若尔者，诸尼乾等本恶
尊佑。所以者何？因彼故诸尼乾于今受极重苦。是谓尼乾第五
可憎恶。

　　若诸尼乾因本所作恶业，恶合会，恶为命，恶见，恶尊佑，
为恶尊佑所造，因彼故，诸尼乾于今受极重苦。"

（《中阿含经》卷四《尼乾经》）

五、原始佛教的基本教义

（一）四谛、八正道

舍梨子奉佛之命讲四圣谛

　　"世尊告诸比丘：此是正行说法，谓四圣谛，广摄广观，分
别发露，开仰施设，显示趣向。过去诸如来无所著等正觉，彼
亦有此正行说法，谓四圣谛……未来诸如来无所著等正觉，彼
亦有此正行说法，谓四圣谛……我今现如来无所著等正觉，亦
有些正行说法，谓四圣谛……

　　世尊为我等出世，谓为他广教广示此四圣谛……云何为
四？谓苦圣谛、苦习、苦灭、苦灭道圣谛。"

1. 苦谛之八苦

　　"诸贤，云何苦圣谛？谓生苦、老苦、病苦、死苦、怨憎

会苦、爱别离苦、所求不得苦、略五盛阴苦。诸贤，说生苦者
此说何因？诸贤，生者，谓彼众生，彼彼众生种类，生则生、
出则出、成则成，兴起五阴已得命根，是名为生。诸贤，生苦
者，谓众生生时，身受苦，受遍受，觉遍觉；心受苦，受遍受，
觉遍觉；身心受苦，受遍受，觉遍觉，身热……心热……身心
热……身壮热烦恼忧戚……心壮热烦恼戚……（生苦）

　　说老苦者此说何因？诸贤，老者，谓彼众生，彼彼众生种
类，彼为老耄，头白齿落，盛壮日衰，身曲脚戾，体重气上，
拄杖而行，肌缩皮缓，皱如麻子，诸根毁熟，颜色丑恶，是名
为老。诸贤，老苦者，谓众生老时，身受苦……心受苦……身
热……身心壮热烦恼忧戚……（老苦）

　　说病苦者此说何因？诸贤，病者，谓头痛、眼痛、耳痛、
鼻痛、面痛……风喘、咳嗽、喝吐、喉啤、癫痫、痈瘘、经溢、
赤胆、壮热、枯槁、痔［病－丙＋匿］、下利，若有如是比余种
种病，从更乐触生，不离心，立在身中，是名为病。诸贤，病
苦者，谓众生病时，身受苦……身心受苦……身心壮热烦恼忧
戚……（病苦）

　　说死苦者此说何因？诸贤，死者，谓彼众生，彼彼众生种
类，命终无常，死丧散灭，寿尽破坏，命根闭塞，是名为死。
诸贤，死苦者，谓众生死时，身受苦……身心受苦……身心壮
热烦恼忧戚……（死苦）

　　说怨憎会苦者此说何因？诸贤，怨憎会者，谓众生实有内

六处，不爱眼处，耳、鼻、舌、身、意处，彼同会一，有摄和习（集），共合为苦；如是外处更乐，觉、想、思、爱，亦复如是。诸贤，众生实有六界，不爱地界、水、火、风、空、识界，彼同会一，有摄和习（集），共合为苦，是名怨憎会。诸贤，怨憎会苦者，谓众生怨憎会时，身受苦……身心受苦……（怨憎会苦）

　　说爱别离苦者此说何因？诸贤，爱别离苦者，谓众生实有内六处，爱眼处，耳、鼻、舌、身、意处，彼异分散，不得相应，别离不会，不摄不习，不和合为苦；如是外处更乐，觉、想、思、爱亦复如是，诸贤，众生实有六界，爱地界，水、火、风、空、识界，彼异分散，不得相应，别离不会，不摄不习，不和合为甘。是名爱别离。诸贤，爱别离苦者，谓众生别离时，身受苦……身心受苦……（爱别离苦）

　　说所求不得苦者此说何因？诸贤，谓众生生法不离生法，欲得令我而不生者，此实不可以欲而得；老法、死法、愁忧戚法，不离忧戚法，欲得令我不忧戚者，此亦不可以欲而得。诸贤，众生实生苦而不可乐，不可爱念者，欲得转是令可爱念，此亦不可以欲而得。诸贤，众生实生乐而可爱念，彼作是念，若我生乐可爱念者，欲得令是常恒久住不变易法，此亦不可以欲而得。诸贤，众生实生思想而不可乐不可爱念，彼作是念，若我生思想而不可乐不可爱念者，欲得转是令可爱念，此亦不可以欲而得。诸贤，众生实生思想而可爱念……欲得令是常恒久住不变易法，此亦不可以欲而得……说所求不得苦者，因此

故说……（所求不得苦）

说略五盛阴苦此说何因？谓色盛阴，觉、想、行、识盛阴。诸贤，说略五盛阴苦者，因此故说。（略五盛阴苦）

诸贤，过去时是苦圣谛，未来、现在时是苦圣谛，真谛不虚，不离于如，亦非颠倒，真谛审实，合如是谛，圣所有，圣所知，圣所见，圣所了，圣所得，圣所等正觉，是故说苦圣谛……”

2. 四谛之习（集）谛

“云何爱习、苦习圣谛？谓众生实有内六处：眼处、耳鼻舌身意处，于中若有爱、有腻、有染、有著者，是名为习。诸贤，多闻圣弟子知我如是知此法，如是见，如是了，如是视，如是觉，是谓爱习、苦习圣谛。如是知之云何如耶？

若有爱妻子、奴婢、给使、眷属、田地、屋宅、店肆、出息财物，为所作业，有爱、有腻、有染、有著者，有名为习。彼知此爱习、苦习圣谛如是，外处更乐、觉、想、思、爱亦复如是。诸贤，众生实有爱六界，地界，水、火、风、空、识界，于中若有爱、有腻、有染、有著者，是名为习……过去时是爱习、苦习圣谛，未来、现在时是爱习、苦习圣谛……”

3. 灭谛

“云何爱灭、苦灭圣谛？谓众生实有爱内六处，眼处，耳、鼻、舌、身、意处，彼若解脱，不染不著，断舍吐尽，无欲，灭止没者，是名苦灭。诸贤，多闻圣弟子，知我如是知此法，如是见，如是了，如是视，如是觉，是谓爱灭、苦灭圣谛……云何知耶？若有不爱妻子、奴婢、给使、眷属、田地、屋宅、店肆、出息财物，不为所作业，彼若解脱，不染、不著、断舍、吐尽、无欲，灭止没者，是名苦灭，彼知是爱灭、苦灭圣谛如是。外处更乐、觉、想、思、爱，亦复如是。诸贤，众生实有爱六界：地界，水、火、风、空、识界，彼若解脱，不染、不著、断舍、吐尽、无欲，灭上没者，是名苦灭……过去时是爱灭、苦灭圣谛，未来、现在时是爱灭、苦灭圣谛……"

4. 道谛（八正道）

"云何苦灭道圣谛？谓正见、正志（正思惟）、正语、正业、正命、正方便（正精进）、正念、正定。

诸贤，云何正见？谓圣弟子念苦是苦时，习是习，灭是灭，念道是道时，或观本所作，或学念诸行，或见诸行灾患，或见涅槃止息，或无著念观善心解脱时，于中择、遍择、次（或作'决'）择、择法；视、遍视，观察明达，是名正见……

云何正志？……念苦是苦时，习是习，灭是灭，念道是道时，或观本所作，或学念诸行，或见诸行灾患，或见涅槃止息，或无著念观善心解脱时，于中心伺、遍伺、随顺伺。可念则念，可生则生，是名正志……

云何正语？……念苦是苦时，习是习，灭是灭，念道是道时，或观本所作，或学念诸行，或见诸行灾患，或见涅槃止息，或无著念观善心解脱时，于中除口四妙行，诸余口恶行远离除断，不行不作，不合不会，是名正语……

云何正业？……（同上段），于中除身三妙行，诸余身恶行，远离除断，不行不作，不合不会，是名正业……

云何正命？……念苦是苦时，习是习，灭是灭，念道是道时，或观本所作，或学念诸行，或见诸行灾患……于中非无理求，不以多欲无厌足，不为种种技术咒说邪命活，但以法求衣，不以非法，亦以法求食床座，不以非法，是名正命……

云何正方便？……（同上段）于中若有精进方便，一向精勤求，有力趣向，专著不舍，亦不衰退，正伏其心，是名正方便……

云何正念？……（同上段）于中若心顺念，背不向念，念遍，念忆，复忆心念，不忘心之所应，是名正念……

云何正定？……（同上段）于中若心住、禅住、顺住，不乱不散，摄止正定，是名正定。

诸贤，过去时是苦灭道圣谛，未来、现在时是苦灭道圣谛……"

（《中阿含经》卷七《分别圣谛经》）

"何等谓正见？谓说有施有说有斋，有善行有恶行，有善恶行果报，有此世有他世，有父母，有众生生，有阿罗汉善到善向，有此世他世，自知作证具足在，我生已尽，梵行已立，所

作已作，自知不受后有。何等为正志，谓出要志、无恚志、不
害志。何等为正语？谓离妄语、离两舌、离恶口、离绮语。何
等为正业？谓离杀、盗、淫。何等为正命？谓如法求衣服、饮
食、卧具、汤药，非不如法。何等为正方便？谓欲精进，方便
出离，勤竞堪能，常行不退。何等为正念？谓念随随，念不妄
不虚。何等为正定？谓住心不乱，坚固摄持，寂止三昧一心。"[1]

（《杂阿含经》卷二十八）

（二）五阴（五蕴）论

"诸所有色，一切四大（地水火风）及四大造色，是名色。
如是色，如实知。云何色集如实知？于色喜爱，是名色集……
云何色味如实知？谓色因缘生喜乐，是名色味……云何色患如
实知？若色无常，无常变易法，是名色患……云何色离如实
知？若于色调伏欲贪、断欲贪、越欲贪，是名色离……

云何受如实知？有六受身，眼触生受，耳鼻舌身意触生受，
是名受。……云何受集如实知？触集是受集……云何受味如实
知？缘六受生喜乐，是名受味……云何受患如实知？若受无常、
苦、变易法，是名受患……云何受离如实知？于受调伏欲贪、
断欲贪、越欲贪，是名受离……

---

[1] 关于四谛、八正道的教义，还可参见《中阿含·圣道经》，《杂阿含经》卷三、卷十五、卷二十八，《增一阿含经》卷十四《高幢品》。

云何想如实知？谓六想身。云何为六，谓眼触生想，耳鼻舌身意生想，是名想……云何想集如实知？谓触集是想集……云何想味如实知？想因缘生喜乐，是名想味……云何想患如实知？谓想无常、苦、变易法，是名想患……云何想离如实知？若于想调伏欲贪、断欲贪、越欲贪，是名想离……

云何行如实知？谓六思身，眼触生思，耳鼻舌身意生思，是名为行……云何行集如实知？触集是行集……云何行味如实知？谓行因缘生喜乐……云何行患如实知？若行无常、苦、变易法，是名行患……云何行离如实知？若于行调伏欲贪、断欲贪、越欲贪，是名行离……

云何识如实知？谓六识身，眼识身，耳鼻舌身意识身，是名为识身……云何识集如实知？谓名色集……云何识味如实知？识因缘生喜乐，是名识味……云何识患如实知？若识无常、苦、变易法，是名识患……云何识离如实知？谓于识调伏欲贪、断欲贪、越欲贪，是名识离……

若沙门婆罗门于色如实知如实见，于色生厌离欲，不起诸漏，心得解脱。若心得解脱者，则为纯一……则梵行立……离他自在，是名苦边。受想行识亦复如是……"

（《杂阿含经》卷二）

"若可阂可分，是色受阴；指所阂，若手若石，若杖若刀，若冷若暖，若渴若饥，若蚊若虻诸毒虫，风雨触，是名触阂，是故阂是色受阴。复此色受阻，无常、苦、变易……

诸觉相是受受阴，何所觉、觉苦、觉乐、觉不苦乐……

诸想是想受阴……少想、多想、无量想，都无所有，作无所有想……

为作相是行受阴……于色为作，于受想行识为作……

别知相是识受阴……识色，识声、香味、触、法……

于此色受阴作如是学：我今为现在色所食，过去世已曾为彼色所食（食，乃'依''据''靠'之意。），如今现在，复作是念，我今为现在色所食，我若复乐著未来色者，当复为彼色所食。如今现在，作如是知已，不顾过去色，不乐著未来色，于现在色生厌离欲，灭患向灭（寂灭）……于此受想行识……生厌离欲，灭患向灭。灭而不增，退而不进，灭而不起，舍而不取……色灭而不增，受想行识灭而不增……寂灭而住，舍而不取，不生系著，不系著已，自觉涅槃，我生已尽，梵行已立，所作已作，自知不受后有。"

（《杂阿含经》卷二）

"当观知诸所有色，若过去，若未来，若现在，若内若外，若粗若细，若好若丑，若远若近，彼一切悉皆无常；正观无常已，色爱即除，色爱除已，心善解脱。如是观受、想、行、识，若过去，若未来，若现在，若内若外……（文字相同）识爱除已，我说心善解脱。"

"当观诸所有色，若过去，若未来，若现在，若内若外，若粗若细，若好若丑，若远若近，彼一切非我，不异我，不相在，如是平等慧如实观，如是受想行识……我此识身及外境界一切相，无有我、我所，见我慢使系著……超越疑心，远离诸相，寂静解脱。"

（《杂阿含经》卷一）

（三）十二因缘（缘生、缘起）

"佛言：云何名缘起初？谓依此有故彼有，此生故彼生。所谓无明缘行，行缘识，识缘名色，名色缘六处，六处缘触，触缘受，受缘爱，爱缘取，取缘有，有缘生，生缘老死，起愁叹苦忧恼，是名为纯大苦蕴集，如是名为缘起初义。"

（唐玄奘译《缘起经》）

"尔时，世尊告异比丘：我已度疑，离于犹豫，拔邪见刺，不复退转。心无所著故，何处有我为彼比丘说法？为彼比丘说贤圣出世空相应缘起随顺法，所谓有是故是事有，是事有故是事起。所谓缘无明行，缘行识，缘识名色，缘名色六入处，缘六入处触，缘触受，缘受爱，缘爱取，缘取有，缘有生，缘生老死、忧、悲、恼、苦。如是如是纯大苦聚集，乃至如是纯大苦聚灭。"

（《杂阿含经》卷十二）

"是谓缘无明行，缘行识，缘识名色，缘名色六处，缘六处更乐（触），缘更乐觉（受），缘觉爱，缘爱受（取），缘受有，缘有生，缘生老死，缘老死苦，习苦便有信，习信便有正思惟，

习正思惟便有正念正智，习正念正智便有护诸根、护戒、不悔、
欢悦、喜、止、乐、定，见如实知如真，厌，无欲，解脱，习
解脱便得涅槃。"

（《中阿含经》卷十《食经》）

"阿难，汝莫作是念，此缘起至浅至浅，所以者何？此缘
起极甚深明，亦甚深。阿难，于此缘起不知如真，不见如实，
不觉不达故。念彼众生如织机相锁，如蕴蔓草多有稠乱，忽忽
喧闹，从此世至彼世，从彼世至此世，往来不能出过生死……
若有问者老死有缘耶？……缘于生也……生亦有缘……缘于有
也……有亦有缘……缘于受（取）也……受亦有缘……缘于爱
也……缘老死有愁戚、啼哭、忧苦、懊恼……如此具足纯生大
苦阴……

当知所谓缘生有老死……若无生，鱼鱼种、鸟鸟种、蚊蚊
种、龙龙种、神神种、鬼鬼种、天天种、人人种，阿难，彼彼
众生随彼彼处，若无生，各各无生者，设使离生当有老死耶？
答曰：无也……

当知所谓缘有有生。阿难，若无有鱼鱼种、鸟鸟种、蚊蚊
种、龙龙种、神神种、鬼鬼种、天天种、人人种……彼彼众生
随彼彼处，无有，各各无有者，设使离有当有生耶？答曰：无
也……是故当知是生因、生习、生本、生缘者，谓此有也……
缘受（此受新译为'取'）有有……缘爱有受……缘受有求，缘
求有利，缘利有分，缘分有染欲，缘染欲有著，缘著有悭，缘

悭有家，缘家有守……缘守故便有刀杖斗诤、谀谄、欺诳、妄言、两舌，起无量恶不善之法，有如此具足纯生大苦阴……欲爱及有爱，此一法因觉（受），缘觉致来……缘更乐（触）有觉……缘名色有更乐……所行所缘有名身，离此行离此缘有更乐耶？答曰：无也……所行所缘有色身，离此行离此缘有增语更乐耶？答曰：无也……设使离名身及色身，当有更乐施设更乐耶？答曰：无也……若有问者：名色有何缘？当如是答：缘识也。当知所谓缘识有名色。阿难，若识不入母胎者，有名色成此身耶？答曰：无也。阿难，若识入胎即出者，名色会精耶？答曰：不会。阿难，若幼童男、童女识，初断坏不有者，名色转增长耶？答曰：不也……是故当知是名色因、名色习、名色本、名色缘者，谓此识也……缘名色有识，阿难，若识不得名色，若识不立、不倚名色者，识宁有生有老有病有死有苦耶？答曰：无也……是故当知是识因、识习、识本、识缘者，谓此名色也……是为缘名色有识，缘识亦有名色……"

（《中阿含经》卷二十四《大因经》）

"识，因缘故起，我说识因缘故起。识，有缘则生，无缘则灭，识随所缘生。即彼缘说，缘眼色生识，生识已说眼识，如是耳鼻舌身意法生识，生识已说意识，犹若如火随所缘生，即彼缘说，缘木生火，说木火也。"

"三事合会入于母胎，父母聚集一起，母满精堪耐，香阴已至，此三事合会入于母胎，母胎或持九月十月更生，生已以血长养，血者于圣法中谓是母乳也。"[1]

（《中阿含经》卷五十四《嗏帝经》）

六、部派佛教

（一）部派佛教的形成

1. 十事和部派佛教形成（南传佛教资料）

"世尊灭后百年，毗舍离所属的跋耆族[2]比丘（跋耆子）于毗舍离宣布十事：角器可以蓄盐；过日中二指仍可就食；食后入村可再食；在一起住宿但可不在一起举行布萨；可先在一部分比丘中举行表决仪式，然后征求其他比丘赞同；按惯例行事不算违律；饮未晃摇的牛乳是允许的；可饮未发酵的棕榈酒；坐无缘边的坐具可；可接受金银施舍[3]。

1　关于十二因缘，还可参考：《杂阿含经》卷十二，《增一阿含经》卷四十六《放
　　牛品》，《长阿含经》卷十《三聚经》《大缘方便经》。

2　跋耆，或作跋阇，为古印度十六大国之一，跋耆国居民多为离车族人，都毗舍
　　离（吠舍离），为恒河中游的交通中心，地处摩揭陀国都城王舍城与拘萨罗国都
　　城舍卫城之间。遗址今在印度比哈尔邦瓦伊沙利县。跋耆国于前5世纪后期为
　　摩揭陀国所灭。在佛灭百年后，在毗舍离城外的重阁精舍（重阁讲堂）举行第
　　二次佛教结集。据玄奘的记述，7世纪之后跋耆国与毗舍离城皆已荒败。

3　此即：角盐净、二指净、他聚落净、住处净、赞同净、所习净、不搅乱净、饮
　　阇楼疑净、无缘坐具净、金银净。

佛涅槃后百年，跋耆族比丘于毗舍离（吠舍离）宣言十事。他们把一切被如来斥责的不正当事宣布为正当的事。于是，萨婆伽眉、沙兰、离婆多、屈阇须毗多以及耶舍、婆那人三浮多等长老，这些曾亲自见过如来的阿难长老的弟子们，还有曾见过如来的阿那律的优秀弟子须摩那、婆娑伽眉二人，他们召集七百比丘于毗舍离结集，确认佛陀之教所规定的律。"

（《岛王统史》第四章[1]）

"他们（指跋耆族比丘）违背师教，宣扬非法非律，破坏义法，公开宣言违法。为了驳斥他们，很多佛陀的声闻，一万二千个胜者（胜者即佛）之子举行集会。在这个集会中有如师一样的大龙象，无与匹敌的大师八人为上首比丘。这八位比丘是萨婆迦眉、沙兰、离婆多、屈阇须毗多、婆娑伽眉、须摩那以及婆那人三浮多，还有被胜者称赞的仙人迦兰陀之子耶舍。他们为了驳斥恶人也来到毗舍离（吠舍离）。婆娑伽眉和须摩耶是阿那律的弟子，剩下的是阿难的弟子，皆曾见过如来。

当时的国王是修修那迦之子迦罗阿育，这位刹帝利在巴连

1　《岛王统史》及下引《大王统史》皆译自日本东京大藏出版社 1939 年出版的日
　　译《南传大藏经》第 60 卷。

弗城（即华氏城[1]）统治[2]。

　　有大神通力量的八位长老驱逐了恶人比丘。为了破斥恶说，净化自说，比丘位选举了七百阿罗汉作为最胜者举行法的结集。这第二次结集于上都毗舍离的重阁讲堂举行，历时八个月结束。

　　被上座们驱逐的恶比丘跋耆族比丘与他们的一伙说非法的许多人们一万人相集，举行法的结集。这个法的结集叫作大合诵（即大众部）。

　　大合诵的比丘们决定了违背正法的教法，破坏了根本的辑录，作成另外的辑录，把甲部的经移到乙部，破坏了律及五藏（五阿含）的法义。他们不辨何为异门说和非异门说，了义和未了义。他们随意篡改佛陀的说教，在文字的掩盖下抛弃许多真义[3]。他们抛弃甚深的经、律的一部分，而制作了类似经律和相异的经律。他们把作为律的摘要的《波利婆罗》《阿毗达磨之论》《波致参毗陀》《尼泥沙》《阇多迦》的一部分抛弃，而制作与此相异的部分。他们抛弃关于名词、性、措辞、文体的修饰原则，并全部加以改作。

1　或译波吒厘子、波吒罗、波罗利子、波罗利弗多罗、波吒喇补怛罗、巴罗利弗、巴邻、巴连弗，中印度摩揭陀国的都城，位于恒河左岸，今之巴特纳市。本城为摩揭陀国阿阇世王治世时，为防跋耆族人之侵袭所建。

2　迦罗阿育即黑色阿育王，传说是难陀王朝的创始人，据《大史》第五章应在难陀兄弟为王之前。

3　以上又据 1972 年日本东京山喜房佛书林出版的《荻原云来文集》第 98 页引文进行修订。

举行这样大合诵的人，成立了最初的分派，此后仿效他们又成立了许多分派……"

（《岛王统史》第五章）

"最初由摩诃迦叶等大长老举行的正法合诵[1]被称为上座部合诵。佛灭后第一百年之间只有上座部教说，而在此以后又产生了其他的阿阇梨教说（阿阇梨教说即师说）。被第二次结集诸长老所压抑的一万恶比丘，建立了称作大众部的阿阇梨教说，此后又分离出鸡胤部、一说部。从鸡胤部又生出说假部和多闻部，从这两部之间又生出制多山部。这些部派加上根本大众部共有六部。

其次，从上座部又产生出化地部、犊子部，从犊子部生出法上部、贤胄部、六城部、正量部四部。从化地部又生出说一切有部、法藏部。而从说一切有部又产生迦叶遗部（饮光部），再又生出说转门，此后又产生经量部。根本上座部加上它的分派共十二部，加上前面大众六部，总共十八部。这样，在佛灭后二百年间产生了十七部（不计上座部）。其他阿阇梨说又在此后陆续产生。在阎浮洲（印度）分有雪山部、王山部、义成部、东山部、西山部、金刚部这六部，在楞伽岛（锡兰）分为法善部、海部两部。"

（《大王统史》第五章）

---

[1] 此指佛灭时在王舍城七叶窟举行的第一次结集，一般认为在这次结集中会诵出最初的经、律二藏。

2. 大天五事和部派佛教形成（北传佛教资料）

"昔末土罗国有一商主，少娉妻室生一男儿颜容端正，与字大天。未久之间，商主持宝远适他国，展转贸易，经久不还。其子长大，染秽于母（淫母）。后闻父还，心既怖惧，与母设计，逐杀其父（杀父）。彼既造一无间业已，事渐彰露，便将其母，展转逃隐波吒梨减（华氏城）。彼后遇逢本国所供养阿罗汉苾刍，复恐事彰，遂设方计，杀彼苾刍（杀比丘）。既造第二无间业已，心转忧戚。后复见母与余交通，便愤恚言，我为此造二重罪……今复舍我，更好他人，如是倡秽，谁堪容忍！于是方便复杀其母（杀母）。彼造第三间业已。由彼不断善根力故，深生忧悔，寝处不安。自惟重罪，何缘当灭？彼后闻沙门释子有灭罪法，遂往鸡园僧伽蓝所于其门外，见一苾刍徐步经行，诵伽他曰：

> 若人造重罪，修善以灭除。
>
> 彼能照世间，如月出云翳。

时彼闻已，欢喜踊跃，知归佛教定能灭罪，因即往诣一苾刍所，殷勤固请，求度出家。时彼苾刍既见固请，不审捡问，遂度出家。"

（唐玄奘译《大毗婆沙论》卷九十九）

　　"大天聪慧，出家未久，便能诵持三藏文义，言词精巧，善能化导，波吒梨城无不归仰。王闻召请，数入内宫，恭敬供养，而请说法。

　　彼后既出，在僧伽蓝，不正思惟，梦失不净。然彼先称是阿罗汉，而令弟子浣所污衣。弟子白言：阿罗汉者诸漏已尽，师今何容犹有斯事？大天告言：天魔所娆，汝不应怪。然所漏失略有二种：一者烦恼，二者不净。烦恼漏失，阿罗汉无，犹未能免不净漏失。所以者何？诸阿罗汉烦恼虽尽，岂无便利涕唾等事？然诸天魔常于佛法而生憎嫉，见修善者，便往坏之（余所诱）。纵阿罗汉亦为其娆，故我漏失，是彼所为，汝今不应有所疑怪。是名第一恶见等起。

　　又彼大天欲令弟子欢喜亲附，矫设方便，次第记别四沙门果。时彼弟子稽首白言：阿罗汉等应有证智，如何我等都不自知？彼遂告言：诸阿罗汉亦有无知（无知），汝今不应于已不信。谓诸无知，略有二种，一者染污，阿罗汉已无；二者不染污，阿罗汉犹有，由此汝辈不能自知，是名第二恶见等起。

　　时诸弟子复白彼言，曾闻圣者已度疑惑，如何我等于谛实（四谛之理）中犹怀疑惑？彼复告言：诸阿罗汉亦有疑惑，疑有二种：一者随眠性疑，阿罗汉已断；二者处非处疑，阿罗汉未断，独觉于此，而犹成就（犹豫），况汝声闻于诸谛实能无疑惑而自轻耶？是名第三恶见等起。

　　后彼弟子披读诸经，说阿罗汉有圣慧眼，于自解脱能自证知。因白师言：我等若是阿罗汉者应自证知，如何但由师之令入，都无现智能自证知？彼即答言：有阿罗汉但由他入，不能自知，如舍利子智慧第一，大目乾连神通第一，佛若未记，彼不自知，况由他人而能自了。（他令入）故汝于此，不应穷诘。是名第四恶见等起。

　　然彼大天虽造中恶，而不断灭诸善根故，后于中夜自惟罪重，当于何处受诸剧苦，忧惶所逼，数唱苦哉。近住弟子闻之惊怪，晨朝参问，起居安不？大天答言：吾甚安乐。弟子寻白：若尔昨夜，何唱苦哉？彼遂告言：我呼声道，汝不应怪，谓诸圣道，若不至诚称苦召命，终不现起。（道因声故起）故我昨夜唱苦哉，是名第五恶见等起。

　　大天于后集先所说五恶见事作颂言：

　　　　馀所诱无知，犹豫他令人，
　　　　道因声故起，是名真佛教。

　　于后，渐次鸡园寺中上座苾刍多皆灭殁，十五日夜布洒他（当为布萨）时，次当大天升座说戒，彼便自诵所造伽他（'伽他'即'颂'）。尔时众中，有学无学，多闻持戒修静虑者，闻彼所说，无不惊诃：咄哉！愚人宁作是说，此于三藏曾所未闻，咸即对之翻彼颂曰：

　　餘所诱无知，犹豫他令入，

　　道因声故起，汝言非佛教。

　　于是竟夜斗争纷然，乃至终朝朋党转盛。城中士庶乃至大臣，相次来和皆不能息。王闻自出诣僧伽蓝，于是两朋各执已诵。时王闻已，亦自生疑，寻白大天：孰非孰是？我等今者，当寄何朋？大天白王：戒经中说，若欲灭经，依多人语。王遂令两朋别住。圣贤朋内，耆年虽多而僧数少；大天朋内，耆年虽少而众数多。王遂从多，依大天众，诃伏余众⋯⋯

　　尔时鸡园诤犹未息，后随异见，遂分二部：一上座部，二大众部。时诸贤圣知众乖违，便舍鸡园，欲往他处。诸臣闻已，遂速白王。王闻既嗔，便敕臣曰：宜皆引至殑伽河边，载以破船，中流坠溺，即验斯辈，是圣是凡⋯⋯。时诸贤圣各起神通，犹如雁王，陵虚而往，复以神力摄取船中同舍鸡园未得通者，现诸神变，作种种形相，次乘空西北而去⋯⋯（王）即遣人寻其所趣，使还知在迦湿弥罗。"

　　　　　　　　　　　　　　　　　　（《大毗婆沙论》卷九十九）

　　"佛薄伽梵般涅槃后百有余年，去圣时淹，如日久没。摩揭陀国俱苏摩城，王号无忧（无忧，即'阿育'，当是'迦罗阿育'），统摄赡部，感一白盖，化洽人神。是时佛法，大众初破，谓因四众共议大天五事不同，分为两部，一、大众部；二、上座部。四众者何？一、龙象众（窥基《异部宗轮论述记》释曰：

喻大天之流，龙即是象，象亦名龙，此有二义：一威势叵当；
二、枕难调，恃国王大臣之力陵侮圣众……）；二、边鄙众（窥
基：'大天之门徒等也'）；三、多闻众（窥基：'凡夫学者，随
顺圣人……助善朋党……'）；四、大德众（窥基：'即圣众也，
契理通神，戒清学博，道高无上……'）其五事者，如彼颂言
（此略）……"——（根本分裂）

（印度世友著、玄奘译《异部宗轮论》）

"后即于此第二百年（即佛灭二百年），大众部中流出三部：
一、一说部，二、说出世部，三、鸡胤部；次后于此第二百年，
大众部中复出一部，名多闻部。次后于此第二百年，大众部中
更出一部，名说假部。第二百年满时，有一出家外道，舍邪归
正，亦名大天，于大众部中出家受具，多闻精进，居制多山，
与彼部僧重详五事，因兹乖净，分为三部：一、制多山部；二、
西山住部；三、北山住部。如是大众部四破或五破，本末别说，
则合成九部：一、大众部；二、一说部；三、说出进部；四、
鸡胤部；五、多闻部；六、说假部；七、制多山部；八、西山
住部；九、北山住部。"（大众部系统）——（枝末分裂）

（《异部宗轮论》）

"其上座部经尔所时，一味和合。三百年（佛灭三百年）
初，有少乖净，分为两部：一、说一切有部，亦名说因部；二、
即本上座部，转名雪山部。后即于此第三百年中，从说一切有
部流出一部名犊子部。次后于此第三百年从犊子部流出四部：

一、法上部；二、贤胄部；三、正量部；四、密林山部。次后于此第三百年从说一切部有复出一部名法藏部，自称我袭采菽氏（佛弟子目乾连）师。（《异部宗轮论述记》释曰'法藏者，部主名，亦名法密，密之于藏，义意大同……'）至三百年末，从说一切有部复出一部，名饮光部，亦名善岁部，至第四百年（佛灭四百年）初，从说一切有部复出一部，名经量部，亦名说转部，自称我以庆喜（阿难）为师。如是上座部七破或八破，本末别说成十一部。"（上座部系统）

（《异部宗轮论》）

（二）主要佛教部派的主张

1. 对佛陀的看法

"此中大众部。一说部。说出世部。鸡胤部。本宗同义者。谓四部同说。诸佛世尊皆是出世。一切如来无有漏法。诸如来语皆转法轮。佛以一音说一切法。世尊所说无不如义。如来色身实无边际。如来威力亦无边际。诸佛寿量亦无边际。佛化有情令生净信无厌足心。佛无睡梦。如来答问不待思惟。佛一切时不说名等。常在定故。然诸有情。谓说名等欢喜踊跃。一刹那心了一切法。一刹那心相应般若知一切法。诸佛世尊尽智无生智恒常随转。乃至般涅槃。"

"其说一切有部本宗同义者……佛与二乘解脱无异。三乘圣道，各有差别。佛慈悲等，不缘有情，执有有情，不得解脱。应言菩萨，犹是异生（凡夫），诸结未断……八支圣道是正法轮；非如来语皆为转法轮；非佛一音能说一切法；世尊亦有不如义言；佛所说经，非皆了义，佛自说有不了义经。"

（《异部宗轮论》）

2. 对世界构成的看法和分析

大众部、一说部、说出世部、鸡胤部（皆属大众部系统）

"色、无色界，具六识身。"

（《异部宗轮论》）

"三界之中许皆有色，微细根大，于彼得有，故无色界具六识身。以义准知，上界亦有香味二境……即有无色界具十八界……

问：无色既有色，何名无色界？

答：有细无粗色，故名无色界。

问：色界色非粗，应名无色界。

答：色色虽胜欲界，然劣无色色，但可名色界，不得无色名。

问：无漏之色胜无色色，应名无色？

答：由非业果，复非堕界，故彼虽极细，不可言无色，故堕界中有极细色无粗色者名无色界，非无表等得无色名。"

（《异部宗轮论述记》）

　　"眼不见色，耳不闻声，鼻不嗅香，舌不尝味，身不觉触。"
（窥基："根体非净色，如何见色等，故识能了，非根有能。"）

　　"无为法有九种：一、择灭；二、非择灭；三、虚空；四、空无边处；五、识无边处；六、无所有处；七、非想非想处；八、缘起支性；九、圣道支性。"

（《异部宗轮论》）

　　一说部

　　"此部说世、出世法皆无实体，但有假名，名即是说，意谓诸法唯一假名，无体可得。"

（《异部宗轮论述记》）

　　说出世部

　　"此部明世间烦恼从颠倒起，此复生业，从业生果，世间之法既颠倒生，颠倒不实，故世间法但有假名，都无实体；出世之法，非颠倒起，道及道果，皆是实有，唯此是实，世间皆假。"

（《异部宗轮论述记》）

　　说假部

　　"十二处非真实。"

（《异部宗轮论》）

　　"以依积聚，缘亦积聚，积聚之法，皆是假故。虽积聚假，义释于蕴。蕴体非假，无依缘故。现在世之识，不名为意，入过去时，方名意处。依止义成，体非现在，亦非实有。问：十八界等若为假实？答：亦有依缘积聚假义故，此亦非实。"

（《异部宗轮论述记》）

化地部（属于上座部系统）

"过去、未来是无；现在、无为是有。"

（《异部宗轮论》）

"无为法有九种：一、择灭；二、非择灭；三、虚空；四、不动；五、善法真如；六、不善法真如；七、无记法真如；八、道支真如；九、缘起真如。入胎为初，命终为后，色根大种皆有转变，心心所法亦有转变。"

（《异部宗轮论》）

说一切有部

"一切有为如相不同，生亦各异，为有诸法决定俱生，有定俱生。谓一切法略有五品：一、色；二、心；三、心所；四、心不相应行；五、无为……"[1]

（《俱舍论》卷四）

"色聚极细立微聚名，为显更无细于此者，此在欲界无声无根。八事俱生，随一不减。云何八事，谓四大种及四所造色、香、味、触。无声有根诸极微聚，此俱生事或九或十。有身根聚，九事俱生。八事如前，身为第九。有余根聚，十事俱生。九事如前，加眼等一。眼耳鼻舌，必不离身，展转相生，处各

1　印度世友著、玄奘译《品类足论》卷一也载这样分法。

别故，于前诸聚若有声生，如次数增九、十、十一。"（色）

（《俱舍论》卷四）

"色云何？谓诸所有色：一切四大种及四大种所造色。四大种者，谓地界、水界、火界、风界。所造色者，谓眼根、耳根、鼻根、舌根、身根、色、声、香、味、所触一分及无表色。"（色：四大种；所造色：十一法，共十五法）

（《品类足论》卷一）

"色等五蕴名有为法，色蕴者何，颂曰：色者唯五根，五境及无表。"（实指所造色：眼根、耳根、鼻根、舌根、身根、色、声、香、味、所触一分及无表色）

"无表虽以色为性，如有表业，而非表示令他了知，故名无表……"

（《俱舍论》卷一）

"心云何？谓心意识。此复云何？谓六识身，即眼识、耳识、鼻识、舌识、身识、意识。心所法云何云？谓若法、心相应，此复云何？谓受、想、思、触、作意，欲、胜解、念、定、慧、信、勤、寻、伺、放逸、不放逸、善根、不善根、无记根、一切结缚随眠、随烦恼缠、诸所有智、诸所有见、诸所有现观，复有所余如是类法与心相应，总名心所法。"（心、心所法）

（《品类足论》卷一）

"诸心所法且有五品，何等为五？一、大地法；二、大善地法；三、大烦恼地法；四、大不善地法；五、小烦恼地法，地谓行处。若此是彼所行处，即说此为彼法地。大法地故名为大地。此中若法大地所有，名大地法，谓法恒于一切心有。彼法是何？颂曰：（大地法）受、想、思、触、欲，慧、念与作意，胜解、三摩地，遍于一切心。（三摩地即'定'。以上共十法）

论曰：传说如是所列十法，诸心刹那和合遍有。"

"大善法地名大善地，此中若法大善地所有，名大善地法，谓法恒于诸善心有。彼法是何？颂曰：信及不放逸，轻安、舍、惭愧，二根及不害，勤唯遍善心。"（二根：无贪、无嗔——大善地法，共十法）

（《俱舍论》卷四）

"大烦恼法地，名大烦恼地。此中若法大烦恼地所有，名大烦恼地法，谓法恒于染污心有。彼法是何？颂曰：痴、逸、怠、不信，昏、掉、恒唯染。论曰：此中痴者，所谓愚痴，即是无明……逸谓放逸……怠谓懈怠……不信者谓心不澄净……昏谓昏沈……掉谓掉举，令心不静……"（大烦恼地法）

"此中若法大不善地所有，名大不善地，谓法恒于不善心有。彼法是何？颂曰：唯遍不善心，无惭及无愧。（二法）

论曰：唯二心所，但与一切不善心俱，谓无惭、愧……"（大不善地法）

"此中若法小烦恼地所有，名小烦恼地法，谓法少分染污心俱。彼法是何？颂曰：忿、覆、悭、嫉、恼、害、恨、谄、诳、憍，如是类名为，小烦恼地法。"（小烦恼地法，共十法）

　　"如是已说五品心所，复有此余不定心所，恶作、睡眠、寻、伺等法。"（不定心所，外加贪、嗔、疑、慢，共十法）

　　"诸心、心所名有所依，所缘行相相应亦尔，名义虽殊是体是一。谓心、心所皆名有所托，所依根故。或名有所缘，取所缘境故。或名有行相，即于所缘品类差别等起行相故。或名相应，等和合故。何名等和合？有五义故，谓心、心所五义平等，故说相应：所依、所缘、行相、时、事皆平等故。事平等者，一相应中，如心体一……"（相应）

　　"心不相应行何者是耶？颂曰：心不相应行，得、非得、同分，无想二定命，相名身等类。"（心不相应行法，十四法，即：得、非得、同分、无想果、无想定、灭尽定、命根、生、住、异、灭、文身、句身、名身）[1]

（《俱舍论》卷四）

　　"三无为，何等为三？虚空二灭。二灭者何？择、非择灭，此虚空等三种无为及道圣谛名无漏法。"（无为法三：虚空、择灭、非择灭）

（《俱舍论》卷一）

　　"其说一切有部本宗同义者，谓一切有部诸法有者，皆二所摄，一、名；二、色。过去、未来体亦实有。一切法处，皆是

---

[1]　关于"心所法"的分析，是说一切有部的一个特色。此外还可参见《界身足论》卷上《类足论》卷二、《大毗婆沙论》卷四十二、《杂阿昙心论》卷二。

所知，亦是所识及所通达；生老住，无常相，心不相应，行蕴
所摄。"

（窥基《述记》曰："说一切有等，谓一切有者有二：一、
法一切，谓五法，即心、心所、色、不相应行、无为；二、时
一切，谓去、来、今，各对诸部。名色摄一切法。色相粗者，
易知其体，称之为色。四蕴无为，其体细隐，难知相貌，以名
显之，故称为名。一切法处所知、所识、所达者，此部意谓心
心所等，体相相似，心既许知，识即心所，何不说为法处，皆
许世俗智知，有漏识识，得六通达真理者之所通达，生、老、
住无常，行法蕴所摄，对经部等无不相应者，非所蕴摄。"）

"有为事有三种。（窥基《述记》曰：'有为事有三等者，有
为谓过去、现在、未来三世。'）无为事亦有三种。（窥基《述记》
曰：'无为谓：择、非择及虚空。'）三有为相，别有实体。三谛
是有为（苦、集、道三谛），一谛是无为（灭谛）……"

"心、心所法，体各实有，心及心所，定有所缘，自性不与
自性相缘；心不与心相应。"

（《异部宗轮论》）

3. 大众部、一说部、说出世部、鸡胤部的"心性本净"说

"或有执，心性本净，如分别论者[1]，彼说心本性清净，客尘

---

[1]　分别论者不属十八部或二十部，一般认为是指大众部系统的部派。

烦恼所染污故，相不清净。"

（《大毗婆沙论》卷二十七）

"心性本净，客尘随烦恼之所杂染，说为不净。"（窥基《述记》曰："无始以来心体自净，由起烦恼染，故名染烦恼，非心无始本性，故立客名。问：有情无始有心称本性净，心性本无染，宁非本是圣？答：有情无始心性亦然，有心即染，故非是圣。问：有心即染，何故今言心性本净，说染为客，客主齐故？答：后修道时，染乃离灭，唯性净在，故染称客。"）

（《异部宗轮论》）

"心性清净，为客尘染。凡夫未闻故，不能如实如见，亦无修心。圣人闻故，能如实知见，亦有修心……"

（《舍利弗阿毗昙》）

4. 关于补特伽罗

犊子部[1]：

"其犊子部本宗同义，谓特伽罗非即蕴离蕴，依蕴处界，假施舍名。"

（《异部宗轮论》）

"其犊子部谓补特伽罗非即蕴离蕴，谓实有我，非有为无为，然与蕴不即不离。佛说无我，但无即蕴离蕴，如外道等所计之

1　犊子部、化地部、经量部、说一切有部等，皆属于上座部系统。

我，悉皆是无。非无不可说，非即蕴离蕴。我既不可说，亦不可言形量大小等。乃至成佛，此我常在。"（正量部亦持此说）

"依蕴处界假施设名者，谓我非即离蕴，处界亦尔（非即处离处及非即界离界），然世说言色是我，乃至法亦是我，但依蕴等假施设此我名，我实非蕴等。"

（《异部宗轮论述记》）

"诸法若离补特伽罗，无从前世转至后世，依补特伽罗，可说有移转。"（窥基《述记》曰："此中意说法无移转，可说命根灭时法亦随灭；然由我不灭，故能从前世至后世，法不离我，亦可说有移转。"）

（《异部宗轮论》）

化地部：

"亦有齐首补特伽罗。"［窥基《述记》曰："有齐首补特伽罗，即不还者（不还者，即阿那含果）生有顶地，不能起下无漏圣道取无学果，至命欲终，其结自尽，得阿罗汉及般涅槃，名为齐首，谓生死之首，即有顶地（即有顶天——非想非非想天，无色界最后一天）以至极处更无生处，虽不起圣道，亦成无学（阿罗汉果）。"］

（《异部宗轮论》）

"入胎为初，命终为后，色根大种皆有转变，心、心所法亦有转变……定无少法能从前世转至后世。"［窥基《述记》曰："此中意说一期（一生）初后之中，色等有转变，如乳变为酪等

性，非刹那生灭，故有转变。心、心所法亦尔，然即非一切行
皆刹那灭。又解色等虽性亦念念灭，然无去、来世，不同萨婆
多前法灭已，后于未来法生至现在。今言前法于现在灭已，无
别有法未来来，但由前法为因力，故引后法，起后法即是前法
为因转作，虽刹那灭，转变义成。"]

（《异部宗轮论》）

经量部：

"其经量部本宗同义，谓说诸蕴有从前世转至后世，立说转
名（窥基《述记》曰：'经量部说诸蕴从前世转至后世，有实法
我能从前世转至后世。问：此为常故转，为体无常，多相续住，
各转内法外法耶？'）……有根边蕴，有一味蕴（窥基《述记》
曰：'一味者，即无始来展转和合，一味而转，即细意识曾不间
断，此具四蕴。有根边蕴者，根谓向前细意识，住生死根本，
故说为根。由此根故，有五蕴起，即同诸宗所说五蕴。然一味
蕴是根本故，不说言边；其余间断五蕴之法是末起故，名根边
蕴。'）……执有胜义补特伽罗。"（窥基《述记》："执有胜义补
特伽罗，但是微细，难可施设，即实我也，不同正量部等非即
蕴离蕴，蕴外调然有别体故也。"）

（《异部宗轮论》）

说一切有部：

"阿毗达摩诸论师言：执我有无，俱边见摄，如次堕在常断
边故。彼师所说，深为应理。以执有我，则堕常边，若执无我，

便堕断见……若定无有补特伽罗，为说阿谁流转生死？不应生
死，自流转故。然薄伽梵于契经中，说诸有情，无明所覆，贪
爱所系，驰流生死，故应定有补特伽罗。此复如何流转生死？
由舍前蕴取后蕴故。如是宗义，前已征遣（征遣，当是'破'
的意思），如燎原火，虽刹那灭，而由相续，说有流转。如是蕴
聚，假说有情，爱取为缘，流转生死。若唯有蕴，何故世尊作
如是说：今我于昔为世导师，名为妙眼，此说何咎？蕴各异故，
若尔是何物，谓补特伽罗，昔我即今，体应常住，故说今我昔
为师言，显昔与今是一相续……如是一类执不可说补特伽罗。
复有一类，总拨（否定）一切法，体皆非有。外道执有别真我
性。此等一切，见不如理，皆不能免无解脱过。若一切类，我
体都无，刹那灭心，于曾所爱，久相似境，何能忆知？如是忆
知，以相续内念境想类差别生……我体既无，孰为能忆？能记
是何义？由念取境，此取境岂异念。虽不异念，但由作者，作
者即是前所念因……若假士夫（士夫，即补特伽罗），体非一
物，于诸行相续，假立此名故，如天授能行，识能了亦尔。依
何理说天授能行，谓于刹那生灭，诸行不异相续，立天授名。
愚夫于中执为一体，为自相续异处生因，异处生名行，因即名
行者，依此理说天授能行……诸识虽亦托根生，不名了根，但
名为了境；或识于境相续生时，前识为因，引后识起，说识能
了，亦无有失，世间于因，说作者故……心相续，假立识名。"

（《俱舍论》卷三十）

"若我实无，为何造业，为我当受苦乐果故。我体是何？谓我执境。何名我执境？谓诸蕴相续。云何知然？贪爱彼故……我执但缘诸蕴，以身于我有防护恩，故亦于身假说为我……若我实无，谁能作业，谁能受果？作受何义？作谓能作，受谓受者，此但易名，未显其义。辩法相者释此相言：能自在为，名为作者；能领业果，得受者名……若说实我，喻不极成（违背公理，得不到共认），说蕴便非自在作者（我）。业有三种，谓身、语、意，且起身业，必依身心，身心各依自因缘转，因缘展转依自因缘，于中无一自在起者；一切有为属因缘故。（一切由因缘生，故无'自在'之我）汝所执我，不待因缘亦无可所作，故非自在。由此彼说能自在为名作者，相求不可得。然于诸法生因缘中，若有胜用假名作者，非所执我，见有少用，故定不应名为作者能生身业……但从业相续转变差别生。何名相续转变差别？谓业为先后，色心起中，无间断名为相续。即此相续，后后刹那异前前生，名为转变。即此转变，于最后时有胜功，能无间生果，胜余转变，故名差别。如有取识，正命终时，虽带众多，感后有业，所引熏习。"

（《俱舍论》卷三十）

"补特伽罗既不可得，又无前心往后心理。何缘能忆本所作事？

答：有情（此即补特伽罗）于法，由串（惯）习力，得如是同分智，随所更事能如是知。

问：前说无有补特伽罗，今何复言有情于法。

答：前依圣想名示现，今依世想名示现；前依圣言说示现，今依世言说示现；前依胜义，今依世俗。有说，为顺文故。若说法于法于义虽顺，于文不顺，若说有情，于法文义俱顺，依世俗理，有有情故……"（依世俗理有"有情"——补特伽罗）

（《大毗婆沙论》卷十二）

"有情但依现有执受相续假立（有情假立），说一切行皆刹那灭，定无少法能从前世转至后世，但有世俗补特伽罗说有移转。活时行摄，即无余灭，无转变诸蕴……"（世俗补特伽罗）

（《异部宗轮论》）

"定无少法能从先世至后世等，以我无故。若说假我，可有移转，随活时行摄，无余灭，法即灭故，不移至后世。无一实法转变至后世，前实我无转，今法实无转，皆破实我法。"（假我）

（《异部宗轮论述记》）

5.说一切有部关于修行解脱的说教

"或自读诵素怛缆藏、毗奈耶藏、阿达磨藏（经律论三藏），令善熟已，作如是念：三藏文义甚为广博，若恒忆持令心厌倦，三藏所说要者，唯有十八界、十二处、五蕴。作是念已，先观察十八界，彼观察时立为三分，谓名故、自相故、共相故。名者谓此名眼界，乃至此名意识界……自相者，谓此是眼界自相，乃至此是意识界自相。共相者，谓十六行相（十六行相：即四谛的十六行相。苦：苦、无常、空、非我；集：因、集、生、缘；灭：灭、静、妙、离；道：道、如、行、出），所观十八界，十六种共相，所缘此界修智修止……

此十八界即十二处，故应略之入十二处，谓十色界（眼耳鼻舌身色声受香味），即十色处；七心界（眼耳鼻舌身意六识加意根）即意处，法界即法处……此十二处除无为（法处中的无为法）即五蕴（色、受想行识）故，应略之入于五蕴，谓十色处及法处所摄色即色蕴，意处即识蕴，法处中受即受蕴，想即想蕴，余心所法，不相应行即行蕴……此五蕴并无为，即四念住故，应略之入四念住，谓色蕴即身念住，受蕴即受念住，识蕴即心念住，想、行蕴并无为即法念住……此四念住，除虚空、非择灭，即四圣谛故，应略之入四圣谛。（由繁至简，十八界——十二处——五蕴——四念住——四圣谛）谓有漏法果分即苦谛，因分即集谛，择灭即灭谛，对治即道谛。

彼观察此四圣谛时，立为三分，谓名故、自相故、共相故。名者，谓此名苦谛，乃至此是道谛；自相者，谓此是苦谛自相，乃至此是道谛自相。共相者，谓四形相。所观苦谛四种共相：一、苦；二、非常；三、空；四、非我四行相。所观集谛四种共相：一、因；二、集；三、生；四、缘，四行相。所观灭谛四种共相：一、灭；二、静；三、妙；四、离，四行相。所观道谛，四种共相：一、道；二、如；三、行；四、出。彼缘此

谛，修智修止。于四圣谛修智止时，如见道中渐次观谛，谓先
别观欲界苦，后合观色、无色界苦；先别观欲界集，后合观色、
无色界集；先别观欲界灭，后合观色、无色界灭；先别观欲界
道，后合观色、无色界道。如是观察四圣谛时，犹如隔绢观诸
色像，齐此修习，闻所成慧，方得圆满；依次发生思所成慧，
修圆满已；次复发生修所成慧（以上为闻思修三慧），即名为
暖，暖次生顶，顶次生忍，忍次生世第一法，世第一法次生见
道，见道次生修道，修道次生无学道，如是次第善根满足。"[1]

（《大毗婆沙论》卷七）

---

[1] 说一切有部说的十六心是：苦、集、灭、道各有四心，即法忍智、法智、类忍
智、类智，如观苦谛时，观欲界苦谛，断欲界见惑，此为苦法智忍；证苦谛之
理为苦法智；观色、无色界苦，断这二界见惑谓苦类智忍；证这二界苦谛之理
为苦类智。其他三谛类推，前十五心为"见道"，后一心为"修道"。见道属预
流向，入修道渐入预流果、一来果、不还果、阿罗汉果等。观四谛十六心的修
行阶段，可参见《俱舍论》卷三十三。

主要参考书目

［1］ 长阿含经［M］.后秦佛陀耶舍，竺佛念，译.

［2］ 中阿含经［M］.东晋僧伽提婆，译.

［3］ 杂阿含经［M］.南朝宋求那跋陀罗，译.

［4］ 增一阿含经［M］.东晋僧伽提婆，译.

［5］ 修行本起经［M］.后汉竺大力，康孟祥，译.

［6］ 中本起经［M］.后汉昙果，康孟祥，译.

［7］ 太子瑞应本起经［M］.三国吴支谦，译.

［8］ 普曜经［M］.西晋竺法护，译.

［9］ 马鸣.佛所行赞［M］.北凉昙无谶，译.

［10］ 佛本行经［M］.南朝宋宝云，译.

［11］ 过去现在因果经［M］.南朝宋求那跋陀罗，译.

［12］ 佛本行集经［M］.隋阇那崛多，译.

［13］ 四分律［M］.后秦佛陀耶舍，竺佛念，译.

［14］ 十诵律［M］.后秦弗若多罗，鸠摩罗什，译.卑摩罗叉，续译.

［15］ 摩诃僧祇律［M］.东晋佛陀跋陀罗，法显，译.

［16］ 五分律［M］.南朝宋佛陀什，竺道生，等译.

［17］ 善见律毗婆沙［M］.南朝齐僧伽跋陀罗，译.

［18］ 根本说一切有部毗奈耶杂事［M］.唐义净，译.

[19] 十八部论［M］．南朝陈真谛，译．

[20] 部执异论［M］．南朝陈真谛，译．

[21] 世友．异部宗轮论［M］．唐玄奘，译．

[22] 玄奘，述．窥基，记．异部宗轮论述记［M］．

[23] 大毗婆沙论［M］．唐玄奘，译．

[24] 世亲．阿毗达磨俱舍论［M］．唐玄奘，译．

[25] 梁僧祐．释迦谱［M］．

[26] 道宣．释迦氏谱［M］．

[27] 法显．佛国记［M］．

[28] 玄奘，述．辩机，撰文．大唐西域记［M］．

[29] 崔连仲，等选译．古印度吠陀时代和列国时代史料选辑［M］．北京：商务印书馆，1998．

[30] 北京大学历史系简明世界史编写组．简明世界史·古代部分［M］．北京：人民出版社，1974．

[31] 齐思和．世界通史·上古部分［M］．北京：人民出版社，1973．

[32] 季羡林．印度简史［M］．武汉：湖北人民出版社，1957．

[33] D. N. 恰．印度古代史纲要［M］．范铁城，译．涂厚善，校，北京：中国社会科学院北京大学南亚研究所，1984．

[34] 奥西波夫．十世纪前印度简史［M］．北京：生活·读书·新知三联书店，1957．

[35] 赫尔曼·库尔克，迪特玛尔·罗特蒙特．印度史［M］．王立新，周红江，译．北京：中国青年出版社，2008．

[36] 斯坦利·沃尔波特．印度史［M］．李建欣，张锦冬，译．北京：东方出版公司，2013．

[37] 汤用彤．印度哲学史略［M］．北京：中华书局，1988．

［38］ 黄心川.印度哲学史［M］.郑州：大象出版社，2014.

［39］ 黄心川.古代印度哲学与东方文化研究［M］.北京：中国社会科学出版社，2018.

［40］ 德·恰托巴底亚耶.印度哲学［M］.黄宝生，郭良鋆，译.北京：商务印书馆，1980.

［41］ 高楠顺次郎，木村泰贤.印度哲学宗教史［M］.高观庐，译//南开大学宗教与文化研究中心主编新编世界佛学名著译丛.北京：中国书店，2010.

［42］ 岛王统史［M］//高楠博士功绩记念会.南传大藏经.东京：大藏出版社，1939.

［43］ 大王统史［M］//高楠博士功绩记念会.南传大藏经.东京：大藏出版社，1939.

［44］ 五十奥义书［M］.徐梵澄，译.北京：中国社会科学出版社，2007.

［45］ 奥义书［M］.黄宝生，译.北京：商务印书馆，2012.

［46］ 摩奴法论［M］.蒋忠信，译.北京：中国社会科学出版社，1986.

［47］ 摩奴法典［M］.［法］迭善，译.马香雪，转译.北京：商务印书馆，1982.

［48］ 金克木.梵语文学史［M］.北京：人民文学出版社，1964.

［49］ 多罗那它.印度佛教史［M］.张建木，译.成都：四川民族出版社，1988.

［50］ 吕澂.印度佛教史略［M］.郑州：河南人民出版社，2016.

［51］ 吕澂.印度佛学源流略讲［M］.上海：上海人民出版社，1979.

［52］ 印顺.印度佛教思想史［M］.新竹：正闻出版社，1988.

［53］ 阿·恩·科切托夫.佛教的起源［M］.北京：民族出版社，1960.

[54] 印顺.原始佛教圣典之集成 [M].新竹：正闻出版社，1995.

[55] 赤沼智善.佛教经典史论 [M].名古屋：三宝书院，1944.

[56] 前田惠学.原始佛教圣典的成立史研究 [M].东京：山喜房佛书林，1964.

[57] 山田龙城.大乘佛教成立论序说 [M].京都：平乐寺书店，1977.

[58] 中村元.亚洲佛教史·印度编 [M].东京：佼成出版社，1976.

[59] 水野弘元.佛为佛教 [M].东京：教育新潮社，1965.

[60] 宫坂宥胜.佛教的起源 [M].东京：山喜房佛书林，1972.

[61] 增谷文雄.佛陀时代 [M].载现代佛教名著全集.东京：隆文馆，1972.

[62] 佐佐木教悟，等.印度佛教史概说 [M].杨曾文，姚长寿，译.上海：复旦大学出版社，2021.

[63] 龙谷大学.印度佛教史 [M].京都：百华苑，1978.

[64] 平川彰.印度佛教史 [M].东京：春秋社，1974.

[65] 渥德尔.印度佛教史 [M].王世安，译.北京：商务印书馆，1987.

[66] 杨曾文.唐五代禅宗史（社科学术文库版）[M].北京：中国社会科学出版社，1995.

[67] 杨曾文.隋唐佛教史 [M].北京：中国社会科学出版社，2014.

[68] 蓝吉富.中华佛教百科全书 [M].台南：中华佛教百科文献基金会，1994.

[69] 翦伯赞.中外历史年表（校订本）[M].北京：中华书局，2008.

纵横百家

"纵横百家"丛书书单

　　"纵横百家"是中国大百科全书出版社旗下的社科学术出版品牌。"纵横百家"丛书主要出版人文社科通识读物和有思想、有创见的学人专著。

01　《我的父亲顾颉刚》　顾潮著　88.00 元

02　《沈尹默传》　郦千明著　88.00 元

03　《梁启超和他的儿女们》（增订本）　吴荔明著　88.00 元

04　《但有温情在世间：爸爸丰子恺》　丰一吟著　98.00 元

05　《九十年沧桑：我的文学之路》　乐黛云著　79.00 元

06　《字字有文化》　张闻玉著　69.00 元

07　《一个教书人的心史：宁宗一九十口述》　宁宗一口述，陈鑫采访整理　99.00 元

08　《乾隆帝：盛世光环下的多面人生》　郭成康著　118.00 元

09　《但愿世界会更好：我的父亲梁漱溟》　梁培恕著　88.00 元

10　《中国的人文信仰》　楼宇烈著　68.00 元

11　《"李"解故宫之美》　李文儒撰文，李少白摄影　88.00 元

12　《法律、立法与自由》（全三册）［英］弗里德利希·冯·哈耶克著，邓正来、张守东、李静冰译　258.00 元